AF545547

MÜNCHEN UND DAS BIER

Astrid Assél & Christian Huber

MÜNCHEN UND DAS BIER

Auf großer Biertour durch 850 Jahre Braugeschichte

Volk Verlag München

Umschlagabbildungen
Vorderseite: Schäfflerei in der Pschorrbrauerei, nach 1933 (Hacker-Pschorr Bräu GmbH)
Rückseite: Löwenbräukeller am Stiglmaierplatz, 1885 (Stadtarchiv München)
Ausschnitt aus dem Plan; Grundlage: „Plan der Haupt und Residenzstadt München“
von Johann Carl Schleich, 1806 (Münchner Stadtmuseum)

Die Deutsche Bibliothek verzeichnet diese Publikation in der Deutschen Nationalbibliografie;
detaillierte bibliografische Daten sind im Internet über https://portal.dnb.de/ abrufbar.

3. überarbeitete und aktualisierte Auflage 2025

Neumarkter Straße 23; 81673 München
Tel.: 0 89/420 79 69 80; Fax: 0 89/420 79 69 86

Druck: DZS Grafik, d.o.o. Ljubljana

ISBN 978-3-937200-59-0
www.volkverlag.de

Inhalt

Vorwort zur 3. Auflage

München, Bier und Hofbräuhaus – mit diesem Dreiklang wird die bayerische Landeshauptstadt weltweit assoziiert. Und natürlich auch mit der Wiesn (ja, die wird definitiv ohne den pseudobajuwarisierenden Apostroph geschrieben), also mit dem Oktoberfest, wo das berühmte Münchner Bier auch an leicht entflammbare Polyesterdirndl und Kunstlederhosen ausgeschenkt wird. Dazu Grant, Gmiatlichkeit und Gastfreundschaft, Traditionsgaststätten und Biergärten. B-i-e-r-g-ä-r-t-e-n – diese wunderbaren, kastanienüberschatteten, mit Kies bestreuten, von Gläserklirren, fröhlichem Stimmengewirr und Steckerlfischduft durchwehten Freiluftwohlfühlräume der Münchner, unvergleichlich.

Eigentlich ist damit doch schon alles Wesentliche über München und das Bier gesagt – wozu braucht's denn da noch ein Buch? Nun ja, hinter all dem stecken mehr als 850 Jahre Braugeschichte, eng verwoben mit der Entwicklung des kleinen Marktfleckens von Heinrich dem Löwen zur Residenz der bayerischen Herzöge und Könige und Hauptstadt des Freistaats Bayern. Eine ganze Menge historischer Stoff also, der das Fundament für Traditionsbewusstheit und Selbstverständnis unter weiß-blauem Himmel liefert. Und der nach unserem Dafürhalten in dem Bild, das gemeinhin von der „Welthauptstadt des Bieres" gezeichnet wird, ein wenig zu kurz kommt. Daher wollen wir Geschichte und Geschichten rund um Münchens Bier und seine Brauer erzählen: Von Reinheitsgebot und Russnmass, Starkbier in der Fastenzeit, Mönchen, Bier und Politik – und einer schönen Münchnerin …

München, im Oktober 2024
Astrid Assél & Christian Huber

I Die Geschichte des Bierbrauens in München

Die Ursprünge des Bierbrauens

Die Geschichte des Brauwesens in München beginnt gemeinsam mit der Stadtgründung im Jahre 1158. Denn zu dieser Zeit war das Bier in Bayern bereits seit Langem bekannt, urkundlich belegt ist es spätestens seit dem neunten Jahrhundert. Die ersten Anfänge des Bierbrauens reichen allerdings noch wesentlich weiter, nämlich bis ins früheste Altertum zurück. Die ältesten Belege für bierartige Getränke, die vermutlich aus vergorenem Brot hergestellt wurden, stammen aus Mesopotamien und Ägypten von etwa 3500 v. Chr.

Während im römischen Imperium Bier („cervisia", nach Ceres, der Göttin der Feldfrüchte, benannt) nur eine untergeordnete Bedeutung hatte, da fast ausschließlich Wein getrunken wurde, war in Germanien und Mitteleuropa Bier bereits 1500 v. Chr. bekannt und wurde aus Fladenbrot gebraut. Da zu jener Zeit keine Verbindung von Kleinasien nach Germanien belegbar ist, über die das Wissen um die Kunst des Brauens transportiert worden sein könnte, scheint sich auch hier das Bierbrauen – wie in anderen Regionen der Welt – eigenständig entwickelt zu haben. Der römische Geschichtsschreiber Tacitus beschrieb 98 n. Chr. die Germanen folgendermaßen: „Tag und Nacht durchzechen sie, und man könnte sie ebenso gut mit der Lieferung berauschender Getränke besiegen, wie durch die Gewalt der Waffen."

Der Brauprozess unterschied sich in den wesentlichen Punkten kaum von der noch heute praktizierten Technik: Schon damals wurde das Getreide in Wasser geweicht, das Malz gedörrt und die Bierwürze gesotten. In Bayern ist das Bierbrauen erstmals durch eine Urkunde aus dem Jahre 815 gesichert, in der der Diakon der Kirche Hl. Johannes der Täufer in Oberföhring Huvezzi sich verpflichtete, neben anderen Abgaben auch eine Fuhre Bier an den Freisinger Bischof Hitto zu liefern.

Das Hausbrauen

Für die Zeit der Stadtgründung Münchens kann ein Hausbraurecht als gesichert angenommen werden, wenngleich entsprechende schriftliche Quellen aus jener Zeit fehlen. Wie das Brotbacken gehörte das Brauen zu den Pflichten der Hausfrau, Bier zählte zu den Grundnahrungsmitteln. Jeder kennt wohl den Spruch vom Rumpelstilzchen: „Heute back' ich, morgen brau' ich, ...". Da die Qualität des Trinkwassers im Mittelalter miserabel war, wurde im Allgemeinen nur Vergorenes getrunken. Durch den Brauvorgang und vor allem durch die Zugabe von Hopfen war das Bier relativ keimarm, sodass es selbst von Kindern getrunken wurde. Es war allerdings wesentlich alkoholärmer als die heute bekannten Vertreter des Gerstensaftes. Anstelle

Rekonstruktion einer mittelalterlichen Hausbraustube
In diesen „Rauchkuchln" gab es weder Fenster noch eine Abzugsvorrichtung für den Rauch.

eines Frühstücks wurde für die damalige Zeit die Einnahme eines Warmbiers beschrieben, das am Morgen unter Zugabe von Ei, Muskatnuss und Ingwer zubereitet wurde und auch als Hausmittel galt. Im Münchner Bier- und Oktoberfestmuseum kann eine anschauliche Rekonstruktion einer solchen „Hausbraustube" besichtigt werden.

Eine gewerbliche Bierproduktion in Form richtiger Brauereien gab es in dieser Frühphase nicht. Anders als vielfach berichtet wird, kann für diese Zeit auch in den Klöstern noch keine wirklich nennenswerte Brautätigkeit nachgewiesen werden (Gattinger). Bis ins hohe Mittelalter war die Bierproduktion eingebunden in das vorherrschende Feudalsystem. Die abhängigen Bauern lieferten Bier ebenso wie Feldfrüchte oder Vieh als Bestandteil ihrer Abgaben an die Gutsherren, zu denen in großer Zahl auch die Klöster zählten. Eine eigene Bierproduktion war für diese somit weder zwingend notwendig noch sinnvoll. Zudem besaßen praktisch alle bayerischen Klöster Weinberge vorwiegend in Österreich, von denen sie ihren Eigenbedarf an alkoholischen Getränken deckten. „Trotz eingehender Untersuchung klösterlicher Überlieferungen konnte bisher für die Zeit vor 1200 für keines der bayerischen Klöster eine umfangreiche Brautätigkeit nachgewiesen werden" (Gattinger).

Das Kloster Weihenstephan bei München nimmt für sich in Anspruch, die „älteste Brauerei der Welt" zu sein. Dazu wird oftmals eine Urkunde des Freisinger Bischofs Otto I. aus dem Jahre 1146 angeführt, mit der dem Kloster das Schank- und Braurecht verliehen worden sei. Leider konnte dieses Dokument bereits 1979 von Uhl überzeugend als spätere Fälschung der Mönche aus dem 17. Jahrhundert nachgewiesen werden. Hintergrund war eine Landes- und Polizeiordnung von 1616, die bereits zum wiederholten Male den Betrieb von Brauhäusern von einer Bestätigung durch den Landesherrn abhängig machte – und Weihenstephan konnte eine derartige Urkunde nicht vorweisen, weshalb die Fälschung in Auftrag gegeben wurde. Witzigerweise wurde diese zunächst aber doch nicht benötigt, weshalb sie erstmals 1723 einer Untersuchungskommission der geistlichen und adeligen Bräuhäuser vorgelegt wurde: zu diesem Zeitpunkt glaubte man in Weihenstephan offenbar bereits selbst an die Echtheit der Urkunde!

Bier aus Münchens Klöstern und Spitälern

Erst ab dem 13. Jahrhundert wurden die Naturalleistungen der Bauern zunehmend in Geldabgaben umgewandelt, wodurch auch in den Klöstern eigene Brauereien zur Versorgung mit Bier benötigt wurden. Dieses wurde vor allem an die beschäftigten

Handwerker sowie an Pilger abgegeben, während die Mönche selbst weiterhin vorwiegend Wein konsumierten. Explizite Braurechte, das heißt ausdrücklich vom Herzog gewährte Braugenehmigungen zur Aufbesserung der klösterlichen Finanzen, sind 1321 zeitgleich für die Klöster im niederbayerischen Metten und Niederalteich belegt (Gattinger).

Parallel hierzu kam es zu einem merklichen wirtschaftlichen Aufschwung der mittelalterlichen Städte, vor deren Toren nun häufig Spitäler zur Versorgung der Kranken und Bedürftigen eingerichtet wurden. In München wurde bereits 50 Jahre nach der Stadtgründung vor dem Talburgtor (heute Turm des alten Rathauses) das Heiliggeistspital errichtet. Lag es bei seiner Gründung noch vor den Toren der Stadt, so wurde es 100 Jahre später im Zuge der ersten Stadterweiterung, die zungenförmig vom Talburgtor bis zur Hochbrücke mit dem gleichnamigen Tor reichte, „eingemeindet". Neben der Pflege von Kranken und Infizierten wurde das Spital Auffangbecken für Bedürftige aller Art und zu deren Versorgung mit zahlreichen Privilegien ausgestattet, so zum Beispiel einem Asylrecht sowie einer Beteiligung an den Salzzolleinkünften. Von Herzog Ludwig II., dem Strengen (reg. 1253–1294), wurde ihm 1286 das Brau- und Schankrecht verliehen und zugleich eine Befreiung von den sonst hieraus üblichen Abgaben erteilt.

Kloster Metten
Kupferstich von Michael Wening, 1726.

Der Hof des Heiliggeistspitals mit Viktualienmarkt
Ölgemälde von Domenico Quaglio, 1824. Das hohe Gebäude links am Bildrand ist die spitaleigene Brauerei.

HEILIGGEISTSPITAL

Über die Zeit entwickelte sich im Heiliggeistspital ein reger Betrieb aus der Braugerechtigkeit, denn das Bier galt zeitweise als das beste der Stadt. Im Jahre 1789 versorgte die spitaleigene Brauerei neben den Beschäftigten und Bedürftigen des Spitals etwa 150 regelmäßige Stammgäste mit dem wohlschmeckenden Gebräu. Das Brauhaus lag zusammen mit anderen Wirtschaftsgebäuden am südwestlichen Ende

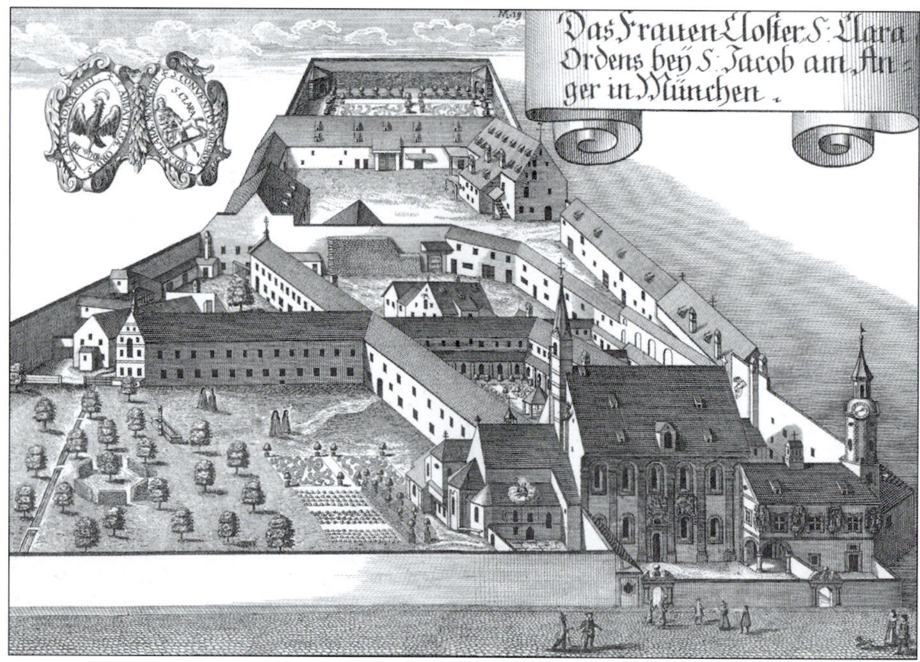

Klarissenkloster St. Jakob am Anger
Kupferstich von Michael Wening, um 1700. Die Brauerei befand sich in den Wirtschaftsgebäuden im hinteren Teil der Abbildung.

des weitläufigen Spitalgeländes direkt an der Stadtmauer, die von der heutigen Westenriederstraße aus das südliche Gelände begrenzte.

Die Ära der Brauerei des Heiliggeistspitals endete mit der Säkularisation 1803, als der Staat den Betrieb übernahm. Vier Jahre später wurde zunächst der Münchner „Eier- und Kräutlmarkt“ in den noch gänzlich umschlossenen, aber bereits von einigen Gebäuden befreiten Hof des Spitals verlegt. Dieser Markt wurde zum Vorläufer des heutigen Viktualienmarktes, dessen 200-jähriges Bestehen daher im Jahre 2007 gefeiert wurde. Er war zuvor für sieben Jahre vom Marienplatz, wo er seit 1365 nachweisbar war, auf den Platz um die Peterskirche ausgelagert worden. Nach und nach fielen die Spitalgebäude der fortschreitenden Erweiterung des Marktes zum Opfer, wobei das Bräuhaus im Jahre 1828 abgebrochen wurde. Das eigentliche Spital wurde in das leerstehende Kloster der Elisabethinerinnen in der Mathildenstraße und später in das neu errichtete Altenheim am Dom-Pedro-Platz verlegt. Die letzten Spitalgebäude wurden 1885 abgerissen, sodass heute nichts mehr an diese uralte Münchner Sozialeinrichtung oder ihre Brauerei erinnert – mit Ausnahme der Heiliggeistkirche. Diese sollte ursprünglich ebenfalls zerstört werden, was aber durch den vehementen Einspruch von Bürgern und Geschäftsleuten verhindert wurde.

Augustinerkloster am Haberfeld
Kupferstich von Michael Wening, um 1700. Die Braustätte lag außerhalb des Bildes links zur Löwengrube hin.

20 Jahre nach Verleihung des Braurechts an das Heiliggeistspital wurde dieses Recht auch den Klarissen-Nonnen zugestanden, die den Franziskaner-Mönchen (nach deren Umzug auf den heutigen Max-Joseph-Platz) in das älteste Kloster Münchens, St. Jakob am Anger, nachgefolgt waren. Die Nonnen wurden sogar besonders privilegiert, da sie anders als sonst bei Klöstern üblich das Bier nicht nur für den Hausgebrauch brauen, sondern auch verkaufen durften (H. Stahleder). Und dies sogar dann, wenn ansonsten das Bierbrauen verboten war, was bei Getreidemangel öfters geschah, um die Versorgung mit Brot nicht zu gefährden.

Als nächstes folgte das Brau- und Schankrecht für das Kloster der Augustiner-Mönche, welches 1294 vor den ersten Stadtmauern auf dem sogenannten Haberfeld

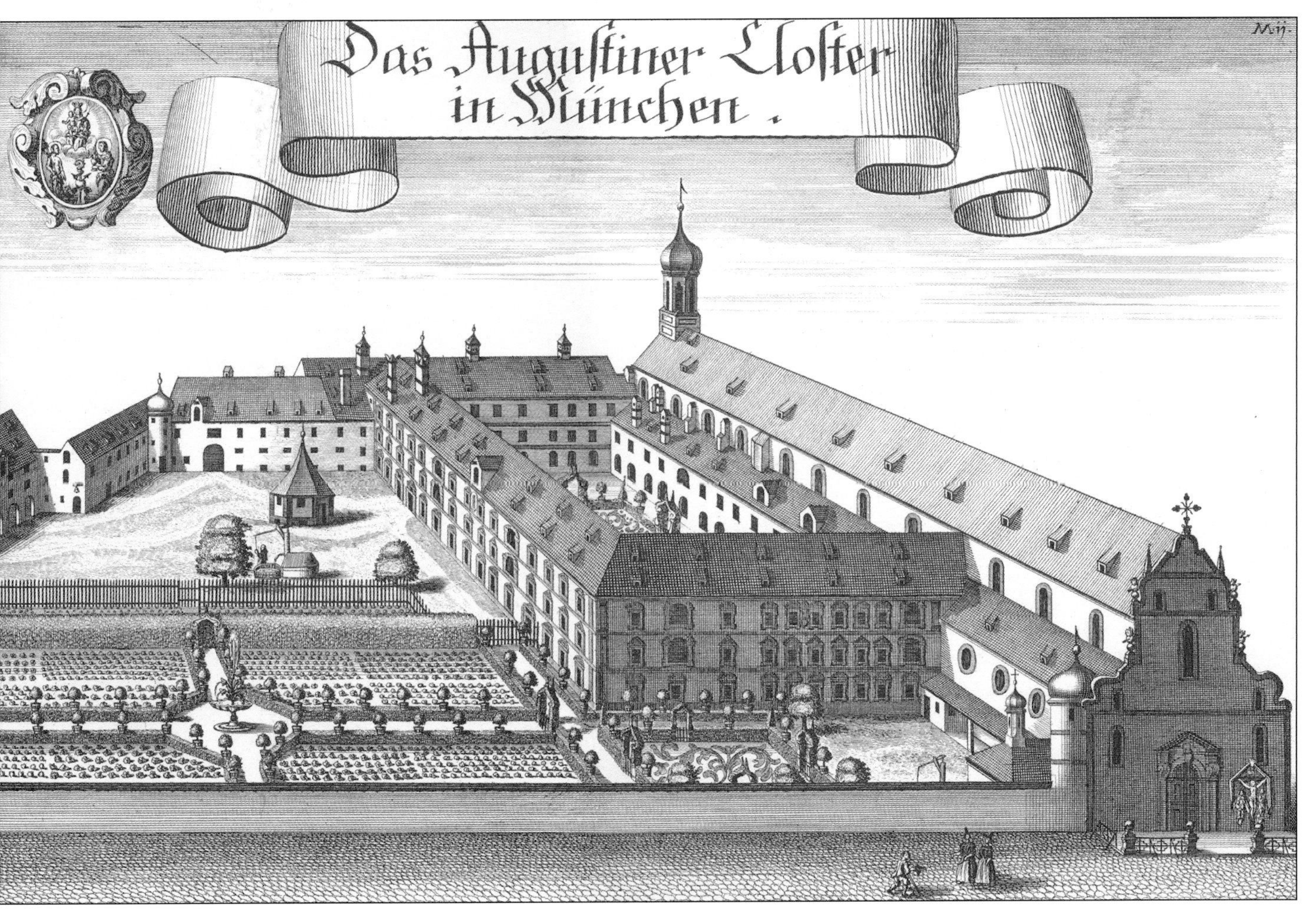

gegründet worden war. Damit waren vor der alten Stadt vier große geistliche Komplexe errichtet worden, die allesamt die Berechtigung zum Bierbrauen hatten: Franziskanerkloster im Norden (Datum der Verleihung des Braurechts unbekannt), Heiliggeistspital im Osten, Klarissenkloster im Süden und Augustinerkloster im Westen.

Die von der Augustinerbrauerei als Gründungsdatum der Braustätte angegebene Jahreszahl 1328 ist bis heute nicht exakt belegbar. Sie bezieht sich unter anderem auf eine historisch ungesicherte Nachricht, dass die Bäckerknechtsbruderschaft ein Jahr nach dem verheerenden Münchner Stadtbrand im Jahre 1327 ihren Versammlungsort vom abgebrannten Heiliggeistspital in die Bräustube des Augustinerklosters verlegt hätte. „Trotz der reichen Archivbestände, die sich im Kloster befanden, war es (...) auch den Augustinern im 18. Jahrhundert nicht mehr möglich, genaue Daten für das Bestehen des Bräuhauses zu ermitteln“ (Hemmerle). Die Brauerei ist erst seit 1411 urkundlich eindeutig nachweisbar. Sie muss damit aber im 14. Jahrhundert schon länger in Betrieb gewesen sein, und auch in anderen Augustinerklöstern können schon zu Beginn des 14. Jahrhunderts Brauereien nachgewiesen werden. Da das Kloster in München das bedeutendste seiner Art in Bayern war, ist anzunehmen, dass auch hier spätestens seit seinem vollständigen Ausbau 1315 eine Brauerei eingerichtet wurde. Daher ist das Jahr 1328 für München plausibel und stellt heute das offizielle Gründungsdatum dar. Das Thema von Datierungen von Brauereigründungen war in den letzten Jahrzehnten Gegenstand zahlreicher Untersuchungen und wird im weiteren Verlauf dieses Buches noch mehrmals Erwähnung finden.

Anton Wagner, 1791 - 1844
Ölgemälde, undatiert.

AUGUSTINERBRÄU

Im Zuge der Säkularisation wurde auch das Augustinerkloster 1803 aufgelöst, die Patres verteilte man zwangsweise als Weltgeistliche auf München und in der Kirche wurde eine Mauthalle eingerichtet. Die Brauerei wurde privatisiert und gelangte in die Hände von Georg Gröber und Baptist Lankes. Diese beiden Berufsfischer hatten zwar eigentlich 1809 die Braugerechtigkeit des ebenfalls säkularisierten Angerklosters ersteigert, nachdem der bayerische Staat den Vertrag mit dessen Pächter Georg Auer wegen Streitigkeiten über die Pachthöhe aufgelöst hatte. Der Rechtsstreit darüber zog sich jedoch über Jahre hin, sodass sie schließlich 1817 ersatzweise die Braugerechtigkeit des Augustinerklosters samt des sogenannten Möschenfelderhauses in der Neuhauser Straße 16 (zuvor 275, heute 27) als Braustätte erhielten. Da die neuen Besitzer die Brauerei zwar relativ gut führten, aber als gelernte Fischer doch fachfremd waren, vergaben die Behörden das Braurecht schließlich am 5. März

Die Augustinerbrauerei in der Landsberger Straße zur Jahrhundertwende
Zeichnung, um 1900. Der Brauereiumzug aus der Neuhauser Straße erfolgte unter dem Brauer Joseph Wagner. Sie war eine der letzten Großbrauereien, die aus den beengten Innenstadtverhältnissen an den damaligen Stadtrand zog. Der Braubetrieb wird heute noch an gleicher Stelle fortgeführt und ist die einzige original erhaltene Braustätte aus dem 19. Jahrhundert in München.

1829 an das Brauerehepaar Maria Theresia und Anton Wagner. Diese waren zuvor in Freising Betreiber des Hasüberbräus gewesen und mittels Getreidehandels und weiterer Unternehmen zu Vermögen gekommen, weshalb sie sich mit einem Brauhaus im aufstrebenden München der Königszeit verbessern wollten. Nach dem Tod ihres Mannes führte Maria Theresia Wagner (1797–1858) die Brauerei alleine weiter und schaffte es, den relativ kleinen Betrieb zu ihren Lebzeiten an die Schwelle zur Großbrauerei zu führen. Sie zeigte sich aufgeschlossen für zahlreiche technische Neuerungen und vergrößerte das Anwesen um den benachbarten ehemaligen Unterkandlerbräu. Außerdem kaufte sie 1857 von dem Bankier Josef von Hirsch an der Landsberger Straße weit außerhalb der Stadt den sogenannten Buttlerkeller. Auf dieses großzügig bemessene Areal konnte unter ihrem Sohn Joseph zwischen 1884 und 1890 der gesamte Braubetrieb verlagert werden, während die ehemalige Brauerei in der Innenstadt in die heute noch bestehende Großgaststätte umgebaut wurde. Die Initialen Joseph Wagners, der die Augustinerbrauerei in der zweiten Hälfte des 19. Jahrhunderts zu wirtschaftlicher Blüte führte, finden sich neben dem erwähnten „Gründungsdatum" 1328 bis heute im Logo der Brauerei.

Der Augustinerbräu befindet sich als einzige Münchner Brauerei immer noch im Privatbesitz und gehört zu 51 Prozent der Edith-Haberland-Wagner-Stiftung, die durch testamentarische Verfügung dieser letzten Angehörigen der Familie Wagner entstand. Neben der Errichtung des bereits erwähnten Bier- und Oktoberfestmuseums in der Sterneckerstraße ist diese gemeinnützige Stiftung vielfältig kulturell engagiert. Augustiner stärkt unter anderem durch den konsequenten Verzicht auf Werbung das Bild einer bodenständigen Münchner Traditionsbrauerei. Dazu tragen auch die Beibehaltung der seit Jahrzehnten bekannten alten Euro-Glasflaschen sowie der Ausschank des Bieres aus den traditionellen Holzfässern bei.

Weinland Bayern – Bierstadt München

Etwa 100 Jahre nach der Stadtgründung Münchens (1158) endete die Zeit des freien Hausbrauens. Von den Sudstellen aus war es vermutlich mehrfach zu Bränden in der Stadt gekommen, sodass eine behördliche Überwachung der Braustätten nötig erschien. Demzufolge erfuhr das Brauwesen eine wesentliche Veränderung unter Herzog Ludwig II.: Dieser hatte wohl erkannt, dass sich im aufblühenden Brauwesen ein lukrativer Geschäftszweig auftat, an dem er in Form von Abgaben Teil haben konnte. Denn anders als in großen Teilen Bayerns, wo das Bier in wirtschaftlicher Hinsicht bis zum Ende des Hochmittelalters dem Wein weit unterlegen war, spielte es in München stets eine bedeutsame Rolle. Zwar ermöglichte das damals deutlich mildere Klima den Weinanbau in vielen bayerischen Regionen, vor allem in den Tälern von Donau, Isar und Inn, vereinzelt sogar bis ins Voralpenland hinein. Gerade an das Münchner Klima aber konnten sich die Reben scheinbar nicht recht gewöhnen, wohingegen Gerste und Hopfen seit Jahrhunderten hier im Umfeld prächtig gediehen.

Ab Beginn des 15. Jahrhunderts kam es dann in ganz Europa während der so bezeichneten „kleinen Eiszeit" zu einer merklichen Klimaabkühlung, speziell in den Jahren von 1570 bis 1630 traten strenge Winter und kühle, regnerische Sommer in Folge auf. Dadurch verschlechterten sich die Bedingungen für den regionalen Weinanbau drastisch. Der spätere bayerische Geheime Staatskanzler mit dem klangvollen Namen Wiguläus Xaver Alois Freiherr von Kreittmayr (1705–1790) spottete über den sauren Wein in seinem gesegneten Bayern, „wo der Essig, der anderswo mit großer Mühe bereitet werden muss, von selbst wächst". Dem

Bier hingegen bescheinigte Kreittmayr sogar den Stellenwert eines „fünften Elements“ in Bayern.

Dennoch wird immer wieder behauptet, dass in München bis zum Ende des 16. Jahrhunderts wesentlich mehr Wein als Bier getrunken worden sei. Als vermeintlicher Beleg für die Bedeutungslosigkeit des Bieres im Mittelalter und für ein damals reines „Weinland Bayern“ wird oft ein Zitat von Johann Georg Turmair aus Abensberg, genannt Aventinus, herangezogen. Dieser beschreibe in seiner 1533 vollendeten Chronik den Bayern „Tag und Nacht bei dem Wein“ sitzend, das Bier würde dabei mit keinem Wort erwähnt. Diese Trinkgewohnheiten mögen vielleicht sogar für die typischen Weinanbaugebiete seiner niederbayerischen Heimat gegolten haben. Die Textpassage stammt aber aus einem einzigen Satz, in dem Aventinus allgemein den Charakter des „gemeinen Mannes, der auf dem Lande sitzt“, erläuterte. Die gesamte Chronik hingegen besteht aus insgesamt acht Büchern mit über 1.200 Kapiteln, in denen die Geschichte Bayerns von der Antike bis zur Gegenwart beschrieben wurde. Und ebenso wenig wie das Bier wurde hier der Met genannt, obwohl auch dieses alkoholische Getränk im Mittelalter sicher weit verbreitet war. Als historischer Beweis für eine fehlende Bedeutung des Bieres im mittelalterlichen München darf dieser Ausspruch jedenfalls nicht angesehen werden, dort war das Bier immer das eigentliche Alltagsgetränk. Johannes Turmairs Vater kaufte 1487 ein Brauhaus (!) in Abensberg am heutigen Stadtplatz, in dem Aventinus aufwuchs. 1509 wurde Aventinus an den Münchner Hof gerufen, um nach dem Tod von Herzog Albrecht IV., dem Weisen (reg. 1465–1508), dessen beide noch minderjährigen Söhne Ludwig und Ernst zu erziehen.

Generell ist es wohl falsch anzunehmen, weil über das Bier so wenig geschrieben wurde, sei es unwichtig gewesen. Vielmehr war es offenbar so weit verbreitet und „allgemein“, dass man deshalb keinen Grund sah, darüber zu schreiben (Sailer). Im Jahre 1917 erläuterte Otto Riedner den Stellenwert von Wein und Bier in München: „Sonstwo war das Bier in den letzten Jahrhunderten des Mittelalters von dem alles beherrschenden Wein wirklich zum Fuhrknecht und Bettelmann herabgedrückt worden. In München aber kam es nie zu solchen Hörigkeitsbeziehungen.“ Der Wein war hier das teurere, anspruchsvollere Getränk, und die von Neckar, Rhein, Tirol oder Oberitalien importierten Weine waren für den Durchschnittsbürger kaum erschwinglich. Während der Preis für die Mass Bier (die bayerische Mass entsprach 1,069 Liter) um 1300 zwischen 1/3 und 2/3 Pfennig lag, kostete zur gleichen Zeit die Mass Wein zwischen zwei Pfennige für die heimischen und bis zu vier Pfennige für die teuren Importweine. Ein Zimmerergeselle verdiente demgegenüber gerade einmal zwei bis vier Pfennige pro Tag, ein gelernter Zimmermann etwa das Dreifache. Daher spielte das Bier „im Mittelalter Münchens nicht eine bescheidene, sondern eine überragende Rolle in Wirtschaft und Gesellschaft“ (E. Stahleder).

Das Braulehen

Spätestens unter der Regierungszeit Ludwigs II. des Strengen (1253 – 1294) wurde die Ausübung des Brauens in München an eine Genehmigung des Herzogs geknüpft. Das Recht zu brauen wurde seither als sogenanntes „Regal“ des Herzogs betrachtet. Regalien bezeichneten ursprünglich alle Hoheitsrechte und Güter eines Königs, welche diesem als Grundlage für die Ausübung seiner Herrschaft dienten. Dies war zum Beispiel das Recht auf die Befestigung von Burgen oder das Recht an erblosen Gütern und Schätzen. Daneben zählten aber auch finanziell nutzbare Rechte zu den Regalien. Diese wurden zunächst temporär als Lehen auf Städte und Fürsten übertragen und gingen erst im Laufe der Zeit ganz auf jene über. Von besonderer Bedeutung für die bayerischen Herzöge waren das Markt-, Berg-, Münz-, Salz- und Zollregal. Sie bildeten im Mittelalter das Rückgrat des Finanzwesens, und ihre Verleihung wurde von den Herzögen auch oftmals als politisches Macht- und Druckmittel gehandhabt.

Ab diesem Zeitpunkt verlief die Entwicklung des Brauwesens in München völlig eigenständig im Vergleich zu anderen Regionen Bayerns. Ein allgemeines bürgerliches oder kommunales Braurecht wie in anderen Städten gab es hier nicht, stattdessen wurde das Recht zur gewerblichen Biererzeugung im Sinne eines hoheitlichen Vorbehaltsrechtes als Lehen an Einzelpersonen vergeben. Durch diesen Status war nicht die Stadt, sondern der herzogliche „Viztum“ für die Brauer zuständig. Dieser war ein hochrangiger Beamter, der als Vertreter des Landesherrn vorwiegend für Finanzwesen und Gericht zuständig war. Später wurde die Aufsicht durch den Rentmeister übernommen, der die gesamten herzoglichen Einnahmen aus einem bestimmten Gebiet, dem sogenannten Rentamt, zu überwachen hatte. Dem Stadtrat blieben nur geringfügige, vorwiegend polizeiliche Befugnisse bei der Überwachung der Brautätigkeiten. Erst ab 1561 wurde im „Albertinischen Rezess“, der die Zuständigkeiten bezüglich der Rechtsprechung zwischen Stadt und Herzog neu regelte, die Braugerichtsbarkeit ganz der Stadt überlassen.

Die durch das Braulehen berechtigten Bürger waren im herzoglichen Bräuamt zusammengeschlossen, dem „officium praxationis“. Dies war keine übergeordnete herzogliche Behörde, sondern die zwangsweise Organisation oder Korporation aller mit dem Braulehen ausgestatteten Personen. Nach außen wurde das Bräuamt von den sogenannten Vierern, also vier ausgewählten Brauern, vertreten; eine Zunft der Brauer gab es in München im Mittelalter nicht. Der Zugang zum Braugewerbe wurde nicht von der Stadt oder den Brauern selbst geregelt, sondern vom Landesherrn, dem Herzog. Erst ab Ende des 16. Jahrhunderts wurde das Bräuamt zunehmend als Handwerk bezeichnet, der Begriff Zunft wurde noch bis ins 18. Jahrhundert weitgehend vermieden.

Das Braurecht als herzogliche Einnahmequelle

Die älteste Urkunde, die den besonderen Status des Brauwesens in München belegt, ist das „Urbar" Herzog Ludwigs II. des Strengen aus dem Jahre 1280. Dieses auch Salbuch genannte Güterverzeichnis listete den kompletten Bestand des grundherrschaftlichen Besitzes sowie alle Abgaben daraus auf. Die nicht unbeträchtlichen Einkünfte aus dem Brauwesen wurden darin verwaltungstechnisch den Erträgen aus den weiteren klassischen Hoheitsrechten Münze, Gericht und Zoll zugeordnet. Hierin zeigt sich die erhebliche finanzielle und wirtschaftliche Bedeutung des Brauwesens, das später zusammen mit der Schweinemast und dem Salzmonopol von Kreittmayr zum „Bayrischen Kleeblatt mit den drei goldenen Blättern" gezählt wurde.

Im Urbar wurde vom Bräuamt als Entgelt für das Braulehen eine jährliche Abgabe in Höhe von 50 Pfund Pfennigen an den Herzog (ein Pfund entsprach 240 Pfennigen) zuzüglich sechs Pfund für den Viztum und zwei Pfund für den Stadtrichter festgelegt. Weiterhin musste das Bräuamt eine Malzabgabe von 32,5 Scheffeln (ein Scheffel entsprach 222 Litern) an den Herzog leisten, was etwa dem gesamten Jahresverbrauch des Münchner Heiliggeistspitals gleichkam. Für den herzoglichen Hof darf eine dem Spital vergleichbar große Anzahl zu versorgender Personen angenommen werden, sodass diese Abgaben dessen jährlichen Bedarf deckten. Schließlich mussten für das Fest Mariä Reinigung oder Lichtmess am 2. Februar auch noch 40 Pfund Wachs abgegeben werden, zuzüglich wiederum sechs Pfund für den Viztum. Die Einkünfte aus dem Bräuamt wurden häufig von den Herzögen zur Schuldentilgung verpfändet, nachweislich zum Beispiel 1325 an den herzoglichen Armbrustschnitzer Johannes oder 1395 an das Heiliggeistspital.

Im mittelalterlichen Rechtsverständnis entsprach die Braugerechtigkeit einem „radizierten Realgewerbe". Dies bedeutete, dass die Ausübung des Braulehens zwingend an ein Grundstück mit Braustätte, Bierkeller sowie einer Schankwirtschaft gebunden, also „radiziert" (lat. radix, die Wurzel) war. Somit konnte das Handwerk des Brauens durch den Berechtigten nicht beliebig irgendwo in der Stadt ausgeübt werden, sondern ausschließlich auf dem ausgewiesenen Grundstück. Zweck der Realrechte, zu denen in München auch die Fleisch- und Brotbänke zählten, war es, die Grundversorgung der Bevölkerung durch leistungsfähige Betriebe dauerhaft sicherzustellen.

Vergleichbare Regelungen gab es auf dem Land für die sogenannten Ehaftsgerechtigkeiten Mühle, Bad, Schmiede und Taferne, die durch ein „Bannrecht" eine Art Konkurrenzschutz erhielten: Innerhalb eines bestimmten Gebietes durfte kein anderes derartiges Gewerbe ausgeübt werden, und die Einwohner waren verpflichtet, ihren Bedarf bei den „zugelassenen" Betrieben zu decken.

Durch die Knüpfung der Berechtigungen an Grundstücke konnten nicht beliebig viele Betriebe entstehen, sodass diese Art Monopolstellung einen ruinösen Wettbewerb ausschloss und damit die krisensichere Leistungsfähigkeit der einzelnen Betriebsstätten weitgehend gesichert war. Durch die limitierte Zahl der Braugerechtigkeiten erklärt sich auch, dass von den im Bräuamt zusammengeschlossenen Brauern eine stets gleichbleibende jährliche Abgabe an den Herzog erwartet wurde. Diese war zu einem sicheren Einnahmeposten der herzoglichen Finanzen geworden. Die „realen“ Gewerberechte waren von ihrer Natur her vererbbar wie Güter, also wie reale Gegenstände, sie konnten außerdem verpachtet werden und wurden in aller Regel nicht vom Inhaber selbst, sondern von angestellten Dritten ausgeübt.

Das Patrizierbrauen

Mit dem Braurecht belehnte der Herzog zunächst Vertreter der obersten Schicht der Münchner Gesellschaft, da nur diese innerhalb der Stadt über ausreichend Grundbesitz zur Errichtung der Braustätten verfügten. Insgesamt wurden 21 Braugerechtigkeiten verliehen, wobei eine Urkunde vom 21. Januar 1363 mit den Namen von zwölf neu belehnten Patriziern überliefert ist. Allein elf von diesen waren Mitglieder des Stadtrats und vorwiegend als Kaufleute, Salz- oder Großhändler tätig. Diese finanzstarken Unternehmer erzielten also ihr Einkommen mittels ihrer jeweiligen lukrativeren Hauptberufe, wodurch sie offenbar in der Lage waren, sich neben anderen Privilegien auch noch das Bräuamt leisten zu können. Im Vergleich lagen ihre Steuersätze und damit ihre Einkommen demzufolge auch wesentlich höher, als dies später je ein Brauer bis zum Ende des Mittelalters erreichte.

Nur von einer Handvoll der damals eingerichteten Bräustadel ist der Standort heute noch bekannt, die übrigen waren vermutlich in den Häusern der belehnten Patrizier untergebracht. Denkbar wäre allerdings auch, dass es überhaupt nur diese wenigen überlieferten Stadel gab und alle Brauberechtigten sie gemeinsam genutzt haben. In dieser Art war beispielsweise das Brauwesen in Landshut organisiert.

Die ersten Münchner Bräustadel

Der älteste nachweisbare Bräustadel befand sich an der inneren Stadtmauer direkt rechter Hand des Schönen Turms, dem westlichen Tor der alten Stadt. Diese Braustätte gehörte gemeinsam Hanns Schiet, einem der 1363 neu belehnten Patrizier, einem gewissen Schemel und Jacob Freymanner.

Markt- oder Schrannenplatz in München (heute Marienplatz)
Kupferstich von Michael Wening, um 1700. Links im Hintergrund der „Schöne Turm", das ehemalige westliche Stadttor.

Durch H. Stahleders Aufarbeitung der Steuer- und Gerichtsbücher der Stadt München aus dieser Zeit können wir uns von Letzterem ein relativ gutes Bild machen: Sein Geld verdiente Freymanner vorwiegend als Weinhändler, zudem waren ihm von Ludwig dem Brandenburger (reg. 1347–1361), einem Sohn Kaiser Ludwigs des Bayern, Schürfrechte für die Bergwerke des Oberinntals verliehen worden. Über viele Jahre war er Mitglied des Stadtrats sowie Hochmeister des Heiliggeistspitals. Spätestens seit 1335 besaß er zusammen mit Hanns Schiet das oben erwähnte Grundstück mitsamt dem Bräustadel. Nachdem Kaiser Ludwig der Bayer (reg. 1294–1347) die bereits unter seinem Vater Ludwig II. dem Strengen begonnene Stadterweiterung auf die Größe der heutigen Innenstadt abgeschlossen hatte, wurden die Mauern der vormaligen „Inneren Stadt" abgetragen und der Stadtgraben bis auf ein kleines Rinnsal zugeschüttet. Im Jahre 1346 verlieh der Kaiser Jacob Freymanner dieses an seinen Besitz angrenzende, neu geschaffene Grundstück, welches vom „Schönen Turm" auf dem ehemaligen Graben bis zur Löwengrube reichte. Allerdings erhielt er die strikte Auflage, auf der zum Kloster der Augustiner gerichteten Seite „kein Bau aus Holz oder Gemäuer" zu errichten. Das war den Klosterbrüdern offenbar so wichtig, dass sie sich dieses Verbot von den nachfolgenden Herzögen gleich mehrmals bestätigen ließen. Doch wie auch später noch oft in der Chronik der Stadt München zu lesen ist, wurde die eigentlich klare Rechtslage von Freymanner und seinen Erben eher frei „interpretiert", gemäß dem in München wohl schon von jeher verbreiteten Grundsatz „a bisserl was geht immer". Denn trotz aller Einwände der Mönche und Verbote des Stadtrats wurde die Überbauung des Grabens letztlich einfach durchgeführt und hat bis heute Bestand. Vielleicht wurde deshalb von den späteren Besitzern des Grundstücks als moralische Wiedergutmachung im Jahre 1516 den Augustinern die Errichtung eines überdachten Steges über den verbliebenen Stadtgraben erlaubt, um von diesem aus ihre Notdurft in den darunter verlaufenden Bach zu verrichten. Dieser komfortable „Donnerbalken" ist noch gut auf dem Sandtner-Modell der Stadt München von 1572 zu erkennen.

Die heute noch bekannten Positionen der anderen Bräustadel lagen alle ebenfalls an der inneren Stadtmauer (Weinstraße Nr. 10, ähnlich wie der Bräustadel des Freymanners direkt am Stadttor, dem Wilbrechtsturm) oder knapp außerhalb davon (Residenzstraße Nr. 9, später Franziskanerbräu; Sendlinger Straße Nr. 75 a, spätere Hackerbrauerei; Sendlinger Straße Nr. 2, heute Kaufhaus Breuninger).

Das Ende des Patrizierbrauens

Keiner der belehnten Patrizier wurde in den damaligen Steuerbüchern jemals als Bräu bezeichnet. Stattdessen beschäftigten sie „Prewmaister", die als eine Art leitende Angestellte den Braubetrieb führten. Man muss sich vorstellen, dass diese privilegierte Gesellschaftsschicht das Bräuamt mehr oder weniger nebenbei ausführte und somit kein großes Interesse an Investitionen in dieses Gewerbe hatte. Ende des 14. Jahrhunderts war zudem durch eine Folge von Missernten der Getreidepreis stark gestiegen, während der von den Behörden festgesetzte Bierpreis, der sogenannte „Biersatz", eingefroren blieb. Dies reduzierte die Gewinnspanne, Brauen wurde unrentabel.

Im Laufe der Zeit wurden daher immer mehr Braugerechtigkeiten nicht mehr genutzt, wodurch ein Engpass in der Versorgung der Bevölkerung mit Bier auftrat. Denn parallel kam es in München zu einem rasanten Anstieg der Einwohnerzahl, eine Entwicklung, die in jener Zeit in allen Städten Europas beobachtet werden konnte. Vom Jahre 1300 an verdoppelte sich in München innerhalb von nur 75 Jahren die Zahl der Bewohner von fünf- auf zehntausend. In der Folge wurde somit wieder vermehrt schwarz gebraut, das heißt ohne offizielle Belehnung durch den Herzog. Da diese Brauer natürlich auch keine Abgaben leisteten, kam es zu einem empfindlichen Rückgang der herzoglichen Einkünfte.

Alles zusammen führte letztlich zum „Aussterben" des Patrizierbrauens: Jacob Freymanner war 1368 bereits nicht mehr am Leben, der letzte Brauberechtigte aus dieser Gesellschaftsschicht verstarb im Jahre 1381. Auch der Beruf des Prewmaisters verschwand. Später war in den Häusern der belehnten Familien niemals wieder ein Braubetrieb nachweisbar. Lediglich drei Mitglieder aus der Gruppe der Patrizierbrauer hatten ein Interesse daran, ihre Brauereien fortzuführen. Diese aber wurden dann mit entsprechendem Ehrgeiz betrieben und zeigten im weiteren Verlauf einen langen Bestand:

Heinrich Marstaller unterhielt seit 1369 einen Bräustadel am Beginn der Sendlinger Straße, Hausnummer 2. Seine Braugeschäfte wurden unter anderer Regie fortgeführt, sodass hier bis zur Mitte des 16. Jahrhunderts eine florierende Brauerei nachweisbar war. Später wurde auf dem Grundstück das Handwerk der Lebzelterei ausgeübt. Lebzelter hatten die Berechtigung, Bienenhonig zu Lebkuchen und Met zu verarbeiten, ferner aus dem Bienenwachs Kerzen zu ziehen und Wachsbilder zu gießen. Da der Met auch ausgeschenkt wurde, blieb zumindest die Tradition einer Schänke hier noch bis ins 19. Jahrhundert erhalten. Das Kaufhaus Breuninger, das heute an seiner Stelle steht, erinnert mit einer Gedenktafel an diese Geschichte.

Schon sechs Jahre zuvor gründete Ainwicus Chirchler, einer der in der Urkunde von 1363 mit dem Bräuamt belehnten Patrizier, schräg gegenüber in der Sendlinger Straße 75 eine Brauerei, die mindestens bis 1431 Bestand hatte. Hierin ist vermutlich auch der Anfang der heute noch existierenden Hackerbrauerei zu sehen, worauf jedoch später noch genauer eingegangen wird.

Seidel Vaterstetter schließlich, ebenfalls im Jahre 1363 belehnt, betrieb seither in der Residenzstraße 9 einen Bräustadel. Bald in finanziellen Schwierigkeiten steckend, ging die Brauerei nach mehrmaligen Verpfändungen dauerhaft in andere Hände über, wurde aber kontinuierlich fortgeführt. Später erhielt sie den Namen Franziskanerbrauerei und lebt als Markenname für helles und dunkles Weißbier heute noch weiter. Anders als gelegentlich kolportiert wird, handelte es sich dabei also nicht um die säkularisierte Brauerei des Franziskanerklosters, sondern namensgebend war lediglich die räumliche Nähe der Brauerei zu dem Kloster. Dieses wurde nach der Säkularisation von dem späteren König Maximilian I. Joseph (reg. ab 1799 als Kurfürst, ab 1806 bis 1825 als König) zusammen mit dem angrenzenden, 1295 gegründeten Ridler-Seelhaus abgerissen, um die Münchner Oper und den davorliegenden Platz errichten zu können.

Von vielen Münchnern wurde der verheerende Brand von 1823, dem die Oper dann wieder zum Opfer fiel, als Strafe für diese als sündhaft empfundene Baumaßnahme des Potentaten angesehen. Bei den am Ende erfolglosen Versuchen, das brennende Opernhaus zu löschen, wurden zuletzt, da das Löschwasser im Januar zum Teil gefroren war, auch die Biervorräte der umliegenden Brauereien zum Löschen verwendet.

Die Brauverfassung von 1372

Der erwähnte Engpass in der Bierversorgung der Stadtbevölkerung, vor allem aber die fehlenden Einnahmen aus dem Bräuamt veranlassten den bayerischen Herzog in der zweiten Hälfte des 14. Jahrhunderts zu einer grundlegenden Reform. Diese kennzeichnete den Beginn derjenigen Phase, die wir heute als das eigentliche vorindustrielle Brauwesen verstehen, und stellte damit die Weichen für die nächsten vier Jahrhunderte. Der verantwortliche Herzog war Stephan II. mit der Hafte (reg. 1347–1375), ein Sohn Kaiser Ludwigs des Bayern, der sich mit seinen fünf Brüdern das Erbe des Vaters teilte, also Bayern zzgl. der damals Wittelsbachischen Territorien Brandenburg, Tirol und Teilen der Niederlande.

Am 7. August 1372 ließ er zusammen mit seinen Söhnen Stephan, Friedrich und Johann (unter denen später das verbliebene Bayern erneut in die Teilherzogtümer Ingolstadt, Landshut und München aufgeteilt wurde) der Stadt München folgende „besondere Gnad“ zukommen: Nachdem in der entsprechenden Urkunde zunächst die bestehenden Missstände gerügt wurden, die zur Unterversorgung der Bürger und zu den fehlenden Zinseinnahmen des Hofes führten, wird das Brauen von nun an jedem, „den es gelüstet“, gestattet:

„Wir Stephan der Ältere, wir Stephan, Fridrich und Johann Gebrüder, (…) bekennen öffentlich mit dem Brief, dass für uns kommen ist mannigerlei Stözz, Irrsal und Zweiung von unserer Stadt gemeinlich zu Münichen, von der alten Prewn wegen, der 21 Ämter bei unsern Vätern und bei uns gewesen sind. Also dass dieselben 21 Prewämter der Stadt noch dem Land (…) nicht Greußings genug gebräuen mochten, und davon uns auch unser jährlich Güld und Zins ettwieviel Zeit ausgelegen ist, als das von unseren Vorvätern bisher an uns kommen ist, wann etliche neue Prewn bisher an allen unsern Willen und Gunst über unser Rat heimlich gebraut haben (…). Nun haben wir der Stad gemeinlich zu Münichen die besunder Gnad getan (…), dass nun hierfürbas zu Münichen ewiglich allerman gleich, wen dies gelüstet, wohl Greußing bräuen soll (…).“

Nun darf dies aber nicht als erneute Erlaubnis im Sinne eines allgemeinen Hausbraurechts missverstanden werden. Weiterhin war die Ausübung des Braurechts an die vorherige Verleihung des Lehens durch den Herzog geknüpft: „Es ist auch zu wissen: Wer fürbas zu Münichen Greußing bräuen will, über die alten Prewn und über die, die jetzt von neuen Dingen vor Brief über das Amt von uns haben, der oder dieselben sollen dasselb Prewamt von unsern Händen empfangen und igleicher uns zu einer Gedächtnis geben 5 Gulden und unserm Kanzler von dem Land, wer der ist, einen Gulden um die gewondlich Brief, die sie darüber nehmen sollen.“

Der Herzog hatte offenbar erkannt, dass bislang „auf die falschen Pferde" gesetzt worden war. Mit der Reform versuchte er nun, das Brauen auf eine breitere Gesellschaftsschicht zu verteilen, die verlässlicher in der Lage wäre, die Versorgung der Bevölkerung mit Bier und gleichzeitig die herzoglichen Einnahmen sicherzustellen. Die Braugerechtigkeiten wurden also nicht wieder an Patrizier verliehen, sondern konnten von jedem Bürger erworben werden, der die dafür fällige, neu eingerichtete Gebühr an den Herzog entrichtete. Diese lag bei fünf Gulden, wiederum zuzüglich eines Guldens an dessen Kanzler. Außerdem musste jeder neue Bräu bei seinem Eintritt ans Bräuamt 20 Gulden (dieser Betrag wurde erst 1485 auf 16 Gulden reduziert) zahlen.

Vom Bräuamt wurde weiterhin die gemeinschaftliche Entrichtung der bisherigen Jahresabgabe von 50 Pfund Pfennigen erwartet. Dabei wurde ausdrücklich festgehalten, dass diese Summe unabhängig von der tatsächlichen Zahl der Brauer auf Dauer gleichbleiben sollte. „Und wieviel der Prewn also werden, so sollen sie uns dennoch jährlich zu Zins nicht mehr geben denn 50 Pfund Pfennig der Münz, die dann in der Stadt zu Münichen und in dem Obern Land zu Bayern gang und gäb ist."

Dies war jedoch weniger ein Akt herzoglicher Großzügigkeit, sondern sollte vielmehr gleichbleibende Einnahmen auch bei einem nochmaligen Rückgang der Zahl der Brauer garantieren. Dieser Brauzins wurde in unveränderter Höhe dann auch bis ins 18. Jahrhundert an den Landesherrn entrichtet. Da außerdem weiterhin zum Brauen der Besitz eines Grundstücks vonnöten war, auf das die Braugerechtigkeit radiziert wurde, handelte es sich bei diesen neuen Brauern wiederum nicht um vollkommen mittellose Bürger, da ein gewisses Grundkapital von Anfang an erforderlich war. Die Reform bewirkte aber eine Professionalisierung des Brauwesens, ein Betrieb bestand von da an aus einem Bräu mit einer nach oben beschränkten Zahl von in der Regel zwei Bräuknechten (oder Gesellen) und einem Lehrling.

Wie in der herzoglichen Urkunde zu lesen war, wurde nicht das Brauen von Bier, sondern von „Greußing" auf diese Weise neu geregelt. Die weitere Entwicklung des Brauwesens zeigte, dass die neue Brauverfassung aber offensichtlich in gleicher Weise für jede Art des Bierbrauens galt. Zum Greußing, der in allen Quellen immer gesondert neben Wein, Bier und Met angeführt wird, gibt es bis heute unterschiedliche Deutungen. Im Satzungsbuch der Stadt wurde im Jahre 1310 sein Preis um ein Drittel teurer als der des normalen Biers notiert, wobei es sich bei diesem Eintrag aber vielleicht auch um einen Schreibfehler handeln könnte. Denn in allen späteren Quellen scheint Greußing das minderwertigere Getränk gewesen zu sein. Eventuell hatte sich auch einfach dessen Qualität im Laufe der Zeit geändert, aber zumindest im 15. Jahrhundert handelte es sich offenbar um eine Art Dünnbier. Gesichert ist mittlerweile, dass dieses ebenfalls aus Gerstenmalz unter Zusatz von Hopfen gebraut wurde.

Eine der letzten Erwähnungen dieses Greußing stammt aus einem überlieferten Streitakt zwischen den Münchner Brauern und Bäckern (E. Stahleder). Letztere warfen darin den Brauern vor, dass diese früher ein normales Pfennigbier und daneben den weniger gehaltvollen, aber nur halb so teuren Greußing verkauft hätten. Nun würden die Brauer Greußing als Nachbier des normalen Biers produzieren, ihn also aus dem bereits ausgekochten Material durch erneute Zugabe von Wasser brauen, und das normale Bier als sogenannten „Beham" (ein nach böhmischer Art gebrautes Bier, das zu jener Zeit auch in Landshut bekannt war) verkaufen. Die Biersorte Greußing scheint nach 1500 wieder verschwunden zu sein, sie wurde jedenfalls später nie wieder erwähnt.

Die ersten Münchner „Prewen"

Die ersten Bierbrauer, die nach dem herzoglichen Erlass von 1372 auch unter der Berufsbezeichnung „Prew" in den Steuerbüchern aufgeführt wurden, waren Quereinsteiger oder Berufswechsler, die zuvor andere Tätigkeiten ausgeübt hatten. Belegt sind zum Beispiel ein Konrad Pöschl, der zuvor gutverdienender Kaufmann im Tal war, oder Konrad von Eisenhofen, vormals Schneider von Beruf.

Die zweite Gruppe dieser neuen Brauergeneration bestand hingegen aus Aufsteigern, die ihre Karriere als Bräuknechte begonnen und das Handwerk somit von der Pike auf gelernt hatten. Häufig durchliefen diese eine Art Zwischenstufe auf dem Weg zur eigenen Brauerei, indem sie als „Zuschenk" arbeiteten. Dieser war bei einem Brauer angestellt und schenkte dessen Bier in der dazugehörigen Gaststätte aus. Die Steuersätze dieser Zuschenken lagen etwa doppelt so hoch wie die der einfachen Bräuknechte, was auf eine größere Verantwortung oder Eigenständigkeit hindeutet.

Der Beruf des Zuschenks verschwand dann Ende des 14. Jahrhunderts bereits wieder und wurde in einer Verordnung von 1420 offiziell abgeschafft. Gleichzeitig wurde mit dieser Ordnung eine sogenannte „Schenkensteuer" neu eingerichtet, eine zusätzliche Abgabe, die jedoch ausschließlich von den Betreibern von Weinschenken erhoben wurde.

Anfangs kam es nur zu einer sehr zögerlichen Vermehrung der Braustätten, sodass um das Jahr 1400 lediglich elf, 50 Jahre später gerade einmal 16 Brauereien in München gezählt wurden. Von diesen gingen zudem im Laufe der Zeit mehr als die Hälfte wieder ein. Die wirtschaftliche Realität war häufig so, dass ein „Prew" am Rande des Existenzminimums lebte. Zum einen war das Bräuamt mit hohen Abgaben belegt, zu denen auch noch die normale Steuerlast der Brauer kam. Denn

Älteste Darstellung eines Brauers in Deutschland

Federzeichnung aus dem „Hausbuch der Mendelschen Zwölfbrüderstiftung in Nürnberg“, um 1430. In dem Bruderhaus lebten ältere Herren, die sich wie Mönche kleideten. Dargestellt ist der Bruder Herttel Pyrprew, der gerade in der Sudpfanne rührt. Das aufgehängte Hexagramm im Hintergrund zeigte als „Bierzeiger“ den gleichzeitigen Bierausschank an.

im Mittelalter wurde die Einkommenssteuer als Vermögenssteuer auf den gesamten Besitz erhoben. Diese musste von einem Brauer also zusätzlich geleistet werden. In späteren Jahrhunderten kam dann als Kuriosum noch die Verpflichtung für das Bräuamt hinzu, bei jeder An- und Abreise von Staatsgästen die Kanonen aus dem Zeughaus auf die Wälle der Stadt zu schaffen und nach dem Ehrensalut wieder zurückzubringen.

Zum anderen bestand innerhalb der Stadt für die Brauer eine starke Konkurrenz durch die Klosterbrauereien, die gleich mehrere Vorteile auf ihrer Seite hatten. Sie hatten geringe Personalkosten, da die Mönche selbst die meisten Arbeiten verrichten konnten, sie entrichteten deutlich geringere Abgaben, und sie konnten die notwendigen Rohstoffe in der Regel auf ihrem eigenen Grundbesitz herstellen. Auch wurde den Klosterbieren in dem von Aberglauben gekennzeichneten Mittelalter eine besondere, „geistliche" Qualität unterstellt, da gerade beim Brauen der oft missglückte Sud auf den Einfluss äußerer, böser Mächte zurückgeführt wurde. Ein Sinnbild für die Abwehr dieser negativen, später auch mit Hexerei in Verbindung gebrachten Einflüsse stellte der sechseckige Braustern dar, der bereits auf der ältesten bekannten Abbildung eines „Prews" von 1430 über dem Braukessel hängt und später im Schild zahlreicher Brauereien zu finden ist.

Die neu gegründeten Brauereien wurden wegen all dieser ungünstigen wirtschaftlichen Bedingungen oft nicht durchgehend betrieben, das Bierbrauen wurde häufig zwischenzeitlich wieder eingestellt. Da aber stets mit der Braugerechtigkeit auch ein Schankrecht verbunden war, fand in diesen Fällen meist ein Nutzungswechsel hin zu einer Weinschenke statt, weshalb die entsprechenden Brauer dann auch die oben erwähnte Schenkensteuer zu entrichten hatten. Aus dem Jahre 1502 ist eine Liste mit den Namen der damals 39 Münchner Brauer bekannt. Anlass für deren Erfassung war, dass diese „Prewen" vor dem Rat erscheinen und schwören mussten, nur noch obergäriges Bier zu brauen. 17 von ihnen waren zu diesem Zeitpunkt Mitglieder der Weinschenkenzunft.

Ein Teil der umgewandelten Brauereien blieb dann auch dauerhaft alleinige Gaststätte, manche nahmen den Braubetrieb nach einer gewissen Zeit wieder auf. In anderen Fällen übernahm ein gelernter Bräu zunächst eine Schenke und führte diese übergangsweise weiter, um nach einer Weile auf diesem Grundstück seine eigene Brauerei einzurichten. Und schließlich gab es noch jene Bierbrauer, die ihre Schenke an einen Weinschenk verpachteten. Die älteste heute noch bestehende Brauerei, die auf die Reform Herzog Stephans zurückzuführen ist, wurde 1397 in der Neuhauser Straße 4 gegründet, damals schräg gegenüber des Klosters der Augustiner gelegen. Namensgeber dieser Brauerei wurde im Jahre 1622 der Bräu Georg Spät (1550 –1620). Diese „Oberspatenbrauerei" war der Vorläufer der heutigen Spatenbrauerei.

Spatenbrauerei in der
Neuhauser Straße
Ölgemälde von J. Kirchmair, 1840. Die Brauerei ist das zweite Gebäude auf der linken Seite, im Hintergrund das Karlstor. Gegenüber (außerhalb des Bildes) läge die ehemalige Augustiner-Klosterkirche.

Gründungsgeschichte am Beispiel von Löwenbräu

Unweit davon stößt man auf die Gründungsstätte einer weiteren heute noch existierenden Brauerei. In der Löwengrube 17 befand sich das Stammgebäude der Löwenbrauerei. Der auffällige Name der Straße wurde erstmals im Jahre 1640 in einem Brief erwähnt und ist vermutlich auf ein Fresko an der Wand eines Hauses in dieser Straße zurückzuführen, das die alttestamentliche Szene Daniel „mitten unter sieben Löwen sitzend“ in einer Grube zeigte. Dieses Bild gab es nachweislich, unklar bleibt, ob zuerst das Bild oder der Straßenname vorhanden war. Später waren jedenfalls in der Hauswand der Löwenbrauerei, die unter dem Namen „Löwenbräustatt“ erstmals 1765 in einer Liste mit vergebenen Lehen auftauchte, zwei der Wappentiere als Plastiken befestigt.

Die „Geschichte“ des Gründungsdatums der Löwenbrauerei ist so exemplarisch für die Fehldatierungen von Brauereigründungen, dass sie etwas genauer beleuchtet werden soll. Die meisten Angaben zu den Anfängen von Brauereien stammen aus einer Zeit, als historische Quellen oft flüchtig und „großzügig“ ausgewertet wurden. Die Suche nach den Ursprüngen der Brauereien ist im Kontext des damals allgegenwärtigen Historismus zu sehen. Durch den Nachweis uralter Brautraditionen wollten sich die Betriebe in ein günstiges Licht rücken, was in dem hart umkämpften Wettbewerb natürlich Vorteile bot. Im Falle der Löwenbrauerei waren die entsprechenden Belege zwei Einträge in den städtischen Steuerbüchern, welche für den vermeintlichen Nachweis der Brauereigründung im Jahre 1383 in der Dissertation von Herrmann Dihm, des Schwiegersohnes des Löwenbräu-Generaldirektors, herangezogen wurden. Diese Steuerbücher sind mit größeren Lücken im 15. Jahrhundert vom Jahre 1368 an erhalten geblieben. Neben dem Namen des Besteuerten wurden darin dessen Steuersumme sowie häufig auch eine Berufsbezeichnung aufgeführt. Allerdings waren in den Steuerbüchern keine Hausnummern eingetragen, da es diese im Mittelalter noch nicht gab. Die Einträge erfolgten vielmehr genau in derselben Reihenfolge, in der die Steuerpflichtigen von der städtischen Steuerkommission, bestehend aus den sogenannten „Steuerern“, erfasst wurden. Diese gingen dazu auf einer über Jahrhunderte stets gleich gebliebenen Route von Haus zu Haus, um die beeidigten Steuererklärungen aufzunehmen.

Das Steuerbuch von 1382 führte für die damals noch „Enge Gasse“ genannte Löwengrube einen Erhart „prewknecht“ als Untermieter (inquilinus) auf, im nächsten Jahr war ein Erhart „prewmaister“ an anderer Stelle in derselben Straße eingetragen. Daraus wurde geschlossen, dass ein zunächst angestellter Bräuknecht namens Erhart im folgenden Jahr gesellschaftlich aufgestiegen war und eine eigene Brauerei in der Löwengrube gegründet hatte. Bis Anfang der 80er Jahre wurde daraus hier die Gründung einer ersten Baustätte als Vorläufer der Löwenbrauerei abgeleitet.

Dieselben Steuerbücher wurden dann im Jahre 1981 von Hans Schlosser, Ordinarius für bürgerliches Recht und Rechtsgeschichte, aus dem Blickwinkel der mittelalterlichen Gewerberechtsverfassung erneut ausgewertet. Er konnte dabei schlüssig nachweisen, dass die Berufsbezeichnung eines „prewmaisters“ (wenn bei diesem Erhart anstelle eines Berufes nicht lediglich der Familienname Prewmeister gemeint war) ausschließlich unselbstständigen, also auf fremde Rechnung arbeitenden Brauern vorbehalten war. Diese waren niemals Inhaber einer Braugerechtigkeit oder Eigentümer der Braustätte, sondern als leitende Angestellte entweder für herzogliche oder klösterliche Brauereien tätig. Erhart „prewmaister“ konnte somit keine eigene Braustätte an seinem Wohnort in der Löwengrube unterhalten haben. Falls nicht Mitglied der Familie „Bräumeister“, war er vermutlich Braumeister des Heiliggeistspitals oder sogar der Augustiner Klosterbrauerei. Letztere lag nämlich auf dem nördlichen Ende des Klostergeländes und war somit von der Löwengrube aus zugänglich.

Löwenbrauerei in der Löwengrube
Aquarell von Joseph Puschkin, 19. Jahrhundert. Das gelbe Haus am linken Bildrand ist die Brauerei, wo oberhalb des Erdgeschosses links und rechts je ein steinernes Relief mit einem liegenden Löwen erkennbar ist.

Schlosser führte die Steuerbücher zwar als extrem wertvolle historische Quellen an, sprach ihnen jedoch noch die Möglichkeit einer genauen Zuordnung der Besteuerten zu den einzelnen Häusern wegen der fehlenden Adressangaben ab. Ein Jahr später konnte Helmuth Stahleder, stellvertretender Leiter des Münchner Stadtarchivs, genau diese Verknüpfung nach mühevoller Archivarbeit leisten. Ausgehend von den ab dem Jahre 1572 erhaltenen Grundbüchern mit den Namen der Hausbesitzer konnte er rückwirkend die besteuerten Einwohner an Hand des immer gleichen Weges der Steuerer weitgehend lückenlos rekonstruieren. Dadurch ließ sich dieser Erhart „prewmaister" sicher den Häusern 9 bis 11 in der Löwengrube zuordnen, das heißt er hatte seine Wohnung an völlig anderer Stelle als die spätere Brauerei. Im Haus Nummer 17, dem späteren Löwenbräu, war im 14. und 15. Jahrhundert niemals ein Brauer nachweisbar. Keiner der Hausbesitzer, zu denen unter anderem der Bischof von Freising zählte, hatte je eine Braugerechtigkeit inne, und von allen ist belegt, dass sie anderen Berufen nachgegangen waren.

Der erste Bräu, der wirklich an dieser Stelle gesichert ist, war Jörg Schnaitter ab 1524. Dieser verließ die Braustätte 1539, vermutlich um sich durch den Umzug in die Neuhauser Gasse 26a (späteres Prüglbräu) an diesem günstigeren Standort mit einer neuen Brauerei wirtschaftlich zu verbessern. Nach ihm sind auf dem Haus Löwengrube 17 in ununterbrochener Folge Brauer nachgewiesen. Unabhängig von dem tatsächlichen Gründungsjahr stellt die Löwenbrauerei ohne jede Frage eine der für München prägendsten und wichtigsten Brauereien dar, getreu ihrem Motto: „Der Tiere König ist der Leu, der Biere König: Löwenbräu" (Inschrift auf einem geschnitzten Bierfassdeckel im Löwenbräukeller).

Gründungsboom im 15. und 16. Jahrhundert

In der zweiten Hälfte des 15. Jahrhunderts kam es vermutlich als Folge der verschlechterten klimatischen Bedingungen für den Weinanbau und der gestiegenen Nachfrage nach Bier in München zu einem regelrechten Boom von Brauereigründungen. Diese Brauer versteuerten nun bereits ein deutlich höheres Einkommen, und von den neu entstandenen Braustätten blieben auch die meisten bis ins 19. Jahrhundert in Betrieb. Fast 30 Brauereien wurden allein bis zum Jahre 1500 neu gegründet, in den nächsten hundert Jahren kamen noch etwa 40 weitere hinzu. Unter Berücksichtigung der wenigen, zwischenzeitlich wieder eingegangenen Betriebe lag damit Anfang des 17. Jahrhunderts die höchste Zahl an Braustätten vor, die München jemals hatte: Auf eine Stadt mit gerade etwa 20.000 Einwohnern kamen einschließlich der Kloster- und Staatsbetriebe 75 Brauereien. Somit lag die Dichte an Sudstätten bei jeweils einem Betrieb pro 267 Einwohner.

Trotz des Grundsatzes, dass Brauereien eigentlich nur auf bereits mit der Braugerechtigkeit radizierten Grundstücken entstehen durften, vermehrte sich also die Zahl an Brauereien im Laufe der Zeit erheblich. Dies widerspricht unserer allgemeinen Vorstellung eines „erstarrten" Mittelalters. Bis zum Dreißigjährigen Krieg wechselten sich im Brauwesen Münchens immer wieder Phasen der Stagnation mit Gründungswellen ab. Offenbar bedingte eine steigende Nachfrage in guten Zeiten eine gewisse Flexibilität bei der Vergabe von Braugerechtigkeiten. Mehrfach sind allerdings auch Eingaben belegt, welche die Abschaffung aller Brauhäuser forderten, die nicht „von alters her bestanden". Doch wurde dies nie konsequent durchgesetzt, sodass eine echte Limitierung der Braustätten erst 1640 erfolgte. In einem Verzeichnis, der sogenannten „Brau-Matrikel", wurden alle bestehenden Braugerechtigkeiten namentlich erfasst und fixiert, die dann über mehr als 150 Jahre hinweg unverändert blieben. Wer sich von nun um ein Braulehen beim Kurfürsten bewarb, tat dies mit dem expliziten Hinweis, dass durch eine eventuelle Zulassung „die Zal der Preu nit gemert" würde.

Das Reinheitsgebot

Die Braureform von 1372 hatte zwar bewirkt, dass sich die Brauer hauptberuflich und professionell um ihr Handwerk kümmerten. Die herzoglichen Einnahmen sprudelten, die Versorgung der Bevölkerung war gesichert. Aber mit was für einem Gebräu! Der Gedanke an die Qualität des damaligen Bieres muss einen heute schaudern lassen. Die Brauer hatten über Jahrhunderte mit einer großen Plage zu kämpfen: der geringen Haltbarkeit des gebrauten Bieres, das leicht verdarb und dann sauer wurde. Um dem entgegenzuwirken, wurden dem Sud zahlreiche, aus heutiger Sicht teilweise unfassbare Zutaten beigemengt. So war die Verwendung von „Zirmet" (oder Drehkraut), Wacholder, Laserkraut und Lorbeer sowie von anderen Kräutern und Wurzeln üblich, um dem Bier einen besseren Geschmack zu geben oder den bereits sauren zu überdecken. Weiter wurden Farn, Wermut, Mohnsaft und auch Branntwein verwendet, um den Alkoholgehalt und damit das Rauschgefühl zu stärken. Ochsengalle wurde statt Hopfen zur Konservierung verwendet, auch Asche und Pech kamen dabei zum Einsatz. Neben solchen unappetitlichen, aber noch weitgehend harmlosen Substanzen fanden jedoch auch Tollkirsche oder Bilsenkraut Verwendung, also aus medizinischer Sicht hochtoxische, Halluzinogene und Alkaloide enthaltende Pflanzen mit erheblichem Potenzial, die Gesundheit, wenn nicht gar das Leben des Konsumenten zu gefährden.

Daher nimmt es nicht Wunder, dass schon früh versucht wurde, durch behördliche Regelungen die Qualität dieses Grundnahrungsmittels zu verbessern. So wurde in München beispielsweise im Jahre 1447 verbindlich festgelegt, dass Bier frühestens acht Tage nach dem Brauen ausgeschenkt werden durfte, um eine gewisse Mindestgärung sicherzustellen. Zuwiderhandlungen gegen diese und ähnliche Brauvorschriften wurden geahndet, wobei die Strafen von Geldbußen über Abmahnungen bis hin zum Zwang, das eigene schlechte Bier trinken zu müssen, reichten. Der Spruch „das schlägt dem Fass den Boden aus" lässt sich ebenfalls auf eine Brauordnung (allerdings aus Landshut) von 1409 zurückführen, in der als Strafe für schlechtes Bier die öffentliche Zerschlagung des Fasses festgelegt war. In einem Artikel aus dem Jahre 1453 wurde den Brauern gestattet, zwar so viel Bier und Greußing zu brauen, wie sie wollten, der Handel mit der Braugerste aber wurde untersagt.

Maßgeblich für die weitere Entwicklung der Münchner Brauordnung war dann jedoch vor allem eine Vorlage aus der Stadt Landshut aus dem Jahre 1486, in der neben sehr detaillierten Vorschriften bezüglich des Brauvorgangs der Zusatz von schädlichen Substanzen verboten wurde.

Ein Jahr später, am 30. November 1487, erließ Herzog Albrecht IV., der Weise, in München jene Vorschrift, die als sogenanntes Reinheitsgebot schließlich weltberühmt werden sollte. Diese Regelung war weniger als eine inhaltliche Neuschöpfung anzusehen, vielmehr stellte ihre präzise Formulierung der Brauvorschriften eine „redaktionelle Meisterleistung“ (E. Stahleder) dar. In dieser Urkunde wurde bestimmt, dass Bier „aus nichts anderm dann Hopfen, Gersten und Wasser gesotten“ werden durfte. Zum Brauen wurde also ausschließlich die Verwendung von Gerstenmalz zugelassen, andere Getreidesorten waren verboten. Die Beschränkung auf allein diese drei Zutaten mussten die Brauer vor dem Rentmeister beeiden.

Außerdem war der Ausschank des Bieres nur gestattet, wenn es zuvor „beschaut“, also auf seine Qualität hin überprüft wurde. Hierzu wurde ein Fünfergremium eingesetzt, das aus einem Stadtrat, zwei Bürgern der „Gemein“ sowie zwei Brauern bestand. Diese hatten genaue Auflagen zu erfüllen, wie das Bier zu verkosten war: Sie mussten nüchtern antreten und durften maximal sechs Biere pro Tag versuchen, der vorherige Genuss von Rettich, Zwiebeln und Ähnlichem war verboten. Im 15. und 16. Jahrhundert wurde beim Eberlbräu als Variante die Bierbeschau mit dem Hosenboden durchgeführt: Zwei bis drei Männer setzten sich auf eine naturbelassene Eichenholzbank, auf die zuvor der Inhalt einer frisch gezapften Mass gleichmäßig verteilt worden war. Nach zwei Stunden (mit der Sanduhr gemessen), während derer sie mit Speis und Trank versorgt wurden, standen sie auf Kommando gemeinsam auf. Blieb die Bank an den Böden der vollgesogenen Lederhosen kleben, hatte der Brauer die Prüfung bestanden, da genug klebriger Malzzucker im Bier enthalten war.

Schließlich war in diesem Münchner Reinheitsgebot auch ein genereller Höchstpreis für das Bier festgeschrieben. Dieser wurde auf ein oder zwei Pfennige pro Mass fixiert. In der Präambel zum Reinheitsgebot (diesen Namen erhielt es allerdings erst zu Zeiten des Ersten Weltkriegs) erläuterte Herzog Albrecht IV. denn auch, dass neben der Qualitätsverbesserung vor allem der zu teure Bierpreis Anlass für das Gebot war. Von nun an mussten die Brauer sich entscheiden, ob sie für jeweils ein Jahr das leichtere Ein- oder das stärker eingesottene Zweipfennigbier brauen wollten. Die Preise verstanden sich als Obergrenze, sodass die Gewinnspanne für die Brauer bei Verteuerung der Gerste entsprechend geringer wurde. Auf diese Weise wurde die Versorgung der Bevölkerung mit einem preiswerten und bekömmlichen Bier sichergestellt.

Im Reinheitsgebot wurden genau drei Zutaten zum Brauen von Bier zugelassen. Die Hefe hingegen, die für den Brauvorgang unerlässlich ist, wurde mit keinem Wort erwähnt. Dies führte häufig zu dem Schluss, dass die Hefe im Mittelalter noch gar nicht bekannt gewesen sei. Die Gärung sei vielmehr durch in der Luft befindliche Hefen zufällig zustande gekommen, weshalb Sude in der Nähe von Bäckereien auffällig besser gelungen seien. Diese These trifft jedoch mit Sicherheit nicht zu. Es ist nämlich in den Gerichtsbüchern Münchens ein jahrzehntelanger Streit zwischen Brauern und Bäckern über den Bezug der Hefe belegt. Im Jahre 1500 musste der Herzog schlichtend eingreifen, nachdem die Bäcker dazu übergegangen waren, ihre Backhefe selbst herzustellen und nicht „wie von Alter herkommen" von den Brauern zu beziehen. Diese waren deshalb auf ihrer Hefe sitzen geblieben, sodass sie verdarb. Trotz aller Einwände der Bäcker wegen der angeblich schlechten Qualität der Brauhefe stellte sich der Herzog letztlich hinter die Brauer, da dies natürlich auch seinen Eigeninteressen zupasskam. Im Jahre 1517 wurde der Streit abschließend dahingehend entschieden, dass die Bäcker weiterhin verpflichtet wurden, ihre Hefe von den Brauern zu beziehen. Diese wiederum erhielten die Auflage, hierfür einen eigenen Keller zu errichten, in dem die Hefe – getrennt nach obergäriger und untergäriger Art – gelagert wurde. Nur während des Sommers, wenn nicht gebraut werden durfte, war den Bäckern die Herstellung eigener Hefen erlaubt. Die Tatsache, dass die Hefe nicht namentlich im Reinheitsgebot auftaucht, ist vermutlich dadurch zu erklären, dass sie durch den Brauvorgang selbst erzeugt und somit nicht als weitere Zutat, sondern als Ergebnis des Brauens angesehen wurde.

Das Reinheitsgebot galt zunächst nur für die Münchner Brauer, wurde aber wenige Jahre später in praktisch identischer Form von Herzog Georg dem Reichen auf seinen gesamten Landesteil, das Teilherzogtum Niederbayern, ausgedehnt. Dabei erlangte es nicht nur für den herzoglichen Einflussbereich, sondern für „alle Städte, Märkte, Klöster, Schlösser und Hofmarken" Gültigkeit. Nachdem Georg der Reiche 1503 ohne männliche Nachkommen verstarb, kam es nach Ende des über zwei Jahre erbittert geführten Landshuter Erbfolgekriegs zur Wiedervereinigung Bayerns unter Herzog Albrecht IV. Das Reinheitsgebot wurde schließlich 1516 als Satzung auf das gesamte Herzogtum Bayern ausgeweitet unter der Überschrift: „Wie das Bier Sommer und Winter auf dem Land soll geschenkt und gebraut werden". Da das Gebot von 1516 auch für alle klösterlichen oder adeligen Braustätten galt, entstand damals ein einheitlich geregelter bayerischer „Bierraum", der seine Außenwirkung im Sinne eines Qualitätsmerkmals natürlich nicht verfehlte.

Wenn heute auf das Reinheitsgebot verwiesen wird, dann ist stets jenes Gesetz von 1516 gemeint, das aber auf der deutlich älteren Münchner Verordnung beruht. Für das gesamte Deutsche Reich wurde das Reinheitsgebot auf Drängen Bayerns am 3. Juni 1906 im Brausteuergesetz übernommen, und bei der Gründung der Weimarer Republik 1918 machte Bayern sein Verbleiben im Reichsbund wiederum von der Übernahme des Gebotes im Reichsbiersteuergesetz abhängig. Bei den Beratungen hierüber fiel auch zum ersten Mal der Name Reinheitsgebot, zuvor war stets vom Surrogat-Verbot die Rede.

Professionalisierung des Bierbrauens

Nach der anfangs zögerlichen Expansion der Braubetriebe mehrten sich mit zunehmender Zahl der Brauereien die Klagen, dass immer mehr Personen das Brauhandwerk ausübten, die davon nur leidlich Ahnung hätten. Die Brauer forderten daher den Herzog auf, er solle künftig nur noch diejenigen mit dem Braurecht belehnen, die das Handwerk drei Jahre lang gelernt hätten. In diesem Sinne wurde schließlich auch vom Landesherrn entschieden und die bestehende Brauverfassung am 14. November 1493 entscheidend geändert.

„Von Gottes Gnaden wir Albrecht bekennen (…), dass für uns kommen sind unser getreu gemeinlich die Brieprewn allhier, und haben uns zu erkennen gegeben, wie dass unter ihnen etliche Prewn geworden seien, die mit der Hand weder mälzen noch prewen, sondern andere Handwerke können, (…) und uns darauf untertäniglich angerufen und gebeten (…), füro keinem mehr das Prewamt zu verliehen, es hab denn derselb das prewen drei Jahr vor gelernt und könnte das selbst mit der Hand arbeiten, oder er sei eines Prewn Sohne und ehelich geboren."

Brauer konnte ab dann also nur noch werden, wer entweder ehelicher Sohn eines Bräus war oder nach Lehre und Gesellenzeit mit einem Lehrbrief ausgestattet und in Besitz der Braustätte war. Ein Quereinstieg war von nun an nicht mehr möglich, denn für den Zugang zum Braugewerbe mussten zwingend zwei Voraussetzungen erfüllt werden: zum einen die persönliche Qualifikation in Form des Lehrbriefes und einer gewissen Berufserfahrung, zum anderen die sachliche Grundlage, also die Braustätte. Deren Besitz war aber nicht verpflichtend, denn Letztere konnte im Prinzip nur durch Heirat oder Erbschaft erworben werden. Wer andererseits zwar mit der Braugerechtigkeit belehnt, selbst aber kein Brauer war, konnte das Gewerbe nicht mehr ausüben. Dadurch kam es zunehmend zur Verpachtung von Brauereien an ausgelernte Bräuknechte, die dann die Betriebserlaubnis in Form des herzoglichen Lehens erhielten und Mitglieder des Bräuamtes wurden. Auch der Besitz mehrerer Brauereien war möglich oder eine wechselseitige Verpachtung untereinander.

Das Sommersudverbot

Noch während der Phase von Regulierung und Professionalisierung des Braugewerbes hatte sich die Vorliebe der Münchner bezüglich des Biers wieder einmal geändert. Waren noch 1502 alle Brauer vor dem Rat verpflichtet worden, nur obergärig nach dem Münchner Reinheitsgebot zu brauen, so hatte sich nun die untergärige Brauart etabliert. Diese wurde 1480 von böhmischen Bräuknechten eingeführt und verdrängte durch die längere Haltbarkeit des so gebrauten Bieres das bis dahin übliche obergärige Brauverfahren in München. Da diese neue Brautechnik jedoch nur bei niedrigen Temperaturen von maximal acht bis neun Grad möglich war, konnte ein qualitativ ansprechendes Bier im Sommer nicht mehr gebraut werden. Daher enthielt das Bayerische Reinheitsgebot von 1516 bereits ein Sommersudverbot, das in einer nachfolgenden Verordnung im Jahre 1539 nochmals präzisiert wurde.

Danach war das untergärige Bierbrauen nur noch in der Zeit zwischen Michaeli (29. September) und Georgi (23. April) gestattet. Die Brauer hatten ausdrücklich dafür Sorge zu tragen, dass bis Ende März genug Bier gebraut wurde, das dann in den Lagerkellern aufbewahrt den ganzen Sommer über ausreichen musste. Dieses sogenannte „Märzenbier“ wurde kräftiger eingesotten und wegen der längeren Lagerung stärker gehopft, sodass es zu dem höheren Preis von zwei Pfennigen abgegeben werden durfte, während das (minderwertigere) Winterbier weiterhin auf einen Pfennig pro Mass begrenzt war.

Erneut wurde also neben der Qualitätssicherung auch eine behördliche Preisbindung festgeschrieben, angepasst an die neuen Gegebenheiten. Um das sommerliche Sudverbot überwachen zu können, das sicherlich auch wegen der erhöhten Brandgefahr in der heißen Jahreszeit sinnvoll war, wurden die Sudpfannen versiegelt und nur in wenigen Ausnahmefällen während dieser Periode erneut geöffnet, wenn ein außergewöhnlicher Bedarf nachgewiesen werden konnte. Meist wurde stattdessen am Ende des Sommers Bier aus anderen Städten, vor allem aus Tölz, angekauft. Dort konnte das Bier in natürlichen Tuffsteinhöhlen deutlich länger kühl und damit genießbar gehalten werden, was für die Münchner Brauer eine unliebsame Konkurrenz darstellte. Vor jeder Brauerei in der Stadt war zudem eine schwarze Tafel anzubringen, auf welcher der „Satz“, das heißt der Preis des ausgeschenkten Bieres, abgelesen werden konnte.

Trotz all dieser von der Obrigkeit erlassenen Vorschriften kann man sich vorstellen, dass die Qualität des Bieres nicht plötzlich eine sprunghafte Verbesserung erfuhr. Weiterhin hatten die Brauer mit der geringen Haltbarkeit ihres Produktes zu kämpfen, das ja stets im Wettbewerb mit anderen alkoholischen Getränken stand. Auch wenn zuvor das Verhältnis von Wein zu Bier im Mittelalter „geradegerückt“

wurde, bedeutete natürlich auch in München der Handel mit Wein einen wichtigen Wirtschaftszweig. Ein Bild davon kann man sich auch heute noch bei Betrachtung der Weinstraße machen. Eine „Bierstraße" findet sich in der Hauptstadt des Bieres nirgends, wohl aber eine Straße, die den Namen des Konkurrenzproduktes trägt. Dies liegt darin begründet, dass die Brauereien über die ganze Stadt verteilt waren, während in der Weinstraße der Weinhandel zentral abgewickelt wurde. In nahezu jedem Haus dieser Straße war im Mittelalter eine Weinhandlung oder zumindest eine Weinschänke nachweisbar, weshalb hier die Filserbrauerei und der bereits um das Jahr 1500 wieder eingegangene Bräustadel neben dem ehemaligen Stadttor, dem Wilbrechtsturm, geradezu exotisch angemutet haben müssen.

Die ortsansässigen Weinhändler konnten die Ware in ihren Läden entlang der Straße veräußern, während die auswärtigen Händler sie unter freiem Himmel am Übergang zum Marienplatz auf dem dort gelegenen Weinmarkt anbieten mussten. Die bis zum Abend nicht verkauften Weinfässer wurden im städtischen Weinstadel deponiert. Dort mussten auch generell die in die Stadt eingeführten ausländischen Weine vor dem Weitertransport niedergelegt und zunächst den Kunden innerhalb Münchens eine gewisse Zeit zum Verkauf angeboten werden.

Der Herzogliche Hofbräu

Trotz Reinheitsgebot und allen weiteren Regelungen seitens der Obrigkeit war die Bierqualität in Bayern zu jener Zeit weiterhin sehr wechselhaft und oftmals schlecht. Hingegen war damals in Norddeutschland die Braukunst exzellent entwickelt und weit fortgeschritten. In Hamburg arbeiteten beispielsweise im 16. Jahrhundert über die Hälfte aller Gewerbetreibenden in den mehr als 600 Brauereien, die ihre Produkte unter Zuhilfenahme der Handelswege der Hanse in die ganze damals bekannte Welt verschifften. Besonders berühmt für ihr Bier war die etwa 70 km südlich von Hannover gelegene Stadt Einbeck, von der sich auch der bayerische Hof vor allem zu festlichen Gelegenheiten sein Bier liefern ließ. Wegen des langen Handelsweges wurde dieses Bier stärker eingesotten und hatte demzufolge auch einen wesentlich höheren Alkoholgehalt als sonst üblich. Auch Wilhelm V. (reg. 1579–1598), „der Fromme" genannt, importierte diese Köstlichkeit an seinen Hof.

Herzog Wilhelm V. von Bayern (1548–1626)
Gemälde 2. Hälfte des 16. Jahrhunderts.

Nun verursachte der Import dieses Bieres durch die langen Wege und die zahlreichen Binnenzölle deutlich höhere Kosten, es war etwa doppelt so teuer wie einheimisches Bier. Herzog Wilhelm war aber beileibe kein Meister der Finanzen und hatte ständig mit Geldproblemen zu kämpfen. Vor allem jedoch war Einbeck nicht

Jesuiten-Kolleg mit Kloster und Michaelskirche
Kupferstich von Michael Wening, 1701. Der im Hintergrund abgebildete Turm wurde nie in dieser Form vollendet, da er während der Bauarbeiten einstürzte und das bereits fertige Kirchenschiff zerstörte.

nur norddeutsch, sondern auch noch evangelisch, und Wilhelm V. verstand sich als Beschützer des „einzig wahren" katholischen Glaubens.

Er hatte den Jesuiten, die von seinem Vater nach München geholt worden waren, als Hauptpfeiler der Gegenreformation den Bau der Michaelskirche mit dem angrenzenden Kolleg in der heutigen Fußgängerzone gestiftet. Für diesen Bau mussten zusammen mit mehreren Häuserblöcken auch drei alteingesessene Brauereien abgerissen werden. Selbst knapp bei Kasse konnte dieser erzkatholische Herzog letztlich den Import eines „glaubensfeindlichen" Bieres auf Dauer nicht gutheißen, weshalb er bereits während seiner Prinzenzeit in Landshut nach Abhilfe suchte. Als Ausweg gründete er dort auf der Burg Trausnitz eine hofeigene Brauerei, den Hofbräu, für die „Notdurft", also den Bedarf der Hofangestellten. Zehn Jahre nach seiner Ernen-

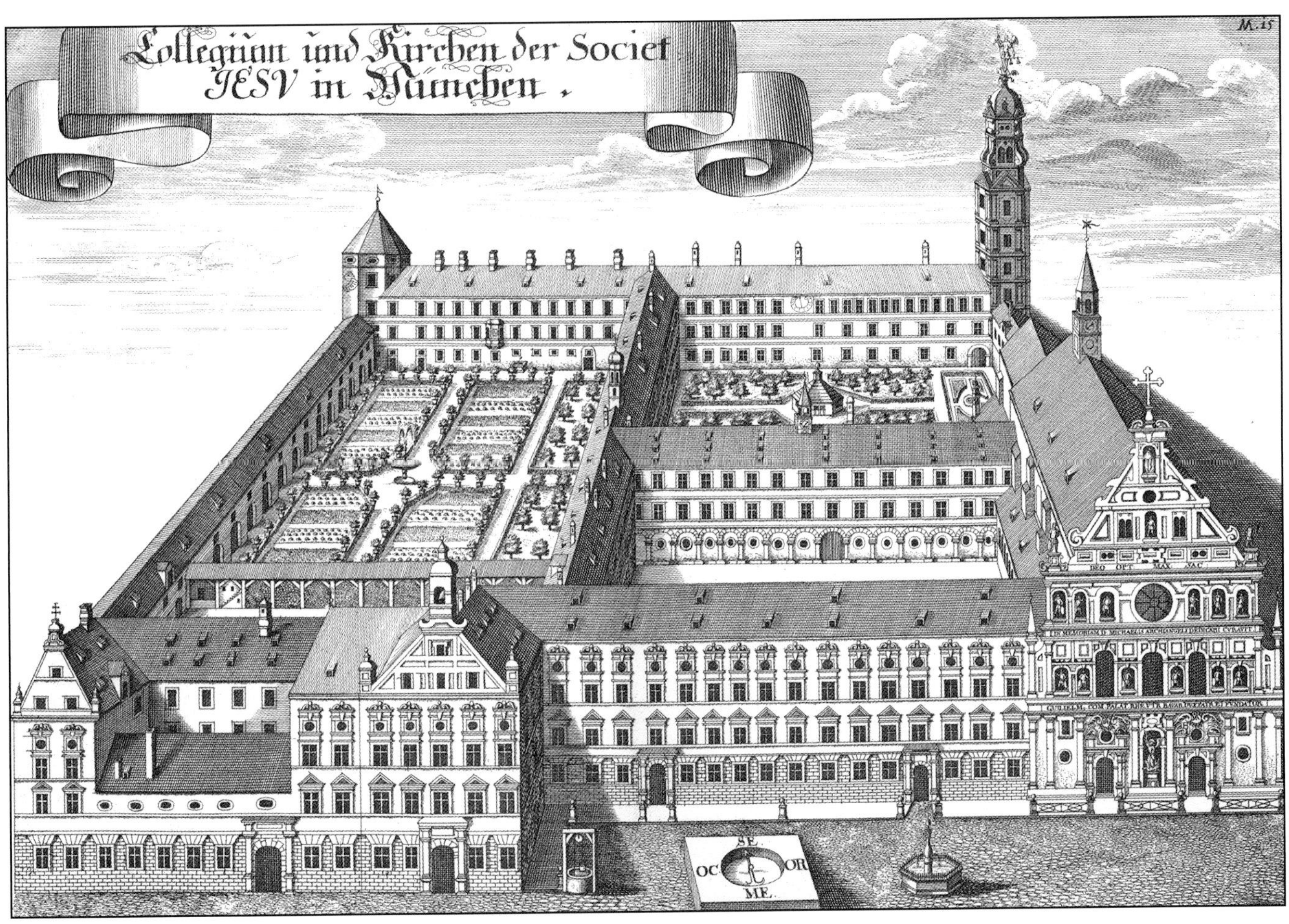

nung zum Herzog gab er dann den Bau eines Hofbräuhauses in München in Auftrag. Als Standort hatte er den „Alten Hof" erwählt. Am 27. September 1589 wurde das Bräuhaus an Stelle des ehemaligen Hennenhauses und des Hofbades errichtet. Diese Vorgebäude befanden sich an der östlichen Flanke, also dort, wo in der jüngeren Vergangenheit ein moderner Neubau die Nachkriegsgebäude ersetzte. Das „Braune Hofbräuhaus" – so benannt nach dem dort gebrauten Braunbier – nahm die gesamte Länge der Ostseite des Hofes ein und wurde außen vom Pfisterbach begrenzt, über dem heute die Sparkassenstraße verläuft. Das sogenannte „Zerwirkgewölbe", das zuvor verschiedenste Nutzungen, unter anderem als Falknerei, erlebt hatte, schloss sich nach Süden an und wurde vom Hofbaumeister Wendel Dietrich als Lagerraum umgebaut.

Erster Braumeister des Hofbräuhauses wurde Heimeran Pongratz, den Herzog Wilhelm aus dem Benediktinerkloster Geisenfeld in der Hallertau abgezogen hatte. Stand anfangs nur die Versorgung des Hofes mit Bier im Zentrum der Überlegungen, so wurde doch bald über dessen Bedarf hinaus gebraut und verkauft, was natür-

Der Alte Hof
Zeichnung nach dem Sandtnerschen Stadtmodell von Gustav Steinlein. Rechts vom Turm am unteren Bildrand (außerhalb des Bildes) wurde die Brauerei eingerichtet.

Münchner Bockkeller
Ölgemälde von Franz Xaver Nachtmann, 1829. Im Bockkeller am Platzl wurde das im benachbarten Hofbräuhaus gebraute Bockbier ausgeschenkt.

lich zu Lasten der bürgerlichen Brauer ging. Als Nachfolger Pongratz' wurde im Jahre 1612 der Einbecker Brauer Elias Pichler berufen. Zu seiner Zeit wurden am Hofe wieder Rufe nach dem früher gewohnten und nun vermissten stärkeren Importbier laut. Er begann daher 1614 mit dem Brauen eines „Ainpöckisch Biers" im Hofbräuhaus. Aus diesem wurde im Münchner Volksmund zunächst der „Oanbock" und letztlich das heute noch bekannte „Bockbier" (es klang wohl komisch, „oan Oanbock" zu bestellen). Mit dem später oftmals auf Bockbieretiketten dargestellten horntragenden Nutztier hat der Name also nicht das Geringste zu tun.

Das Brauen dieses Bockbiers war bis zum Jahre 1810 ausschließlich dem Hofbräuhaus vorbehalten und es wurde als reines Saisonbier gebraut. Ausgeschenkt wurde es ursprünglich in einem Gewölbe des Alten Hofes, ab 1809 am Platzl direkt gegenüber dem Hofbräuhaus in den Hallen der ehemaligen Münzschmiede (diese wurde 1295 dorthin verlegt, 1809 erfolgte der Umzug in die sogenannte „Alte Münze"). Auch heute noch eröffnet der bayerische Finanzminister als jetziger Chef des Hofbräuhauses Ende April die Bockbiersaison. Da der Ausschank dadurch vorwiegend in den Mai fällt, hat sich der Name Maibock eingebürgert.

Das Weißbier kommt nach Bayern

Am Platzl liegt auf der östlichen Seite das heute weltberühmte Hofbräuhaus. Seine Entstehung verdankt es dem Sohn Wilhelms V., dem späteren Kurfürsten Maximilian I. (reg. 1598–1651), und es ist untrennbar mit der Entwicklung des Weißbiers in Bayern verknüpft.

Wie erwähnt, wurde im Alten Hof das Braune Hofbräuhaus gegründet, dessen Name sich auf die Farbe des damaligen Bieres bezog, die wiederum durch die Darrung des Gerstenmalzes entstand. Weißbier war in Bayern im Mittelalter unbekannt. Der angebliche Nachweis, dass das Münchner Heiliggeistspital schon 1286 ein Weizenbier gebraut habe, wurde zwischenzeitlich als Übersetzungsfehler korrigiert (Gattinger).

In Böhmen jedoch war das Brauen von Weißbier, das durch die obergärige Brauweise aus Weizen mit zum Teil geringem Gerstenzusatz entstand, bereits seit dem Mittelalter bekannt. Obergärige Hefe benötigte im Gegensatz zur untergärigen für den Gärprozess Temperaturen von 15 bis 20 Grad, sodass damit praktisch bei Zimmertemperatur ganzjährig gebraut werden konnte. Erst im späten 15. Jahrhundert gelangte das neue Bier über die Fernhandelsstraße Furth–Cham zunächst in die Oberpfalz und von hier aus weiter in die angrenzenden Landstriche Niederbayerns. Belegt ist ein Ausschank dieses böhmischen Bieres im Jahre 1480 in der Stadt Cham. Eine weitere Verbreitung wurde jedoch durch das seit 1516 geltende Reinheitsgebot unterbunden, das ja den ausschließlichen Gebrauch von Gerste als Zutat vorschrieb. Herzog Albrecht V. (reg. 1550–1579) drängte das Weißbier darüber hinaus noch weiter zurück. Im Jahre 1567 schrieb er in einem Mandat den Brauern vor, dass nur noch mit eigenem oder höchstens im Ausland gekauftem Weizen gebraut werden durfte. Der Ausschank des Weißbiers war zusätzlich auf die Märkte und Städte nördlich der Donau in einem relativ kleinen Gebiet angrenzend an den Böhmerwald beschränkt. Und schließlich bezog sich diese Ausnahmegenehmigung nur auf die bereits bestehenden Braustätten, die Errichtung von neuen war nicht gestattet.

Schloss mit Bräuhaus in Schwarzach
Kupferstich von Michael Wening, 1726. Der große Gebäudekomplex in der linken Bildhälfte ist die Brauerei. Das Sudhaus befand sich im östlichen Trakt dieser Anlage, der heute noch erhalten ist.

Grund für diese Haltung war zum einen, dass die Verwendung des teuren, wertvollen Weizens vor allem in Zeiten immer wiederkehrender Missernten die ausreichende Versorgung der Bevölkerung mit Brot gefährdete. Zum anderen aber scheint dieser Herzog auch noch einen persönlichen Groll gegenüber dem Weißbier gehegt zu haben. Dieses sei „gar ein unnütz Getrank, das weder führt noch nährt, weder Stärk noch Krafft noch Macht gibt, und dahin gericht ist, dass es die Zechleut oder diejenigen, dies trinken, nur zu mehrerm trinken reizt und ursacht“ (Gattinger). Aber gibt es eine eigentlich treffendere Beschreibung für ein gelungenes Bier?

Wie nun schon mehrmals zu beobachten war, wurde auch dieses Mandat nicht mit der nötigen Strenge durchgesetzt. Jedenfalls gab es Ende des 16. Jahrhunderts über 20 Braustätten, vor allem im niederbayerischen Raum, die das hier geschätzte weiße Bier herstellten. Außerdem hatten erst der Vater und später der Sohn von Herzog Albrecht V. zwei niederbayerische Adelsfamilien als Belohnung für besonders treue Dienste mit dem exklusiven Privileg ausgestattet, Weißbier brauen und verkaufen zu dürfen. Die zuerst belehnte Familie der Degenberger betrieb ihre Brauhäuser in den Orten Schwarzach, Linden und Zwiesel. Auf Grund ihrer „modernen“ Einstellung bezüglich neuer Technologien prosperierte der Braubetrieb, und die Einkünfte hieraus wurden rasch zum wichtigsten Einnahmeposten dieses Adelsgeschlechts.

Die zweite Familie war die der Schwarzenberger, die wegen ihrer besonderen Verdienste im Zuge der Gegenreformation belohnt wurde und ein deutlich kleineres Brauhaus in dem Ort Winzer an der Donau unterhielt. Auch ihr war der Verkauf von Weißbier in ihrer Umgebung erlaubt worden, weshalb sie mit der nahe gelegenen Degenberger Familie eine Grenze ihrer jeweiligen Absatzgebiete vereinbarte, die in etwa durch die Stadt Deggendorf verlief.

Im Jahre 1602 verstarb nun Hans Sigmund von Degenberg, der letzte männliche Nachfahre dieses Geschlechts. Auf Grund eines Erbschaftsvertrages fiel sein gesamter Besitz einschließlich der erwähnten Braustätten zurück an die Wittelsbacher Herzöge. Zu dieser Zeit hatte Herzog Maximilian I. bereits seinen Vater als Herrscher abgelöst. Herzog Wilhelm V. hatte keine glückliche Hand bewiesen, was die Haus- und Staatsfinanzen anbelangte. Vor allem durch das ehrgeizige Projekt der Michaelskirche hatte er den Staatshaushalt an die Grenze des Bankrotts gebracht und ebenfalls die sogenannte „propria cassa", den Hausschatz der Familie Wittelsbach, komplett geleert. Unter diesen Eindrücken aufgewachsen, versuchte Herzog Maximilian, neue Einnahmequellen zu erschließen. Von den Jesuiten erzogen, war es seine Überzeugung, dass nur ein vom Fürsten straff geführter, wirtschaftlich erfolgreicher Staat seine Unabhängigkeit sowohl in innen- als auch außenpolitischer Hinsicht garantierte. Außerdem fühlte er sich moralisch verpflichtet, den von seinem Großvater eingerichteten Hausschatz der Familie wieder aufzufüllen.

Schon vor dem Ableben des Hans Sigmund von Degenberg hatte er daher Erkundigungen eingezogen, ob speziell mit dem Brauen von Weißbier Gewinn zu machen sei, wobei die Aussichten hierfür als außerordentlich positiv bewertet worden waren. Nur wenige Wochen nach Degenbergs Tod wurden die Brauhäuser unter nun herzoglicher Regie weiterbetrieben, und dies bei vorerst ungeklärter Rechtslage. Die Erbengemeinschaft der Degenberger hatte nämlich trotz Erbschaftsvertrag einen Rechtsstreit begonnen, der sich über mehrere Jahre hinzog und in den sich auch der Kaiser einmischte. Erst durch einen Vergleich im Jahre 1607 wurde er beendet, bis dahin war der Betrieb der Brauereien juristisch betrachtet nicht gesetzmäßig oder zumindest fragwürdig.

Das Weißbiermonopol

In den weiteren Jahren ging Herzog Maximilian I. zielstrebig daran, das Weißbierbrauen zu einem staatlichen Monopol auszubauen. Einerseits kaufte er bereits bestehende Weißbierbrauereien hinzu, wie zum Beispiel das der Familie Schwarzenberg in Winzer sowie die Brauhäuser in Gossersdorf, Vilshofen und Cham. Die ebenfalls oft schon lange nach Gewohnheitsrecht bestehenden kommunalen Brauhäuser in den Orten Viechtach, Regen, Kötzting, Furth im Wald, Neukirchen, Eschlkam, Schönberg, Grafenau und Hals durften zwar den Braubetrieb fortführen. Von nun an mussten sie jedoch hierzu eine herzogliche Genehmigung beantragen und als Ausgleich dafür die Hälfte,

Kurfürst Maximilian I. von Bayern (1573-1651)
Portait von Joachim Sandrart der Ältere, um 1643.

im Höchstfall sogar bis zu zwei Drittel der Gesamteinkünfte an die herzogliche Hofkammer, die oberste Finanzbehörde, abführen. Dieser hatte Maximilian I. unmissverständlich als Hauptaufgabe vorgeschrieben, Möglichkeiten zur Verbesserung der Staatsfinanzen zu erschließen, weshalb ihr auch von Anfang an das „weiße Brauwesen" unterstand.

Zur Abrundung seines „Portfolios" gründete Maximilian I. in mehreren seiner Städte weitere Brauhäuser, die sozusagen als Lizenzbetriebe Weißbier herstellten und verkauften. Diese Hofbräuhäuser entstanden in Traunstein und Kelheim, wo die Brauereien noch heute in Betrieb sind, sowie in Mattighofen (heute Österreich), Mindelheim, Weichs und Mering.

Die Hofkammer überwachte bis ins kleinste Detail die Braubetriebe, jede noch so unbedeutend erscheinende Anfrage musste über diese Behörde laufen. Durch diese straffe Organisation wurde das „weiße Brauwesen" zu einem ausgesprochen lukrativen Wirtschaftszweig ausgebaut, sodass die Einnahmen daraus bald diejenigen aus dem Salzmonopol übertrafen, dem bis dahin wichtigsten Einzelposten auf der Einnahmeseite der Staatsfinanzen. Der Salzhandel war ursprünglich kostbares Privileg der Stadt München und wurde erst 1587 von Herzog Wilhelm V. zum Monopol des Herrscherhauses „erklärt", was trotz aller finanzieller Entschädigungen dem Selbstbewusstsein der Stadt einen empfindlichen Schlag versetzte. Durch die sprudelnden Einkünfte aus dem Brauwesen konnte Herzog Maximilian I. nicht nur den von seinem Vater ruinierten Staatshaushalt wieder sanieren und später auch die immensen Kosten des Dreißigjährigen Kriegs decken, er füllte auch wie geplant die „propria cassa" wieder auf. Über die Höhe dieses geheimen Hausschatzes weiß man nichts Genaues, die gesamten Zuflüsse werden aber auf über elf Millionen Gulden geschätzt. Etwa 30 Prozent der gesamten Staatseinnahmen wurden auf dem Höhepunkt des „weißen Brauwesens" allein durch das Weißbiermonopol gedeckt (Gattinger).

HOFBRÄU

In München wollte Maximilian neben der bestehenden hofeigenen Braunbierbrauerei ebenfalls eine zweite Braustätte für das Weißbier einrichten. Nach einigen Brauversuchen holte er sich schließlich im Jahre 1602 Peter Wolf, den Braumeister des ehemaligen Degenberger Bräuhauses in Schwarzach, nach München. Dieser unterwies die Belegschaft des Braunen Hofbräuhauses in der Technik des Weißbierbrauens. Erster eigenständiger Braumeister für das „weiße Brauwesen" wurde ein Jahr später Hans Amman, der bereits im ersten Jahr einen Gewinn von über 8.000 Gulden erwirtschaftete. Das Weißbier wurde nämlich auch an die

Altes Hofbräuhaus am Platzl
Fotografie 1858. Das Gebäude rechts mit den drei hohen Fenstern ist das Sudhaus.

Wirte in der Stadt verkauft, was regelmäßig zu einem Verkehrschaos durch die Unmenge an Fuhrwerken führte, die das frische Bier abholten und die alten Fässer zurückbrachten.

Durch den sogenannten „Bierzwang" waren die Wirte verpflichtet, ihr Bier ausschließlich von ortsansässigen Brauereien zu beziehen. Zudem musste jeder, der braunes Bier verkaufte, also auch alle Brauereien, das deutlich teurere Weißbier zusätzlich bevorraten und ausschenken. Das herzogliche Bier stellte somit eine empfindliche Konkurrenz für die bürgerlichen Brauer dar, vor allem im Sommer. Da es auf Grund der obergärigen Brauweise das ganze Jahr über frisch eingesotten werden konnte, wurde es von den Gästen natürlich dem zunehmend saurer werdenden, bereits im März gebrauten Braunbier vorgezogen.

Neubau des Hofbräuhauses
Postkarte, 1900.

Nachdem braunes und weißes Bier anfänglich im Alten Hof im Tag-/Nacht-Wechsel gebraut wurden, erforderte die stets größer werdende Nachfrage den Bau eines zweiten, eigenen Bräuhauses für das Weißbier. In den Folgejahren wurde intensiv nach einem geeigneten Areal gesucht und schließlich im Jahre 1607 am Platzl der Neubau fertiggestellt, der die gesamte Ostseite des Platzes einnahm. Seinen charakteristischen Namen erhielt der Platz allerdings erst wesentlich später. Der Betrieb des braunen Hofbräuhauses im Alten Hof wurde 1808 eingestellt und die Produktion ins Bräuhaus am Platzl verlegt, wo dann beide Bierarten nebeneinander hergestellt wurden. Ein Ausschank war hier anfänglich nur während der Bockbiersaison gestattet, denn auch dieses spezielle Bier wurde in demselben Haus hergestellt. Erst im Jahre 1828 erlaubte König Ludwig I. (reg. 1825–1848) durch die „Gastung" den dauerhaften Ausschank im Hofbräuhaus.

Die Brauerei wurde 1896 unter Prinzregent Luitpold (reg. 1886–1912) nach Haidhausen verlegt, wo sich der Lagerkeller des Hofbräus befand. Am 6. April 1987 fand der Braubetrieb jedoch ein abruptes Ende, als ein Brand die Brauereianlagen zerstörte. Daraufhin folgte der Umzug nach München-Riem, wo auch heute noch das Hofbräubier eingesotten wird. Der Hofbräukeller am Wiener Platz wird weiterhin als Gaststätte genutzt, auf dem Gelände der ehemaligen Stallungen lädt heute ein Biergarten zur Einkehr ein. Das Hofbräuhaus am Platzl wurde nach der Verlegung der Brauerei grundlegend in den heutigen Bierpalast umgebaut. Im Treppenhaus links vom Haupteingang des Hofbräuhauses hängen Abbildungen mit dem Zustand vor und nach dem Umbau, den das Architekturbüro Heilmann und Littmann durchführte. Sie waren die einzigen, die in der Lage waren, die für die Bierpaläste typischen Tonnengewölbe in der damals innovativen Monierbauweise zu errichten.

Alle Bierpaläste hatten einen weitgehend einheitlichen Aufbau: Der sogenannte „Kneiphof" stammte ursprünglich aus Berlin und wurde in die brachliegenden Hinterhöfe eingebaut, der größte davon im Hofbräuhaus. In der „Schwemme", die meist aus umgebauten Betriebsräumen entstand, durfte eigenes Essen mitgebracht werden. Im Hofbräuhaus liegt auch die größte derartige Bierschwemme Münchens mit 720 m² Grundfläche und einer Raumhöhe von bis zu sieben Metern. Der „Festsaal" hatte mehrmals pro Woche geöffnet mit Ausschank am späten Nachmittag und Konzerten in der kalten Jahreszeit. Die „Bräustuben" schließlich beherbergten einen

Kneiphof des Hofbräuhauses
Postkarte, datiert auf 16. Mai 1916.

Die „Schwemme" des Hofbräuhauses
Postkarte, undatiert. Damaliger Pächter Hans Bacherl (1930–1945).

Gaststättenbetrieb mit deutlich gehobener Ausstattung und auch teurerem Bier.

Die Bierpaläste erfreuten sich zunehmender Beliebtheit, da die Bevölkerung zwar unter der Woche zu den umliegenden Wirtschaften ging, am Wochenende aber ihr Geld lieber in den prächtig eingerichteten Bierpalästen ausgab. Dies führte auf Dauer zum Ruin vieler kleinerer Gasthäuser. Gerade weil in den Bierpalästen eine hierarchische Struktur in den Räumlichkeiten herrschte, ging auch die bessere Gesellschaft dorthin, da sie sich nicht mit Krethi und Plethi an einen Tisch setzen musste.

Die Stammgäste des Hofbräuhauses können sich heute für derzeit drei Euro pro Jahr ihren eigenen Keferloher Bierkrug einsperren lassen. Im Moment zählt das Hofbräuhaus etwa 1,3 Millionen Besucher jährlich und bringt jährlich Einkünfte in zweistelliger Millionenhöhe für den bayerischen Staat. Der Ausstoß an Weißbier lag 2006

bei beachtlichen 49.000 Hektolitern, was jedoch immer noch nicht die Produktion unter Herzog Maximilian im Jahre 1647 mit damals 52.000 Hektolitern übertraf.

Der Festsaal im Hofbräuhaus
Postkarte, undatiert. Damaliger Pächter Karl Mittermüller (1906–1919).

Die Entwicklung im Dreißigjährigen Krieg

Während des Dreißigjährigen Kriegs war die mittelalterliche Stadt zusätzlich von einem Festungsgürtel aus sternförmigen, wallartigen Bastionen umgeben worden. Dieser sichtbaren bedrückenden Einengung der Stadt von außen wurde im Inneren durch eine starre Reglementierung des bürgerlichen Lebens entsprochen. Kurfürst Maximilian I. muss wohl Züge eines religiösen Fanatikers gehabt haben, der selbst einen asketischen Lebenswandel führte und auch vor Selbstgeißelung nicht Halt machte. Entsprechend wurden zunehmend Verordnungen erlassen, die den Bürgern durch Auflagen und Verbote das ohnehin harte Leben erschwerten. So wurde es untersagt, an Gebettagen – und davon gab es reichlich – die Wirtshäuser zu öffnen, öffentliches Singen und Musizieren stand unter Strafe. Am 19. Mai 1627 ordnete ein kurfürstlicher Befehl an, dass „das uberflissige Trinken und Sitzen bey den Bierkellern, Pfeiffen und Geigen bey ernstlicher Straf abgeschafft wirdet". Dieses praktisch komplette Verbot, in Wirtshäusern oder anderen Schänken zu sitzen, zeigte so verheerende Auswirkungen im Wirtschaftsleben der Stadt, dass sich der Rat genötigt sah, beim Kurfürsten um eine Wiederaufhebung zu bitten. Teilweise war auch der Bierpreis mit einem hohen Aufschlag verbunden, um Geld für die Beseitigung der Kriegsschäden zu erhalten.

Durch die kriegerischen Auseinandersetzungen, die wiederholte Besetzung Münchens durch feindliche oder auch angeblich befreundete Truppen, die meist besonders schlimm wüteten, sowie durch zwei Pestausbrüche war die Zahl der steuerzahlenden Bürger am Ende des Dreißigjährigen Kriegs um etwa ein Drittel zurück gegangen, und auch zahlreiche Brauer fielen den Seuchen zum Opfer. Dennoch blieb die Zahl der Braustätten weitgehend unverändert, da die entstandenen personellen Lücken bei den Brauereien im Gegensatz zu anderen Handwerken meist rasch wieder gefüllt wurden. Der Betrieb einer Sudstätte scheint so attraktiv gewesen zu sein, dass in der Regel eine Fortführung der Brautätigkeit möglich war.

Aufschwung im 18. Jahrhundert

In der Folge begann nun ein weiterer Aufschwung des Bierbrauens. Durch die jahrzehntelang marodierenden Heerscharen waren in Norddeutschland die meisten Brauereien in Schutt und Asche gelegt worden, während im Süden die letzten noch bestehenden Weinanbaugebiete vernichtet worden waren. Wegen der zusätzlich deutlich verschlechterten klimatischen Gegebenheiten lohnte sich eine Neuanpflanzung nicht mehr, sodass die ehemalige Konkurrenz durch den vergleichsweise billigen regionalen Wein für das Bier wegfiel. Nach und nach begann der Wiederaufbau, Stadt und Umland erholten sich und die Bevölkerung Münchens wuchs wieder. Bis 1800 war eine Zahl von fast 50.000 Einwohnern erreicht, wobei die größeren Vororte Au, Giesing, Haidhausen und Lehel bereits mitgezählt wurden.

Dadurch stieg auch die Nachfrage nach Bier immer weiter an, weshalb die verbliebenen Brauereien gezwungen waren, ihre Produktion zu steigern, um den Bedarf zu decken. Jedoch war der Ausstoß in dieser vorindustriellen Zeit durch die Arbeitskraft des Brauers limitiert, sodass eine durchschnittliche Zahl von 60 bis 65 Suden pro Jahr und Brauer kaum überschritten werden konnte. Der Ausstoß einer Brauerei zeigte dabei typischerweise eine Lebensarbeitskurve, das heißt zunächst einen

Anstieg bei Übernahme der Brauerei durch den neuen Bräu, eine Konsolidierung während dessen Hauptschaffensperiode sowie einen Rückgang am Endes seines Arbeitslebens.

Ein Sud wurde aus vier Scheffeln Gerste, einem Scheffel Hopfen und 30 Eimern Wasser erzeugt, wobei ein Scheffel wie erwähnt 222 Litern und ein Eimer 68 Litern entsprach. Dies ergab im Durchschnitt etwa 14 Eimer Sommer- (mit zusätzlichem Nachbier) beziehungsweise 19 Eimer Winterbier, wobei aber im Laufe der Zeit deutliche Abweichungen von dieser vorgeschriebenen Produktionsmenge auftraten. Während im 17. Jahrhundert aus einem Sud ca. 1.250 Liter Sommerbier entstanden, stieg dies im 18. Jahrhundert auf ca. 1.725 Liter an, möglicherweise durch die Verwendung größerer Sudpfannen (mit durchschnittlich sechs Scheffeln Gerste) bedingt.

Die Brauer waren zur Steigerung der Produktion darauf angewiesen, die Betriebsabläufe zu optimieren, soweit es die äußeren Rahmenbedingungen zuließen. Im Jahre 1627 ist die erstmalige Transferierung einer ursprünglich radizierten Braugerechtigkeit auf ein anderes Grundstück belegt, wobei im entsprechenden Schriftstück ausdrücklich darauf hingewiesen wurde, dass es sich um die erste derartige Transaktion gehandelt habe und diese nur unter Ausnahmebedingungen gestattet worden sei.

In die Regierungszeit des aufgeklärten Kurfürsten Maximilians III. Joseph (reg. 1745–1777) fiel die für das Brauwesen bedeutsame Regelung, dass die künftigen Brauer nach der Lehre zusätzlich eine zweijährige Wanderzeit als Gesellen zu absolvieren hatten. Im Jahre 1773 löste der Regent das Kolleg der in Ungnade gefallenen Jesuiten auf, wodurch auch deren Braustätte in der Neuhauser Gasse geschlossen wurde.

Unter Maximilian III. erfolgte auch die Festlegung der Brauereinamen in den staatlichen Sudenverzeichnissen, wobei in der größten Zahl der Fälle der Familienname eines Brauers verwendet wurde. Allerdings war nur beim Hacker-, Zenger-, Mader- und Singlspielerbräu der Name des gerade amtierenden Brauers ausschlaggebend, während ansonsten meistens die Begründer der Familientradition namensgebend waren. Hierbei handelte es sich vorwiegend um Brauer des 16. und vor allem 17. Jahrhunderts. Beispielhaft sei Georg Spät genannt, der 1622 Brauer im späteren Oberspatenbräu war, der heutigen Spatenbrauerei.

Bei der Löwenbrauerei war hingegen, wie bereits erwähnt, ein auffallendes Fresko für den Namen verantwortlich. Andere Brauereien wurden nach topografischen Gegebenheiten benannt (Thorbräu, Birnbaumbräu, Schlösslbräu). Im Falle des Hirschbräus trug das Haus bereits 170 Jahre vor der Brauereigründung den Namen seines damaligen Besitzers, Peter Hirschhauser. Gelegentlich wurden im Nachhinein Symbole, die den Namen versinnbildlichen sollten, an den Brauereien angebracht (zum Beispiel ein Fuchs an dem nach Paul Fux benannten Fuchsbräu). Die Namen wurden bis zur Einstellung des Braubetriebes, bei den noch aktiven Brauereien bis heute beibehalten.

Hopfenkrone
Hergestellt um 1850 aus bemaltem Eisen.

Ausschank der Märzenbiere

1776 wurde in einer höchst komplizierten Anweisung der Ausschank der Märzenbiere geregelt. Während des Sommersudverbotes wurden per Los jeweils zwei Brauer (einer für die Pfarrei Unserer Lieben Frau – Mariae Pfarr, also die Nordhälfte der Stadt; einer für St. Peter – Petri Pfarr, d.h. die Südhälfte; Grenzlinie: Tal, Kaufinger und Neuhauser Gasse) bestimmt, die ihr bereits für den Sommerbedarf eingesottenes Märzenbier für jeweils etwa fünf Tage verkaufen durften. Die Menge des ausgeschenkten Bieres wurde dabei von den Brauern selbst entsprechend der eingeschätzten Absatzchancen festgelegt. Bis deren Vorräte erschöpft waren, mussten auch alle anderen Brauer in ihren Gaststätten dieses Bier ausschenken, erst danach waren die nächsten zwei ausgelosten Brauer an der Reihe. Dies führte dazu, dass im Falle eines minderwertigen, schlecht verkäuflichen Bieres ein Brauer unter Umständen zusehen musste, wie sein eigenes, anfänglich noch gutes Bier in der Zwischenzeit ebenfalls sauer wurde. Die erwählten Brauereien waren an einem ausgehängten grünen Kranz oder Ring, später einer Hopfenkrone zu erkennen, der kurz vor Ablauf des Loses dem nächsten ausgewählten „Prew“ zugeschickt wurde.

Im Jahre 1784 wurde zudem genauestens die Reihenfolge des Ausschanks zwischen den Lagerkellern in den innerstädtischen Brauereien (erstes Los) und den neu gebauten Kellern außerhalb der Stadt (drittes Los) geregelt. Im zweiten Los konnte jeder Brauer entscheiden, ob er Bier aus den Kellern in der Stadt oder aus den außerhalb gelegenen Bierkellern ausschenkte. Als Beispiel für jene Regelung mag die am 31. Dezember 1797 veröffentlichte Liste der Märzenbierlose für das folgende Jahr 1798 dienen. Aus dieser Liste kann eine gewisse Strategie der damaligen Brauereien abgelesen werden: Diejenigen Brauer, die sich auf Grund ausreichender Lagerkeller zutrauten, auch in den späteren Sommermo-

1. Los:	Mariae Pfarr		Petri Pfarr	
		Eimer		Eimer
1.	Oberkandlerbräu	250	Högerbräu	300
2.	Schleibingerbräu	300	Stubenvollbräu	350
3.	Schützbräu	300	Oberspatbräu	300
4.	Büchelbräu	250	Löwenhauserbräu	250
5.	Filserbräu	300	Eberlbräu	250

ferner im ersten Los:

1.	Krapfbräu	300	Sterneckerbräu	300
2.	Speckmayrbräu	250	Leißtbräu	250
3.	Priglbräu	300	Hackerbräu	375
4.	Franziskanerbräu	250	Hallmayrbräu	300
5.	Wagnerbräu	200	Heißbauernbräu	250
6.	Menterbräu	300	Unterpollingerbräu	300
7.	Unterkandlerbräu	250	Unterottlbräu	250
8.	Lodererbräu	300	Platzlbräu	400
9.	Kapplerbräu	300	Hascherbräu	250
10.	Fuchsbräu	250	Singlspielerbräu	350
11.	Metzgerbräu	350	Bauernhanslbräu	200
12.	Hallerbräu	250	Gilgnbräu	300
13.	Oberpollingerbräu	300	Hirschbräu	300
14.	Gilgenrainerbräu	250	Kalteneckerbräu	300
15.	Unterspatbräu	300	Dirnbräu	350
16.	Löwenbräu	250	Oberottlbräu	350
17.	Maderbräu	300	Schlößlbräu	250
18.	Kreuzbräu	250	Faberbräu	300
19.	Thorbräu	250		
	Los gesamt:	**13.425 Eimer**		

2. Los:	Mariae Pfarr		Petri Pfarr	
		Eimer		Eimer
1.	Gilgenrainerbräu	250	Schlößlbräu	250
2.	Faberbräu	300	Hackerbräu	350
3.	Priglbräu	250	Hallerbräu	150
4.	Hirschbräu	200	Eberlbräu	250
5.	Speckmayrbräu	250	Sterneckerbräu	300
6.	Unterkandlerbräu	250	Hascherbräu	250
7.	Lodererbräu	300	Oberottlbräu	300
8.	Krapfbräu	250	Leißbräu	350
9.	Hallmayrbräu	300	Bauernhanslbräu	300
10.			Unterottlbräu	300
	Los gesamt:	**5.150 Eimer**		

3. Los:	Mariae Pfarr		Petri Pfarr	
		Eimer		Eimer
1.	Faberbräu	250	Krapfbräu	300
2.	Hackerbräu	350	Hascherbräu	275
3.	Oberottlbräu	300	Eberlbräu	200
4.	Thorbräu	350	Oberkandlerbräu	450
5.	Fuchsbräu	400	Schlößlbräu	200
6.	Pacherbräu	350	Priglbräu	350
7.	Zengerbräu	300	Büchelbräu	300
8.	Menterbräu	450	Schützbräu	400
9.	Metzgerbräu	450	Wagnerbräu	450
10.	Löwenhauserbräu	350	Heißbauernbräu	400
11.	Platzlbräu	300	Kapplerbräu	350
12.	Oberpollingerbräu	400	Stubenvollbräu	400
13.	Oberspatbräu	400	Maderbräu	350
14.	Probstbräu	450	Dirnbräu	400
15.	Franziskanerbräu	400	Filserbräu	375
16.	Kalteneckerbräu	450	Kreuzbräu	450
17.	Unterpollingerbräu	350	Schleibingerbräu	400
18.	Högerbräu	300	Singlspielerbräu	375
19.	Löwenbräu	400	Gilgnbräu	400
20.	Birnbaumbräu	400	Unterspatbräu	400
21.	Leißbräu	400	Gilgnbräu	350
22.	Pacherbräu	450	Unterpollingerbräu	250
23.	Unterspatbräu	400	Oberkandlerbräu	350
24.	Fuchsbräu	350	Kreuzbräu	400
25.	Büchelbräu	350	Sollerbräu	350
26.	Kapplerbräu	400	Franziskanerbräu	350
27.	Löwenbräu	250	Oberpollingerbräu	375
28.	Singlspielerbräu	400	Zengerbräu	400
29.	Unterottlbräu	350	Unterkandlerbräu	350
30.	Hallmayrbräu	450	Schleibingerbräu	400
31.	Maderbräu	400	Hallerbräu	400
32.	Wagnerbräu	400	Sterneckerbräu	300
33.	Bauernhanslbräu	350	Lodererbräu	350
34.	Speckmayrbräu	350	Birnbaumbräu	400
35.	Löwenhauserbräu	350	Probstbräu	450
36.	Schützbräu	400	Gilgenrainerbräu	375
37.	Stubenvollbräu	400	Kalteneckerbräu	350
38.	Platzlbräu	300		
39.	Unterkandlerbräu	400	Kapplerbräu	300
40.	Fuchsbräu	375	Eberlbräu	300
41.	Büchelbräu	250	Kalteneckerbräu	250
42.	Probstbräu	450	Gilgnrainerbräu	375
43.	Stubenvollbräu	200	Wagnerbräu	250
	Los gesamt:	**30.725 Eimer**		

naten noch über genießbares Bier zu verfügen, verschoben ihre selbst festgelegten Kontingente in die hinteren Lose, diejenigen mit schlechten Lagermöglichkeiten hingegen versuchten, den Ausschank bereits Anfang des Sommers komplett „unterzubringen". Der Preis für eine Mass Bier war weiterhin von der Obrigkeit festgelegt und betrug um 1750 herum bereits 12 Pfennig. Die Brauer hatten sich mittlerweile auch als Zunft zusammengeschlossen und eine gewisse Selbstständigkeit bei inneren Angelegenheiten erlangt, die Verleihung des herzoglichen Braulehens war aber nach wie vor Grundvoraussetzung für die Aufnahme des Brauhandwerks.

Münchens Brauereien vor der Industrialisierung

Vom Isartor aus dringt man heute auf demselben Weg ins Stadtzentrum vor, wie dies auch in den Jahrhunderten zuvor die Reisenden und Händler taten. Das Braugewerbe benötigte bis zum Ende des 15. Jahrhunderts offensichtlich vorwiegend diese Klientel, da die Brauereien ja nebenbei auch immer die Berechtigung zur Beherbergung und Verköstigung von Gästen hatten. Alle Brauereien lagen deshalb zunächst an den großen Einfallstraßen so nahe wie möglich zur schlecht zugänglichen „Inneren Stadt" hin. Im Tal wie auch in der Sendlinger oder Neuhauser Straße und schwächer ausgeprägt in den beiden parallel nach Norden führenden Zügen der Residenz- und Theatinerstraße lagen die Brauereien zum Teil Tür an Tür. Die Braustätten entsprachen dabei dem typischen Aufbau von Handwerksbetrieben der damaligen Zeit. Die schmalen Grundstücke reichten meist von einer Straße bis zur nächsten Parallelstraße durch, wobei im rückwärtigen Teil der Anwesen Lagerräume, Werkstätten oder Ähnliches lagen. Die Brauereien konzentrierten sich allerdings vorwiegend dort, wo sich die Zufahrtsstraßen bis heute auffällig sichtbar zu kleinen Plätzen verbreiterten, nämlich jeweils im letzten Drittel der Straßen vor Erreichen der „Inneren Stadt". Dort konnten Fuhrwerke wenden und Waren ab- und aufgeladen werden. Im 15. und 16. Jahrhundert wurde die Kapazität eines „Hotels" auch nicht nach der Zahl der Betten, sondern nach den Unterstellungsmöglichkeiten für Pferde angegeben (H. Stahleder). Diese lag im Jahre 1550 z.B. bei 24 Pferden beim Hacker- und Högerbräu, 40 beim Franziskanerbräu und nur 4 beim Eberlbräu.

Ab dem 16. Jahrhundert war dieser Standortvorteil wohl nicht mehr so wichtig, denn die Brauereien scheinen nicht mehr ausschließlich auf Laufkundschaft angewiesen gewesen zu sein und neue Brauereien siedelten sich dann auch wieder in der „Inneren Stadt" oder abseits der Hauptverkehrsstraßen an. Die genauen Gründe für diese Entwicklung sind nicht bekannt, eventuell bestand ein Zusammenhang mit dem Rückgang des Salzhandels, sodass diese Hauptstraßen nicht mehr so stark frequentiert waren. Bezogen auf die Gesamtzahl der Braustätten blieben diese Neugründungen im „Hinterland“ dennoch Ausnahmen.

Vor allem die Sendlinger Straße präsentierte sich damals als regelrechte „Brauereimeile“. Im Nachbarhaus der Hackerbrauerei beispielsweise befand sich der im Jahre 1432 gegründete Faberbräu, in dem unter dem Wirt Jacob Krazer im 18. Jahrhundert eine Komödie eingerichtet wurde. Später entstand hier die „Deutsche Schaubühne“, in der die Münchner Erstaufführungen mehrerer Schiller-Werke wie „Kabale und Liebe“ und „Don Carlos“ stattfanden. Die Brauerei erhielt ein besonderes Theaterprivileg und durfte 1793 ein zweites Theater in dem Gebäude einrichten. Insgesamt lagen dereinst 19 Brauereien an der Sendlinger Straße, im ersten Straßendrittel zum Teil direkt nebeneinander. Darunter befanden sich solch klangvolle Namen wie Unterpollingerbräu, Gilgenrainerbräu, Löwenhauserbräu oder Singlspielerbräu. An Letzteren erinnert heute noch der Name der dort abzweigenden Seitenstraße.

Das Starkbier

Die Entwicklung des Starkbiers, eines besonderen und beliebten Biertyps, ist auf den Paulaner-Orden zurückzuführen. Dieser war, wie viele andere, von Kurfürst Maximilian I. im Jahre 1629 nach München geholt worden, seine zweite Niederlassung war in Amberg. Das Kloster der Paulaner befand sich außerhalb der Stadt „ob der Au in Neudeck“, also jenseits der Isar unterhalb des Nockherbergs, und grenzte südlich an den Maria-Hilf-Platz. An dieser Stelle befindet sich heute das Landratsamt des Landkreises München sowie das frühere Frauen- und Jugendgefängnis der Stadt, das aktuell als „Haus Mühlbach“ in Eigentumswohnungen umgewandelt wird. Im Hof des Landratsamtes erinnert eine Markierung im Gras an den früheren Standort der Klosterkirche, und nebenan sind erhaltene Teile des ehemaligen Kreuzgangs mit Fresken in das Landratsamt integriert.

Das Braurecht kam erst im 17. Jahrhundert durch ein Erbe an den Paulaner-Orden. Sebastian und Elisabeth Lerchl betrieben in der Neuhauser Straße 16 eine bereits 1456 gegründete Brauerei, die auf dem Grund der heutigen Augustiner-Großgaststätten lag. Nach dem Tode Sebastian Lerchls und wenige Jahre später dessen Sohnes und Erben Joachim wurde die Brauerei zunächst entgegen der Regeln der Brauerzunft von der Witwe Elisabeth auf deren „hochflehentliches“ Bitten hin übergangsweise weiterbetrieben. Nachdem sie im Jahr darauf (1634) ebenfalls starb, fiel das Erbe einschließlich der Braugerechtigkeit zu gleichen Teilen an ihren zweitgeborenen Sohn Andreas und den Paulaner-Orden, in dessen Konvent dieser bereits ein-

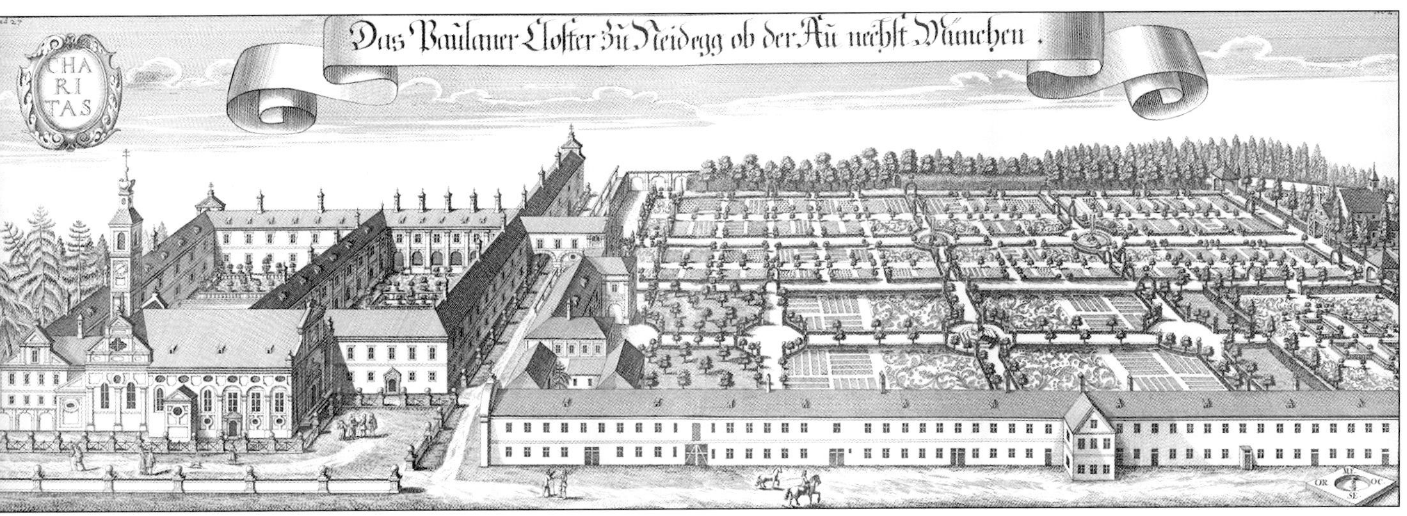

Paulanerkloster zu Neudeck „ob der Au"
Kupferstich von Michael Wening, 1707.

getreten war. Dabei war aber als Einschränkung vom Stadtrat lediglich das Brauen ihrer „Hausnotdurft", also ausschließlich für den eigenen Bedarf bewilligt worden. Doch selbst die hochgeistlichen Herren hielten es damals mit Gesetzen und Vorschriften wohl nicht so genau, denn bereits kurz darauf, am 18. Februar 1634, beschwerten sich die Vierer der Brauer darüber, dass die Paulaner im Brauhaus der Lerchl Bier „verleitgaben", also ausschenkten und verkauften.

Die völlig berechtigten Klagen des Bräuamtes scheinen die Ordensbrüder jedoch schlichtweg ignoriert zu haben, denn drei Jahre später wurde der Vorgang erneut vor den Stadtrat getragen, der wiederum „mit allem Ernst" beschloss, dass die Gastung der Paulaner im ehemaligen Lerchlbräu beendet werden müsse. Im Jahre 1718 schließlich wurde die Braugerechtigkeit auf den Klostergrund am Neudeck transferiert und dort ein Bräuhaus errichtet, wobei der Verkauf und Ausschank des Bieres weiterhin offiziell nicht genehmigt war, aber ungeniert fortgeführt wurde.

Da nun das Leben der Klosterbrüder durch die zahlreichen Fastentage, die mehr als ein Drittel des Jahres ausmachten, einer „unmenschlichen" Belastung ausgesetzt war, machten sie sich bald mit den Vorzügen des Bockbierbrauens vertraut. Vordergründig zu Ehren des Todestages von Franz von Paola am 2. April, brauten sie das Bier noch wesentlich stärker als das herzogliche Bockbier. Dieser Doppelbock diente für die anschließende Fastenzeit als Nahrungsersatz gemäß dem Motto: „Flüssiges bricht Fasten nicht". Mit frommem Blick auf ihren Ordensgründer nannten sie dieses Getränk „des heiligen Franz Öl" oder „Sankt-Vaters-Bier", von dem während der Fastenzeit vier Liter (!) täglich gestattet waren. Erst 1751 wurde vom Kurfürsten Max III. Joseph nachträglich der verbotene, aber fröhlich fortgeführte Bierausschank legitimiert, indem zum 2. April der öffentliche Ausschank für eine Oktav, also für acht Tage genehmigt wurde.

Nun war dieses Starkbier zwar dick und nahrhaft, erfüllte somit seine „Fastenqualitäten“, die geschmackliche Qualität des Biers war aber wohl nur sehr mäßig. Dies änderte sich schlagartig, nachdem Valentin Stephan Still 1773 als Laienbruder Barnabas in Amberg in den Orden eintrat und ein Jahr später nach München versetzt wurde. Dieser war Sohn eines Oberpfälzer Brauers und hatte selbst das Handwerk gelernt, sodass er das Amt des Braumeisters ausfüllte. Nach seiner Rezeptur wurde aus dem „Sankt-Vaters-Bier“, das im Münchner Volksmund rasch zum „Salvator-Bier“ wurde, eine heute noch weltberühmte Qualitätsware. War bereits im Jahre 1729 zum ersten Mal ein Kurfürst zum Fest des Heiligen Franz von Paola ins Kloster Neudeck gekommen, so wurde dies unter dem Kurfürsten Karl Theodor (reg. 1777–1799), der 1780 schließlich den ganzjährigen Bierausschank gestattete, zur regelmäßigen Gewohnheit. Dabei reichte Bruder Barnabas (bis zu seinem frühen Tode 1795) jeweils den ersten Krug Starkbier dem Kurfürsten.

Bruder Barnabas kredenzt dem Kurfürsten Karl Theodor einen Salvator

Postkarte, undatiert. Das Gedicht erinnert an den ersten Krug Starkbier, der dem Kurfürsten alljährlich überreicht wurde.

Die Marke „Salvator“

Das Verhältnis zwischen den Münchnern und dem eigentlich menschenfreundlichen, wohlmeinenden Kurfürsten Karl Theodor war leider von Anfang an zerrüttet, nachdem bekannt geworden war, dass dieser das nach Erlöschen der bayerischen Wittelsbacher Linie ererbte Herzogtum Bayern lieber gegen die Österreichischen Niederlande getauscht hätte. Entsprechend groß war nach dem pietätlos gefeierten Tode Karl Theodors der Jubel für dessen Nachfolger, den ebenfalls aus der Pfalz stammenden Maximilian IV. Joseph, der ab 1806 als bayerischer König Max I. Joseph regieren sollte. Angeblich soll der Brauer Joseph Pschorr ihm beim Einzug in München entgegengerufen haben: „O Maxl, weil du nur da bist, jetzt geht alles gut!“ (dies wurde zumindest als Anekdote auf einem Wandgemälde in der Pschorrbrauerei so dargestellt). Diese Vorschusslorbeeren sollten sich jedoch bald rächen, denn im „Handgepäck“ brachte der neue Kurfürst seinen Minister Montgelas mit, der die bayerische Staatsverwaltung auf eine völlig neue, zentralistische Basis umstellte.

Eine der ersten Maßnahmen war die Enteignung der klösterlichen und geistlichen Besitztümer im Rahmen der Säkularisation, wobei vor allem die im Volke sehr beliebten Bettelorden ihre Klöster zum Teil in einer Nacht-und-Nebel-Aktion räumen mussten. Das Paulanerkloster war dabei allerdings bereits vor der Säkularisation am 23. Juli 1799 „auf eigenen Wunsch der Patres“ verlassen worden und an den Staat übergegangen. Der kurfürstliche Hofrat Graf Arco von Valley übernahm das

Franz Xaver Zacherl (1772–1849)
Aufnahme unbekannten Datums.

Klosterbräuhaus kommissarisch, ab 1806 wurde die säkularisierte Brauerei von dem Brauer Franz Xaver Zacherl gepachtet. Sieben Jahre später erwarb dieser die gesamte Brauerei und legte als Erster den Namen „Salvator" schriftlich nieder.

Da das Starkbier wegen seiner aufwändigen Herstellung teurer verkauft wurde, als es die damalige gesetzlich vorgeschriebene Preisbindung erlaubte, ließ Zacherl sein Bier 1837 von König Ludwig I. kurzerhand zum „Luxusbier" erklären. Da sich dieser Doppelbock weiter einer außergewöhnlichen Beliebtheit erfreute, begannen etliche andere Brauer damit, ebenfalls einen „Salvator" auszuschenken. Dagegen ging Zacherl vor Gericht, und auch wenn er selbst den günstigen Schiedsspruch nicht mehr erlebte, so blieb der Name „Salvator" Eigentum der Paulanerbrauerei. Die anderen Brauer mussten nach dem Gerichtsurteil ihren Doppelböcken neue Namen geben, die jedoch allesamt mit der Endsilbe „-ator" schlossen. Beim Münchner Patentamt waren Ende der 1870er Jahre bereits über 120 solcher Namen eingetragen, vom Triumphator, Optimator, Delicator, Maximator und Animator bis zu so kreativen Wortschöpfungen wie Vitaminator, Sufficator, Multiplicator, Lutrinator und Raritator.

Alle Doppelböcke gibt es auch heute ausschließlich zur Frühjahrs-Starkbierzeit, sie müssen mindestens 18 Prozent Stammwürze und somit etwa sechs Prozent Alkohol aufweisen. Alljährlich beschließen die Münchner Brauereien, wann die Starkbierzeit beginnt. Das ist stets ein Samstag im März, denn der Josephi-Tag (19. März) soll in diese zweiwöchige Starkbier-Periode fallen. Alle Brauereien halten sich an diesen Termin – bis auf die alteingesessene Forschungsbrauerei Jakob in Perlach. Deren Starkbierzeit beginnt, und auch das ist Tradition, jeweils bereits eine Woche vorher.

PAULANERBRÄU

Franz Xaver Zacherl wurde zu einem der aktivsten Brauereibesitzer seiner Zeit. Er war ursprünglich Koch, schulte aber auf Brauer um und wurde Bräu des alteingesessenen Hallerbräu in der Neuhauser Straße 5. 1799 heiratete er Elisabeth Schmederer. Nach der Übernahme der Paulanerbrauerei vergrößerte er sie beständig und errichtete im Jahre 1842 die – in England längst übliche – erste „Dampfbrauerei" Münchens. Diese beheizte die Braukessel mit Dampf statt mit Holz, was zu deutlichen Einsparungen führte. Zudem konnte mit dem Dampf auch die Maischmaschine angetrieben werden. Dieses Verfahren setzte sich, auch bei anfänglichen Widerständen gegen das „Dampfbier", im Laufe des 19. Jahrhunderts in allen größeren Münchner Brauereien durch. Nachdem sich der kinderlos gebliebene Zacherl

Starkbierausschank im Salvatorkeller auf dem Nockherberg

Fotografie, um 1905 (vmtl.). Links im Hintergrund sind die Kirche Maria Hilf und das ehemalige Paulanerkloster in der Au zu erkennen. Zum Salvatorausschank zogen regelmäßig riesige Menschenschlangen aus der Stadt auf den Nockherberg (wobei der Abstieg hinterher deutlich ungeordneter verlaufen sein dürfte).

1849 das Leben nahm, wurde die Brauerei von den Neffen seiner Frau Heinrich und Ludwig Schmederer aus Tölz fortgeführt.

Bis 1861 wurde der Ausschank des Biers direkt an der Brauerei im Zacherlgarten vorgenommen. Danach erfolgte dieser im neu errichteten Zacherl-Keller der Paulanerbrauerei auf dem Nockherberg, und für das Jahr 1891 ist die erste „Salvator-Rede" verbürgt. Heute werden alljährlich bei dem traditionellen Nockherberg-Anstich die geladenen Politiker „'naufgeschossen" und „derbleckt", wobei aber bekanntlich die nicht Verspotteten als die eigentlich Beleidigten angesehen werden. Dieser Traditions-Keller brannte in der Nacht zum 28. November 1999 bis auf die Grundmauern ab, und erst 2003 konnte der Starkbieranstich wieder im neuerrichteten Saal stattfinden.

Im Jahre 1886 wurde die Brauerei in die „Gebrüder Schmederer Aktienbrauerei" umgewandelt, 13 Jahre später erhielt sie den Namen „AG Paulanerbräu in München".

Joseph Pschorr (1770–1841)
Gemälde von unbekannter Hand, hergestellt um 1840.

Die Brauerei vergrößerte sich stetig weiter und erwarb zum Beispiel in den 1920er Jahren die Eberl-Faber-Brauerei.

HACKER-PSCHORR-BRÄU

In der Sendlinger Straße 75 wurde im Jahre 1363, also noch zu Zeiten des Patrizierbrauens, von Ainweg Kirchler eine Brauerei gegründet, die gesichert zunächst bis 1431 fortbestand. Ende des 15. Jahrhunderts wurde das Grundstück in drei Teile parzelliert und im Jahre 1480 in dem näher zur Innenstadt gelegenen Haus 75c eine weitere Brauerei errichtet. Diese Braustätte wurde allerdings anfänglich meist als Gast- oder Weinschänke betrieben, erst ab dem Jahre 1691 bestand hier mit der Probstbrauerei ein durchgehender Braubetrieb. Von H. Stahleder werden dem Nachbarhaus Nr. 76 für die dazwischen liegende Zeit durchgehend ebenfalls Brauer zugeschrieben. Da jedoch nach seinen Angaben die Steuerbücher jener Zeit hier ausnahmsweise keine sichere Trennung der Bewohner beider Häuser erlauben, könnten diese letztgenannten Brauer eventuell auch der Hausnummer 75 zuzuordnen sein. Damit wäre hier eine Braustätte ohne Unterbrechung seit dem 14. Jahrhundert in Betrieb gewesen.

Im Jahre 1738 jedenfalls übernahm der Wirt Simon Hacker die Probstbrauerei und benannte sie auf seinen Namen um, wirtschaftete sie aber im Laufe der Zeit herunter. Auch unter seinem Sohn Peter Paul Hacker, der die Brauerei ab 1781 führte, kam es zu keiner wesentlichen Verbesserung der wirtschaftlichen Situation. Die Wende gelang erst mit Joseph Pschorr (1770–1841), einem Bauernsohn aus Kleinhadern. Dieser war als 15-Jähriger nach München gewandert, um beim Oberkandlerbräu in die Lehre zu gehen. Als ausgebildeter Bräumeister heiratete er im Jahre 1793 Therese Hacker, die Tochter des Brauereibesitzers.

Pschorr beherrschte das Brauhandwerk perfekt und modernisierte die marode Brauerei. 1797 kaufte er schließlich für 34.000 Gulden die Hackerbrauerei von seinem Schwiegervater. Er baute diese unter Zuhilfenahme aller rechtlichen und technischen Möglichkeiten mit viel kaufmännischem Geschick innerhalb weniger Jahre zum führenden Braubetrieb der Stadt München aus. Waren in den Jahrhunderten zuvor konstant pro Jahr und Brauer etwa 60 Sude möglich gewesen, so steigerte Pschorr dies auf über 260 Sude jährlich, wobei er pro Sud auch noch die doppelte bis dreifache Menge an Gerstenmalz verarbeitete. 1806 erfolgte deshalb auch die Umstellung von der bisher üblichen Besteuerung der Sudanzahl auf den sogenannten „Malzaufschlag", der die Menge des verwendeten Malzes zur Bemessungsgrundlage hatte. Damit zog die Obrigkeit die Konsequenz aus den nunmehr geänderten Produktionsgewohnheiten.

Gezeichnete Darstellung der Bierfestung
Abbildung aus der „Münchener Bier-Chronik“ von Benno Sailer 1929.

Von 1813 an erbaute Joseph Pschorr über 10 Jahre hinweg einen riesigen Bierkeller am Ende der Bayerstraße auf dem Boden einer ausgebeuteten Sandgrube, der zu Deutschlands größtem Lagerkeller wurde mit einer Kapazität von über 35.000 Hektolitern und einer Grundfläche von 4.000 m². Den Grund konnte er in einem Versteigerungsverfahren erwerben, nachdem 1808 der Magistrat den hier installierten Galgen abbauen und durch eine „mobile Einheit“ mit wechselnden Standorten ersetzen ließ. Ob seiner Dimensionen war der Keller in München nur als die „Bierfestung“ bekannt. Dieser stattliche Bau wurde 1878 durch einen Großbrand völlig zerstört.

1814 erhielt Joseph Pschorr nach monatelangem zähem Ringen mit den Behörden die Erlaubnis, in seiner Brauerei eine zweite Sudpfanne aufstellen zu dürfen. Bis dahin war pro Braubetrieb ausschließlich eine einzige Sudpfanne gestattet gewesen. Daher musste er einen zusätzlichen Bierbedarf für eine gestiegene Zahl an Einwohnern plausibel nachweisen, der durch die bestehenden Brauereien nicht gedeckt werden konnte. Diese letztlich bewilligte Genehmigung war damals aber höchst umstritten, weil sie vorwiegend als Erlaubnis zur Umsatzsteigerung angesehen wurde.

Doch Pschorrs Ehrgeiz ging noch weiter: Als Marktführer wollte er seinen beiden Söhnen jeweils eine eigene Brauerei hinterlassen. Wirtschaftlich hervorragend aufgestellt, konnte er trotz der Investitionen in seine Bierfestung 1820 eine weitere,

Altes Hackerhaus, Sendlinger Straße
Fotografie, um 1910.

in Konkurs („auf die Gant“) gekommene Brauerei günstig erwerben, den Bauernhanslbräu in der Neuhauser Straße 11. Unter Zukauf von Nachbargrundstücken vergrößerte Joseph Pschorr diese Bräustatt, gab ihr nicht ohne Stolz seinen eigenen Namen und übergab die „Pschorrbrauerei“ an seinen ältesten Sohn Georg (bereits der Kauf des Anwesens erfolgte auf dessen Namen).

Sein jüngerer Sohn Mathias stieg währenddessen in die Hackerbrauerei mit ein und wurde hier später Nachfolger seines Vaters. Ein verheerender Brand zerstörte

Pschorrbräu-Bierhallen, Neuhauser Straße
Fotografie, um 1900.

im Frühjahr 1825 diese Brauerei vollständig. Doch auch diesen Schicksalsschlag konnte Joseph Pschorr zu seinem Vorteil umwandeln, indem er ohne Inanspruchnahme finanzieller Hilfe die beiden Nachbargrundstücke hinzukaufte und hier eine neue, wesentlich größere Braustätte errichten ließ. Mit 64 Jahren zog er sich schließlich aus dem Betrieb zurück in sein Anwesen am Marienplatz (an der Stelle des heutigen Rathausturms). Im Laufe seines Lebens hatte er nicht nur die beiden jahrzehntelang führenden Brauereien Münchens aufgebaut, sondern auch noch mit seinen vier Ehefrauen 20 Kinder zur Welt kommen sehen.

Erwähnt sei an dieser Stelle, dass Josephine, die Tochter von Pschorrs älterem Sohn Georg, 1864 den Hofmusiker Franz Strauss ehelichte und ein Jahr danach (am 11. Juni) im Rückgebäude der Pschorr-Brauerei den berühmten Münchner Komponisten Richard Strauss zur Welt brachte. Dieser wurde von seinem Onkel Georg Pschorr junior während seines weiteren Lebens stets tatkräftig und finanziell unterstützt. Zum Dank hierfür wurde der „Rosenkavalier" den „lieben Verwandten, der Familie Pschorr in München" gewidmet.

Die beiden Brauereien Hacker und Pschorr gingen lange getrennte, wenn auch immer von gegenseitiger Kooperation gekennzeichnete Wege, erst 1972 fusionierten sie zur Hacker-Pschorr-Brauerei.

Angemerkt sei noch, dass auch das von der Hackerbrauerei angegebene Gründungsjahr 1417 historisch nicht belegbar ist, sondern in diesem Fall auf einem Fehler beim Abschreiben einer mittelalterlichen Urkunde beruht (H. Stahleder). Wie zuvor erläutert wäre nämlich entweder das Jahr 1480 korrekt (Gründung der späteren Probstbrauerei in Hausnummer 75c) oder aber das wesentlich frühere Jahr 1363, sofern man eine seither durchgehend fortbestehende Brautradition bis zur Parzellierung des Grundstücks als gesichert annimmt.

Die große Zeit der Münchner Bierkeller

Eines der größten Probleme der Brauereien in der vorindustriellen Zeit war bis zur Erfindung der Kältemaschine durch die Jahrhunderte hinweg die leichte Verderblichkeit des Bieres gewesen, weshalb bis ins 18. Jahrhundert hinein immer wieder Klagen über die schlechte Qualität des Münchner Bieres dokumentiert sind. Wie beschrieben legte die bayerische Brauordnung fest, dass Braunbier nur zwischen den Tagen des St. Michael am 29. September und des St. Georg am 23. April gebraut werden durfte. Daher musste nicht nur im März für die Sommermonate eine ausreichend große Menge Bier eingesotten werden, das zu diesem Zweck mit höherem Stammwürze- (ca. 12 Prozent gegenüber 9 bis 10 Prozent beim Winterbier) und Hopfengehalt gebraut wurde, sondern vor allem musste auch für eine kühle Lagerung des Bieres in der heißen Jahreszeit gesorgt werden.

Nachdem durch die steigende Nachfrage die Keller in den Brauhäusern der Innenstadt für die produzierten Mengen nicht mehr ausreichten, wurde intensiv nach Alternativen gesucht. Aufgrund der topografischen Gegebenheiten kamen in München hierzu ausschließlich Lagerkeller in Frage, die tief in natürliche Erhöhungen gegraben werden konnten. Die bestehenden Innenstadtkeller waren wegen des hohen Grundwasserspiegels nur wenige Meter tief gewesen und erwärmten sich im Sommer viel zu leicht. Im Jahre 1728 wurde von der Eberlbrauerei erstmals ein Bierkeller außerhalb der Stadt beantragt, und zwar auf einer Anhöhe an der heutigen Landsberger Straße.

Einen regelrechten Boom erfuhr der Kellerbau dann Ende des 18. Jahrhunderts, als alle Brauereien Lagerkeller am Randbereich des Burgfriedens errichteten. Dadurch entstanden die großen Kelleranlagen auf der Anhöhe des ehemaligen Isarufers, die von der heutigen Theresienhöhe über die Schwanthalerhöhe bis oberhalb des Stiglmaierplatzes reichte und heute noch deutlich als Anstieg wahrgenommen werden kann, wenn man mit dem Fahrrad aus der Innenstadt Richtung Westen fährt. Da zu jener Zeit vor dieser „Tribüne“ weitgehend unbebautes Brachland lag, erschienen

Plan eines Märzenkellers 1875
Zeichnung Christian Huber, 2024.

die riesigen Keller der Brauereien von der Stadt aus gesehen wie Überreste eines alten Festungsgürtels: von Nord nach Süd erstreckten sich die Kellerbauten des Löwenbräu, der Arzbergerkeller (auf dessen Grund bisher noch die Staatsanwaltschaft an der Nymphenburger Straße steht), der Unterkandlerkeller (auf dem Gelände der Spatenbrauerei), der heute noch bestehende Augustinerkeller an der Arnulfstraße, der Oberkandlerkeller (etwa am Beginn der Hackerbrücke) sowie südlich der damals noch nicht vorhandenen Bahntrasse die Keller des Hirschbräu, Filserbräu (später Spatenkeller an der Bayerstraße), Oberpollingerbräu (etwa auf dem Standort des Einkaufszentrums an der Theresienhöhe) und Wagnerbräu. Die Bierfestung wurde nach dem Rückzug von Joseph Pschorr brüderlich zu gleichen Teilen von den beiden Söhnen Georg und Mathias für ihre jeweiligen eigenen Brauereien aufge-

rechte Seite: Kellerstadt der Münchner Brauereien
Eingezeichnet sind die Bierkeller aus dem Jahr 1803 bzw. 1850.

DIE KELLERSTADT
DER MÜNCHENER BRAUEREIEN
IM JAHRE 1850
N
0 50 100 m
Wiener Strasse
Gasteig
Preysing Strasse
Keller Strasse
Rosenheimer Strasse
Fürsten Gasse
HAIDHAUSEN
Militair-
Holzgarten
Auf der Lüften
Faberbräu Keller
Bierkeller im Jahre 1803
Am Gasteigberg Haus №
18 Oberspatenbräuers Keller
19 Franziskanerbräuers "
20 Bauernhanslbräuers "
21 Gilgenrainersbräuers "
22 Thorbräuers "
23 Heißbauernbräuers "
24 Büchelbräuers "
27½ Kreutzbräuers "
28 Maderbräuers "
29 Pollingerbräuers "
30 Löwenbräuers "
31 Sterneckerbräuers "
32 Birnbaumbräuers "
33 Schützbräuers "
34 Gilgenbräuers "
38 Unterpollingerbräuers "
39 Spatbräuers "
40 Hof- "
41 Karmeliten- "
42 Löwenhauserbräuers "
43 Klosteranger- "
44 Kapplerbräuers "
45 Schleibingerbräuers "
46 Bacherbräuers "
47 Wagnerbräuers "
48 Kalteneckerbräuers "
49 Singlspielerbräuers "
50 Menterbräuers "
51 Hof- "
2 Sollerbräuers Keller
3 Thürnbräuers "
4 Hallmairbräuers "
6 Zengerbräuers "
8 Hegerbräuers "
9 Speckmairbräuers "
10 Filserbräuers "
12 Metzgerbräuers "
13 Propstbräuers "
14 Hallerbräuers "
15 Lodererbräuers "
16 Fuchsbräuers "
17 Leistenbräuers "
1803 Lorenz Hübner,
Beschreibung von
München.
1850 Gust. Wenng,
Topogr. Atlas von
München.
Planbearbeitung: Max Megele
Nov. 1946

teilt. Über die Verteilung wurde per Münzwurf entschieden (Osthälfte Pschorr, Westhälfte Hacker).

Noch wesentlich umfangreicher aber war der Bau von Bierkellern am östlichen Hochufer der Isar, dem Gasteigberg und dem isaraufwärts angrenzenden Lilienberg. Bis ins Jahr 1850 entstand hier eine regelrechte Kellerstadt aus über 50 Sommerkellern, die dicht an dicht entlang der Rosenheimer-, Keller-, Preysing- und Inneren Wiener Straße lagen. Schon vor Ende des 18. Jhdts. hatte der Maurermeister Franz Xaver Widmann hier einen Keller an den anderen gebaut und an diejenigen kleineren Brauer verpachtet, die sich solche Bauten selbst nicht leisten konnten. Auch die Namen der Seitenstraßen Schleibinger-, Stubenvoll- und Franziskanerstraße sind auf die Bierlagerkeller der gleichnamigen Brauereien zurückzuführen.

Die Bierkeller wurden acht bis zwölf Meter unter der Erde als gemauerte Gewölbe errichtet, über denen die bis dahin in München noch weitgehend exotischen Rosskastanien gepflanzt wurden. Durch ihre großen Blätter schützten diese den unterirdischen Keller ideal vor direkter Sonneneinstrahlung, und da die Kastanie zu den Flachwurzlern zählt, wurden die darunter liegenden Kellerdecken nicht beschädigt. Oben auf dem Kellergelände standen ebenerdig Hallen und Schuppen, um Fässer, Brauwerkzeug und Ähnliches zu lagern.

Die ersten Münchner Biergärten

Nun wussten natürlich nicht nur die Brauer, sondern auch die Münchner diese schattigen Oasen im heißen Sommer zu schätzen. Innerhalb kurzer Zeit wurden die vor den Stadttoren gelegenen Keller ein beliebtes Ausflugsziel der Stadtbevölkerung, und die Brauer wiederum nutzten dies zum Ausschank ihres Bieres vor Ort. Dadurch entstand eine empfindliche Konkurrenz für die umliegenden Wirte der betroffenen Vorstädte, die deshalb bereits im Jahre 1773 auf ihre Beschwerden ein Mandat des Stadtrats „von der Erbauung der Bierkeller außer der Burgfrieden und Verleitung des Biers" erwirkten. Danach wurde der Verkauf des Bieres an die Bevölkerung auf den Kellern ausdrücklich untersagt, das Bier durfte nur „in grosso", das heißt fassweise, und nur an Wirte, keine Privatpersonen, abgegeben werden. Der Verschleiß „in minuto", also massweise, war unter Strafe verboten.

Doch wie so oft wurde auch diese Anordnung im Wesentlichen ignoriert, der Ausschank und der Besuch der Bierkeller liefen munter weiter. Die immer wiederkehrenden Klagen der Wirte gegen diesen nun vollkommen illegalen Betrieb führte zwar im Jahre 1791 und nochmals 1793 zum „nachdrücklichsten" Verbot der Gastsetzung auf dem Gasteig- und dem Lilienberg, genutzt oder geändert aber hat dies

Augustiner-Keller
Grußpostkarte, um 1910.

nichts. Fünf Jahre später wurde beim Magistrat der beständige unerlaubte Bierverschleiß erneut dokumentiert, wieder wurde der Minuto-Verschleiß oder auch nur die Abgabe in kleineren Fässern zu 30 Litern verboten, ohne dass sich die Situation dadurch im Geringsten änderte.

Letztlich wurde am 4. Januar 1812 diesem „Gewohnheitsrecht" dadurch Rechnung getragen, dass der ohnehin nicht einzudämmende Bierverkauf „durch allerhöchstes Reskript" den Bierbrauern nunmehr erlaubt wurde. Von da an war den Brauereien von Juni bis September auf den eigenen Kellern der Ausschank des selbstgebrauten Märzenbiers gestattet, die Verabreichung von Speisen oder anderen Getränken aber wurde als Zugeständnis für die umliegenden Wirte weiterhin untersagt. Lediglich der Verkauf von Brot war noch erlaubt, sodass die Münchner ihre sonstigen Zutaten für die Brotzeit einfach selbst mitbrachten. Hieraus entwickelte sich die heute immer noch gültige Regelung für alle Münchner Biergärten, dass das Mitbringen des eigenen Essens ausdrücklich gestattet ist.

Zunehmend wurden die beliebten Biergärten für Konzerte, Feuerwerke und Veranstaltungen aller Art genutzt, und die Zweckbauten auf den Kellern wurden zu Sälen und Hallen mit Billard- und Spieltischen ausgebaut. Im Jahre 1882 war nach einer feuerpolizeilichen Aufstellung die Hälfte der damals in München verfügbaren 35 Säle in diesen Kellerhallen untergebracht, deren reger Betrieb den Wirten natürlich weiterhin ein Dorn im Auge war.

Die Bierkühlung vor der Industrialisierung

Um während des Sommers für eine ausreichende Kühlung zu sorgen, wurde bis in den März hinein Eis in die Bierkeller eingebracht. Dieses wurde in großen Blöcken aus zugefrorenen Kanälen, Seen oder sogar Gletschern geschnitten und in Unmengen in die Keller gefüllt. Dort schmolz es langsam vor sich hin und hielt die Temperatur ausreichend niedrig, um den Verderb des Bieres zu verhindern. Das Eis wurde zunächst in Kästen zwischen den Fässern, später in eigenen Eiskellern eingebracht.

Der Bedarf an Eis war enorm, er betrug pro Brauerei durchschnittlich 500.000 Zentner jährlich. So konnte manch Bauer sein Einkommen im Winter dadurch aufbessern, dass er seine Weiher „aberntete" und das so gewonnene Eis an die Brauer verkaufte. Auch König Ludwig II. (reg. 1864–1886) machte sich den Eisbedarf der Brauereien zunutze, indem er den Nymphenburger Kanal im Winter zur Eisernte an sie verpachtete. Dabei waren die Brauer ausdrücklich verpflichtet, das Eis nur über die nördliche Auffahrtsallee abzutransportieren und für den Fall, dass der menschenscheue König geruhte, nach Nymphenburg zu fahren, Wagen und Personal aus dem „allerhöchsten Gesichtskreise ferne zu halten".

Das Handwerk der Eisgewinnung, das „Eisen", war allerdings sehr mühsam und auch gefährlich. Mit speziellen Wiegensägen wurden Blöcke mit einer Fläche von etwa einem halben Quadratmeter aus den Gewässern geschnitten, mit langen Eiszangen und -haken herausgezogen und dann auf Wägen an die Brauereien geliefert. Meist waren die Bauern bereits von zwei Uhr früh an unterwegs, damit die Sonne auf dem Transport nicht einen Teil des kostbaren Gutes abschmelzen konnte. Der Handel mit Eis scheint sich bezahlt gemacht zu haben, denn allein vor der Löwenbrauerei stauten sich zum Teil täglich fünfzig bis sechzig Fuhrwerke in der Sandstraße, die alle ihre Ladung abliefern wollten. Erst durch die anfänglich nur zögerliche Verbreitung der Kältemaschine in den Brauereien ab dem Ende des 19. Jahrhunderts kam diese Nebenerwerbstätigkeit langsam zum Erliegen.

Das Sommersudverbot wurde als Konsequenz der besseren Haltbarkeit des Bieres durch die neuen Kühltechniken im Jahre 1860 aufgehoben, der ganzjährige Braubetrieb wurde jedoch erst zwanzig Jahre später in den Münchner Brauereien üblich.

Eistransport
Fotografie, um 1910.

Leichtere Bedingungen für die Bierbrauer

Der Beginn des 19. Jahrhunderts war gekennzeichnet durch eine Erleichterung der Rahmenbedingungen für das Brauwesen. Seit dem Regierungsantritt des späteren Königs Maximilian I. Joseph wurde das bayerische Rechtssystem von Graf Montgelas reformiert, was zum Beispiel zu dem bereits erwähnten Wegfall des Bierzwangs am 20. Dezember 1799 führte. Diese Liberalisierung verschärfte jedoch die Konkurrenz der Brauereien untereinander, und dabei waren diejenigen Brauer, die für Innovationen aufgeschlossen waren, eindeutig im Vorteil. Als Ausgleich für den aufgehobenen Bierzwang, das heißt, den garantierten Absatzmarkt, wurde später den Münchner Brauern der „Minuto-Verschleiß", also die massweise Abgabe von Bier auf den Brauereikellern, gestattet. Ebenfalls 1799 wurde die unsinnige Einrichtung der Märzenbierlose endlich abgeschafft, sodass alle Brauer ganzjährig Bier ausschenken konnten. Nach Gründung des Königreiches wurde im Jahre 1807 die Beschränkung der Gesellenzahl aufgehoben, wodurch erstmals eine Ausweitung der Braukapazitäten möglich wurde. Auch die größeren Betriebe waren damals aber dennoch nur als Manufakturen aufzufassen, die Zahl der Bräuknechte belief sich 1824 beispielsweise auf gerade einmal je 20 bei der Hacker- und der Pschorrbrauerei, zehn bei Löwenbräu und nur fünf beim Sterneckerbräu. Der letzte Lehenbrief wurde im Jahre 1814 ausgestellt, danach war aus rechtlicher Sicht keine Einschränkung für die Neugründung einer Brauerei mehr gegeben. Das Gewerbegesetz von 1824/25 schaffte die Zünfte ab, Rechtsnachfolger im Brauwesen wurde der „Verein der Bierbrauer".

In Bezug auf die Bierpreisfestlegung jedoch wurde weiterhin kein Gedanke an eine Liberalisierung verschwendet. Im Gegenteil wurde 1811 das sogenannte „Biersatzegulativ" erlassen, mit dem eine obere Preisgrenze für die Mass Bier einschließlich des Malzaufschlages, also der zentralen Biersteuer, behördlich festgesetzt wurde. Dabei wurde versucht, sowohl die Produzenten als auch die Konsumenten möglichst gleichermaßen im Sinne eines fair ermittelten Preises gerecht zu werden. Dieser setzte sich zum einen aus variablen, stets von den Ernteerträgen abhängigen Kosten für die Rohstoffe Gerste und Hopfen zusammen, die jährlich von Seiten der Behörden neu ermittelt wurden. Zum anderen wurden Fixkosten für die Herstellung sowie der Gewinn des Brauers hinzugerechnet. Dabei wurde von einer Brauerei mit einem durchschnittlichen jährlichen Verbrauch von 450 Scheffel Gerste ausgegangen, wodurch sich Kosten von 4,53 Pfennig je Mass errechneten. Zuzüglich eines festgelegten Gewinns von 1,47 Pfennig für den Brauer ergab sich ein fixer Grundpreis von sechs Pfennig je Mass. Darauf folgte dann die staatliche Steuer, der „Malzaufschlag", in Höhe von weiteren vier Pfennigen. Für die Konsumenten kam ab 1822 noch ein Lokalmalzaufschlag (im Volksmund „Bierpfennig" genannt) hinzu, der von der Stadt München erhoben wurde und in den 1850er Jahren etwa 80 Prozent der gesamten städtischen Steuereinnahmen ausmachte.

Mit dem Biersatzregulativ war erneut auch eine Forderung nach Qualitätssicherung verbunden, weshalb unter anderem die Extraktausbeute des Malzes vorgeschrieben war. Aus einem Scheffel Gerstenmalz durften sieben Eimer Schank- oder sechs Eimer Lagerbier gebraut werden. Anlässlich des 50-jährigen Jubiläums des Biersatzregulativs schrieb Deuringer: „Im Leben der Völker (...) findet sich die Eigentümlichkeit, dass ein Volk in Erzeugung irgendeines Gegenstandes oder Produktes eine viel höhere Vollkommenheit erreicht hat als ein anderes, und hierin gewöhnlich eine sehr lange Zeit hindurch von keinem andern eingeholt wird. Eine solche rühmliche Eigentümlichkeit besitzt der bayerische Volksstamm in der Bierfabrikation. Das bayerische Bier hat seiner Güte, seines lieblichen, erfrischenden Trunkes wegen gegenwärtig eine solche Anerkennung gefunden, dass ihm das Bier keiner anderen Nation (...), selbst nicht das englische, den Rang streitig zu machen vermag."

Der Kampf der Großbrauer um die Münchner Wirte

So starr die gesetzlichen Vorschriften des Biersatzregulativs auch aussahen, so schufen sie dennoch die Rahmenbedingungen für den weiteren Aufstieg der späteren Großbrauereien. Denn falls ein Brauer sich im Stande sah, bei gleicher Qualität sein Bier billiger anbieten zu können, war ein Unterbieten des festgelegten Preises ausdrücklich gestattet. Diejenigen Brauer, die diese neuen Möglichkeiten auszunutzen verstanden, konnten dadurch größere Marktanteile gewinnen. Somit begann ein intensiver Wettbewerb zwischen den wenigen, immer größer werdenden Unternehmen um die Wirte, die „Wirtehatz".

Als Absatzmöglichkeit benötigten die Betriebe möglichst viele Lokale, in denen ihr Bier angeboten wurde. Oft wurden daher Wirten großzügige Darlehen gewährt, die in keiner Weise durch den zu erwartenden Umsatz der Gaststätten abgesichert waren. Aus der entstehenden Abhängigkeit konnten sich die Wirte meist nur befreien, wenn sie sich an eine andere Brauerei wandten, die das Darlehen ablöste. Allerdings waren in der Regel mehrjährige Verträge über die Bierabnahme vereinbart worden, sodass bei deren vorzeitiger Auflösung auch die fällige hohe Konventionalstrafe zu bezahlen war. Dies führte den Wirt natürlich erneut in eine „Schuldknechtschaft" zu der neuen Brauerei, die ihn von der alten „ausgekauft" hatte.

Erst 1906 schlossen die Münchner Brauereien die sogenannte „Vereinbarung", die im Sinne einer Selbstverpflichtung unter anderem die Höhe der zu gewährenden Darlehen sowie die Nebenleistungen, die von den Brauereien an Wirte bzw. Großabnehmer geleistet werden durften, regulierten. Um diese Zeit war aber bereits etwa die Hälfte aller Münchner Wirtschaften in die Hände der Großbrauereien gefallen.

Der Aufstieg der Bierbarone

Die anfänglichen Vorteile des Biersatzregulativs mit staatlich garantiertem Gewinn kehrten sich im Verlauf der Jahre für die Brauer ins Gegenteil. Denn die immer höher steigenden Kosten für alle Arten an Aufwendungen konnten durch den einmal festgelegten Grundpreis von sechs Pfennig pro Mass, der nie an die geänderten Verhältnisse angepasst wurde, in keinster Weise mehr gedeckt werden. Nur durch

Massenproduktion konnte noch Gewinn erzielt werden, wodurch immer mehr kleine Brauereien aufgeben mussten. Während der Zeit des Biersatzregulativs reduzierte sich die Zahl der Münchner Brauereien kontinuierlich auf etwa 15 aktive Betriebe. Jedoch behielten fast alle ehemaligen Brauereien ihr Schankrecht bei. Die Brauer, die sich im Wettbewerb behaupten konnten, machten nun aber allein durch die steigende Nachfrage der immer weiter anwachsenden Bevölkerung ein Vermögen und stiegen zu „Bierbaronen" auf. Unter den 20 höchstbesteuerten Bürgern der Stadt München, also den „Superreichen", war 1808 noch kein einziger Brauer vertreten, im Jahre 1860 waren es hingegen 13. Diese brachten ihren Reichtum zunehmend mit dem Bau repräsentativer Bierpaläste zum Ausdruck, von denen bis zum Jahre 1902 allein 20 entstanden. Errichtet auf den Lagerkellern vor der Stadt oder an Stelle der alten Stammhäuser in der Innenstadt zählten sie mit zu den markantesten Gebäuden der Stadt und prägten – ähnlich wie früher die Adelspaläste – das Bild der wachsenden und prosperierenden Hauptstadt nachhaltig.

SPATENBRÄU

Der Bierausstoß der Münchner Brauereien wurde von nun an jährlich veröffentlicht. Im Braujahr 1828/29 verdrängte hier erstmals Georg Pschorr seinen Vater von der Spitze der Brauer, nachdem auch er sich die Aufstellung einer zweiten Braupfanne hatte genehmigen lassen. Die nächsten Jahrzehnte sahen immer weiter wechselnde Spitzenreiter aus dieser neuen Generation Brauer, die virtuos die gegebenen äußeren Bedingungen zu ihrem Vorteil zu nutzen verstanden. Einer davon war Gabriel Sedlmayr der Ältere (1772–1839), der einer Brauerfamilie aus Maisach bei München entstammte. Nachdem er Bräumeister im Hofbräuhaus war, kaufte er im Jahre 1807 die Oberspatenbrauerei in der Neuhauser Straße, damals die kleinste aller Münchner Brauereien, um sich selbstständig zu machen.

Das bis heute verwendete Spatenlogo von Otto Hupp, 1884.

Noch im selben Jahr führte er als einer der ersten Brauer in München die damals modernste Form der Darre, die sogenannte „englische Darre" ein, die mit Heißluft statt mit Rauch arbeitete und die Röstung des Malzes erheblich verbesserte. Kurioserweise war diese Art der Darrung in England zu jener Zeit gänzlich unbekannt. Sedlmayr entwickelte die Technik des Darrens durch eigene Experimente stetig weiter, sodass hierin vermutlich der Ursprung der späteren Behauptung zu sehen ist, er habe die englische Darre tatsächlich als allererster in München eingeführt. Konsequent nutzte er auch die Vorteile der Überwachung des Brauvorgangs mittels Thermometer, was von seinen Braugenossen anfangs verächtlich abgetan wurde.

Ähnlich wie Pschorr konnte Sedlmayr rasch die Sudmenge gegenüber seinem Vor-

Gabriel Sedlmayr der Ältere (1772–1839)
Ölgemälde in der Spatenbrauerei.

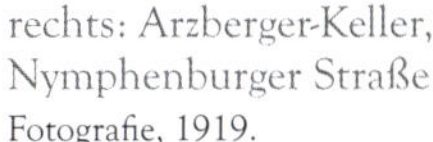

rechts: Arzberger-Keller, Nymphenburger Straße
Fotografie, 1919.

gänger um das Vier- bis Fünffache steigern. In den weiteren Jahrzehnten expandierte die Brauerei immer weiter: Im Jahre 1808 erwarb Sedlmayr zur zusätzlichen (rechtlich damals den Brauern zustehenden) Essig- und Branntweinherstellung den Hallerbräustadel (etwa an Stelle des ehemaligen Kaufhauses Hertie – heute brachliegend – vor dem Hauptbahnhof), der ab 1811 die „Fabrik" genannt wurde. Im Jahre 1818 wurde ein Sommerkeller auf dem Gasteig hinzugekauft und 1821 in der Spatenbrauerei die erste Dampfmaschine im Münchner Brauwesen aufgestellt. Neben mehrfachen Umbauten und Erweiterungen der Brauerei sowie der dazugehörigen Mälzerei pachtete Sedlmayr den Filserbräukeller in der Bayerstraße und kaufte im Jahre 1827 den zuvor ebenfalls bereits gepachteten Arzbergerkeller Ecke Nymphenburger-/Sandstraße (Matthias Arzberger war der Besitzer der Löwenbrauerei). Auf diesem erbaute in den Jahren 1881/82 Gabriel von Seidl einen der schönsten Bierpaläste.

Dieser berühmte Architekt war übrigens ein Großneffe des Spatenbräus Gabriel Sedlmayr, und von der Spatenbrauerei erhielt er auch seine ersten Großaufträge. Er prägte zusammen mit seinem Bruder Emanuel den klassischen Typ des Münchner Bierpalastes. Ein Mitarbeiter Gabriel von Seidls war wiederum der Grafiker Otto Hupp, der 1884 das heute noch gültige Spatenlogo (neben unzähligen anderen Marken) entwickelte.

Der neue Arzbergerkeller wurde zur Attraktion durch die erste elektrische Beleuchtung eines Kellers in München. Durch die Bomben des Zweiten Weltkriegs unrettbar zerstört, wurde das Gelände Anfang der 1970er Jahre an den Freistaat zum Bau des Landgerichts München II verkauft.

1827 schließlich errichtete Gabriel Sedlmayr nach Bewilligung einer zweiten Sudpfanne in der „Fabrik" eine zweite komplette Brauerei und führte damit die Spatenbrauerei ins Spitzenfeld der Münchner Braubetriebe. Heute noch finden sich daher die Initialen G. und S. als Würdigung seiner Leistungen neben dem Spatensymbol auf dem Logo der Brauerei.

Ebenso wie Pschorr hatte auch Gabriel Sedlmayr zwei Söhne, die ihm in der Brauertradition nachfolgen sollten. Sein zweitgeborener Sohn, Gabriel Sedlmayr der Jüngere (1811–1891), trat im Jahre 1834 in den Betrieb ein.

Gabriel Sedlmayr der Jüngere (1811–1891)
Ölgemälde in der Spatenbrauerei.

Legendär sind dessen „Spionagereisen" unter anderem in das damals brautechnisch fortschrittliche England. Während auf dem europäischen Kontinent Handwerksbetriebe den Braubetrieb prägten, war dort die Industrialisierung bereits in vollem Gange. Die Brauereien vor allem in London waren damals schon Großbetriebe, die neben dem Einsatz modernster Technik auch durch geänderte Strukturen in der Betriebs- und Personalorganisation zu führenden Industrieunternehmen geworden waren. Über viele Zwischenstationen unter anderem in Böhmen reiste Gabriel Sedlmayr mit seinen Freunden Anton Dreher aus Wien und Georg Lederer aus Nürnberg (die beide später wie Sedlmayr Leiter ihrer jeweiligen Großbrauereien wurden) nach England. Dort lernten sie zur Kontrolle des Würzegehaltes und zur Überwachung des Gärprozesses den Einsatz des Saccharometers kennen, das auf dem Festland noch vollkommen unbekannt war.

Die englischen Brauer waren allerdings sehr zurückhaltend und keineswegs gewillt, ihre Betriebsgeheimnisse an die jungen Brauer weiterzugeben. Es ist verbürgt, dass Sedlmayr und Dreher daher in eigens präparierten hohlen Spazierstöcken, die unten mit einem Ventil versehen waren, heimlich Proben aus den Braukesseln entwendeten, um aus deren Untersuchung neue Kenntnisse für den Brauprozess zu gewinnen. Ständig in Furcht vor Entdeckung, war sich zumindest Sedlmayr der Tatsache seiner „Industriespionage" dabei offenbar sehr bewusst.

Nach dem Tode des Vaters 1839 führte Gabriel Sedlmayr der Jüngere die Brauerei zunächst mit seinem älteren Bruder Josef (1808–1875) weiter, bis dieser drei Jahre später mit seinem Anteil eine eigene Brauerei kaufte, die in der Sendlinger Straße gelegene Leistbrauerei.

Unter Gabriel Sedlmayr dem Jüngeren gelangte die Spatenbrauerei zu Weltruhm, was auch von dem englischen Brauhistoriker Michael Jackson gewürdigt wurde: „Weil die Spatenbrauerei einen so großen Einfluss auf die Biere ausgeübt hat, die

heute in den meisten Ländern getrunken werden, ist sie eine der wichtigsten Brauereien der Welt" (Behringer).
Sein Bruder Josef Sedlmayr stieg neben seiner Leistbrauerei zusätzlich in die Franziskanerbrauerei ein. Sedlmayrs Neffe August Deiglmayr jun., der zuvor bei Dreher in Wien als Bräumeister gearbeitet hatte, hatte diese althergebrachte Brauerei von seinem gleichnamigen Vater geerbt, der sie 1842 gekauft hatte. Den Braubetrieb hatte der Vater bereits aus der Innenstadt in die Au verlegt und an seiner Stelle die heute noch bestehende Gaststätte eingerichtet.

Ab 1858 betrieb Josef Sedlmayr diese Brauerei gemeinsam mit seinem Neffen, drei Jahre später – nach dem erneuten Wechsel Deiglmayrs nach Wien – übernahm er sie ganz. Er fusionierte sie mit seiner Leistbrauerei, was zur Bildung einer zweiten Großbrauerei in den Händen der Familie Sedlmayr führte, sehr ähnlich der Situation bei den Konkurrenzbrauereien Hacker und Pschorr. Die ehemalige Leistbrauerei verlagerte ihre Produktion im Jahre 1865 von der Sendlinger Straße ebenfalls an die Hochstraße 7 in der Au. Der dortige Keller wurde wiederum von Gabriel von Seidl prachtvoll ausgebaut.

Die prosperierende Spatenbrauerei seines Bruders hatte zunehmend Schwierigkeiten, trotz aller technischen Neuerungen die wachsende Nachfrage durch die beiden Braustätten (Neuhauser Straße und „Fabrik") zu decken. Das gesottene Bier wurde in mehreren verschiedenen Kellern, die über die Stadt verteilt waren, eingelagert. Zusätzlich pachtete er weitere Brauereien hinzu und kaufte zum Teil sogar

Spaten-Brauerei, Marsstraße
Werbeplakat von Claus Bergen, 1911. Die Marsstraße verläuft im Hintergrund von links nach rechts oben, im Vordergrund ist die Karlstraße zu sehen. An deren Beginn wurde aus „PR-Gründen" rechts vorne der Arzbergerkeller „versetzt", der in Wirklichkeit eine Parallelstraße weiter rechts, also an der Nymphenburger Straße (und damit außerhalb des Bildes) lag. Der Schornstein ganz rechts am Bildrand gehört bereits zur Löwenbrauerei.

Franziskanerbrauerei, Hochstraße
Luftaufnahme, 1921.
Vom Bildrand unten verläuft die Hochstraße schräg nach links oben. Das Bild wird dominiert vom ausgedehnten Komplex der Franziskaner-Leist-Brauerei, der von dem Keller an der Hochstraße nach rechts bis zur Franziskanerstraße reicht. Links oben am Ende der Hochstraße dehnt sich nach rechts entlang der dort verlaufenden Rosenheimer Straße die Münchner-Kindl-Brauerei aus.
Direkt gegenüber ist die Eberlbrauerei zu sehen, an die rechts der Bürgerbräu anschließt. Ganz links oben im Bildhintergrund schließlich sieht man den Hofbräu.

fremdes Bier auf, um es als eigenes weiterzugeben. Dieser Druck führte schließlich zum Kauf des Silberbauerkellers an der Marsstraße mit angrenzenden, ausreichend großen Grundstücken. Dorthin wurde ab dem Jahre 1851 der gesamte Braubetrieb (nach Erwerb der Kaltenecker-Braugerechtsame 1848) verlagert und eine Großbrauerei im Fabrikstil errichtet, die sich in den folgenden Jahrzehnten immer weiter ausdehnte. Die Brauerei in der Neuhauser Straße wurde in der Folge geschlossen und zu Wohn- und Geschäftsräumen umgebaut.

Im Jahre 1867 gewann die Spatenbrauerei auf der Weltausstellung in Paris die Goldmedaille für ihr Bier, danach führte sie mehrere Jahrzehnte die Liste der Münchner Brauereien an. Gabriel Sedlmayr übergab die Spatenbrauerei 1874 an seine Söhne Johann, Karl und Anton, sein Bruder Josef die Franziskaner-Leist-Brauerei an seinen Sohn Gabriel Sedlmayr III. Im Jahre 1922 fusionierten die beiden mittlerweile als Aktiengesellschaften betriebenen Brauereien zur „Gabriel und Joseph Sedlmayr Spaten-Franziskaner-Leistbräu AG". Zwei Jahre später wurde der heute noch benutzte Werbespruch „Lass Dir raten, trinke Spaten" erfunden. Der bekannte Brauereihistoriker Fritz Sedlmayr war übrigens der Enkel von Gabriel Sedlmayr dem Jüngeren.

LÖWENBRÄU

Im Wettstreit der Großbrauereien wurden die Pschorrs und Sedlmayrs jedoch alle Mitte des 19. Jahrhunderts von Löwenbräu überrundet, der sich mit großem Abstand an die Spitze der Münchner Brauereien setzte. Im Jahre 1818 hatte der aus bäuerlichen Verhältnissen stammende Georg Brey (1784–1854), der zuvor beim Wagnerbräu in der Neuhauser Gasse gelernt hatte, die Löwenbrauerei gekauft.

Mit offenbar ebenbürtigem Geschick wie die zuvor Erwähnten führte auch er die traditionsreiche, aber relativ unrentable Brauerei zum wirtschaftlichen Erfolg. Die Löwenbrauerei entwickelte sich stetig weiter zur schließlich größten Brauerei ganz Münchens. Ähnlich wie beim Spatenbräu waren zuletzt die Produktions- und Lagerstätten der Brauerei über die ganze Stadt verteilt, als im Jahre 1826 weit vor den Toren der damaligen Stadt am Unterwiesenfeld, dem heutigen Stiglmaierplatz, zwei große Lagerkeller errichtet wurden.

Bereits im nächsten Jahr erwirkte er die Genehmigung einer zweiten Sudpfanne auf diesem Gelände und begann dort mit dem Braubetrieb. Nach zähem Ringen mit dem Magistrat sowie seinen Brauerkollegen konnte Brey 1844 die Braugerechtigkeit des Filserbräu erwerben und dadurch auf dem Gelände an der Nymphenburger Straße eine dritte Sudpfanne errichten. Bis zum Jahr 1851 wurde schließlich auch die Stamm-Braugerechtigkeit aus der Löwengrube transferiert, sodass der

Georg Brey (1784–1854)
Zeichnung unbekannter Herkunft, Spatenbrauerei.

Löwenbräukeller, Stiglmaierplatz
Fotografie von 1907.

gesamte Braubetrieb zusammengelegt und damit eine weitere eindrucksvolle Großbrauerei Münchens geschaffen wurde.

Bei Übernahme des Braubetriebes durch Georgs zweiten Sohn Ludwig Brey (1821–1897) – der erstgeborene Sohn wanderte erst nach Frankreich, dann nach Amerika aus und wurde dort Captain in der US Army – war der Umzug des gesamten Brauereibetriebs abgeschlossen. Durch die immer mehr ausgeweitete Produktion wurde die Brauerei im Sudjahr 1863/64 zur größten Münchner Braustätte mit einem Anteil von 25 Prozent am Gesamtausstoß. Das Brauereigelände wurde auf das Gebiet gegenüber (südlich der Nymphenburger Straße) erweitert und die Filserbraugerechtigkeit dorthin übertragen. 20 Jahre später wurde in unmittelbarer Nähe zur Brauerei der Löwenbräukeller eröffnet, ein weiterer Prachtbau unter den Bierpalästen Münchens. Die beiden Betriebsanlagen nördlich und südlich der Nymphenburger Straße wurden 1904 durch einen Tunnel verbunden. Als Anekdote ist dabei anzumerken, dass sich die Stadt München damals schon vertraglich zusichern ließ, dass im Falle eines künftigen U-Bahn-Baus die Kosten für die Tieferlegung derselben von der Brauerei zu tragen wären. 80 (!) Jahre später trat dieser Fall dann tatsächlich beim Bau der Linie U 1 ein.

Nachdem sich Ludwig Brey, der zuvor wieder hinter den Dauerkonkurrenten Spaten zurückgefallen war, aus der Betriebsleitung zurückgezogen hatte, schob sich die Löwenbrauerei nach Gründung einer AG wieder unaufhaltsam und nun dauerhaft an die Spitze der Münchner Brauereien. Der Rückfall von Spaten war dabei unter anderem auch durch das Testament Gabriel Sedlmayrs des Jüngeren bedingt, der eine Auszahlung von je einer Million Gulden als Abfindung für jede seiner fünf Töchter vorsah. Dieser Kapitalverlust scheint gravierende Auswirkungen vor allem auf die eigentlich notwendigen Investitionen der Brauerei gehabt zu haben.

Während wenige Brauereien somit immer größer wurden, zählten die kleinen Brauer, die an den alten Verhältnissen festzuhalten suchten, zu den Verlierern. Sie wurden im Wettstreit der Großbrauereien aufgerieben und mussten ihre häufig alteingesessenen Betriebe verkaufen. Diese wurden von den großen Brauereien dann entweder stillgelegt oder zu Lagerstätten bzw. Gasthäusern umfunktioniert, um die unliebsame Konkurrenz zu reduzieren.

Revolution auf Bairisch: Die Bierkrawalle

Im Volksempfinden hatte sich damals der Bierbrauer bereits fest als „Unperson" etabliert, die technikvernarrt und kaltherzig stets nur nach ihrer eigenen Gewinnmaximierung gierte. Der Bierpreis wurde daher mit Argusaugen beobachtet und immer als zu hoch empfunden; über ihn zu klagen wurde zur Lieblingsbeschäftigung für viele Münchner. Der typische „Biergärtner" hatte das Gefühl, während des Trinkens seiner Mass dem zunehmenden Reichtum der Brauer quasi zuzusehen. „Der Fremde [...] wohin er sich auch fragend wendet, [...] wird stets eine Klage über den hohen Preis des Bieres, und über unverhältnismäßigen Gewinn und daraus folgende unmäßige Bereicherung der Brauer auf Kosten des Publikums" stoßen, und zwar auch „in den höheren Schichten der Bevölkerung, in den Gesellschaften der gebildeten Stände" (Deuringer). Dieses Gefühl konnte letztlich mehr Menschen auf die Straße treiben als jede politische Forderung oder Ideologie. In einer Pariser Zeitung wurde das 1832 so beschrieben: „Die Bayern sind ein derbes, aber gutmütiges Volk, sie ließen eher Holz auf sich spalten, als dass sie zu einem Aufstand zu bringen wären. Doch man nehme oder verküm-

Der Bierkrawall 1848 und die Zerstörungen im Pschorrhaus

Bierkrawall 1848
Zeitungsabbildung vom 18. Oktober 1848 mit Zerstörung des Pschorrschen Bräuhauses. In der Bildmitte zu erkennen sind die teilnahmslosen Polizisten, über ihnen das aus dem Fenster gestürzte Piano der Familie Pschorr. Diese hatte sich in einem Winkel unterhalb der Treppe versteckt und musste um ihr Leben fürchten. Erst ein Trupp bewaffneter Landwehrmänner (links im Bild) konnte dem Treiben ein Ende setzen. Als Folge des Krawalles wurde über München der Ausnahmezustand ausgerufen und der Stadtkommandant seines Amtes enthoben.

mere ihnen ihr Bier, und sie werden wilder revolutionieren als irgendein Volk" (Behringer).

Drastisch wurde dies beim sogenannten Bierkrawall demonstriert. Während der Zeit des Biersatzregulativs wurde stets mit Beginn des Brauverbotes der von Seiten der Obrigkeit (also nicht von den Brauern) festgelegte Preis für das Sommerbier offiziell bekannt gegeben. Dieser war naturgemäß durch die beschriebene aufwändigere Herstellung höher als der für das Winterbier. Am 1. Mai 1844 führte die turnusgemäße Erhöhung des Bierpreises um zwei Pfennige, also von 6 auf 6½ Kreuzer (zu jener Zeit lag der Verdienst eines Tagelöhners bei etwa 40 Kreuzer pro Tag), zu einem Aufstand der biertrinkenden Masse. Im Maderbräu weigerten sich die dort sitzenden Soldaten, von ihrem kargen Sold den erhöhten Preis zu entrichten.

Alle Einwände und Erläuterungen der Bräuin nutzten nichts, sondern heizten im Gegenteil die Stimmung weiter auf. Ein Augenzeugenbericht beschrieb die nachfolgenden Ereignisse so: „Es verging keine Viertelstunde, so waren in genanntem Bräuhause alle Fenster zerschlagen, Türen und Türstöcke aus den Mauern gerissen und eine allgemeine Zerstörung aller Möbel in den Gastzimmern angerichtet". Einmal ausgebrochen, entlud sich der angestaute Volkszorn über die ganze Stadt, wodurch weitere 32 Brauereien praktisch komplett verwüstet wurden. Verschont wurden lediglich Eberl- und Menterbräu, die den Bierpreis nicht erhöht hatten. Erst nach mehreren Tagen konnte der Bürgeraufstand von Militär und Polizei beendet werden, wobei aber für die Befriedung eher die Rücknahme der Preiserhöhung durch die Brauer ausschlaggebend war.

Um sich die Dimension dieser Revolte klar zu machen, ist folgender Vergleich hilfreich: Während nach dem verlorenen Ersten Weltkrieg der 7. November 1918 mit der Revolution von Kurt Eisner, die immerhin das Ende der Monarchie bedeutete, in München ohne Verluste an Menschenleben geblieben war, starben beim Bierkrawall 1844 zwei Personen (ein Bürger und ein Soldat), 67 Personen wurden inhaftiert.

In den folgenden Jahren wurde von König Ludwig I. die Armee jeweils vor Beginn der Sommerperiode in erhöhte Alarmbereitschaft versetzt. Im Oktober 1844 setzte er den Bierpreis im königseigenen Hofbräuhaus sogar auf 5 Kreuzer herab, um „dem Militär und der arbeitenden Klasse einen gesunden und wohlfeilen Trunk zu bieten". Dies schützte ihn aber dennoch nicht vor den Unruhen im Jahre 1848, mit denen die wütenden Massen ihn – wenn auch aus anderen Gründen – zur Abdankung zwangen. Nach der Regierungsübernahme durch den Sohn Ludwigs, Maximilian II. (reg. 1848–1864), kehrte aber rasch wieder Ruhe im ansonsten sehr königstreuen München ein.

Allerdings kam es bereits im Oktober 1848 erneut zu Unruhen, da diesmal der Bierpreis wegen eines vorgeblichen Anstiegs der Rohstoffpreise erhöht wurde. Da das Militär offenkundig mit den Aufständischen sympathisierte, wurde neben anderen Stätten vor allem die Brauerei des führenden Brauers Pschorr in der Neuhauser Straße unter den Augen der Soldaten samt Privatwohnung von Grund auf vollkommen zerlegt. Pschorr bezifferte den Schaden auf 20.000 Gulden, was in etwa einer heutigen Kaufkraft von einer halben Million Euro entsprach. In der Folge verlor die Pschorrbrauerei ihren Spitzenplatz unter den Münchner Brauereien. Vermutlich kam der Regierung dieser erneute Krawall nicht ganz ungelegen, nahm er doch den Aufständischen etwas die Lust an einer politischen Revolution.

Auch die nächsten Jahrzehnte sahen immer wieder gewalttätige Ausschreitungen auf Grund von Bierpreissteigerungen, so zum Beispiel im Jahre 1865 nach Aufhebung des Biersatzregulativs (Bierschlacht auf dem Oktoberfest) sowie im Folgejahr, erneut mit Toten und Verletzten. Nachdem anschließend der Bierpreis volle zwei Jahrzehnte konstant geblieben war, führte dessen Erhöhung 1888 beim Märzenbock-Ausschank auf dem Nockherberg zu bürgerkriegsähnlichen Tumulten. Diese konnten erst durch den Einsatz eines Regiments der Schweren Reiter beendet werden, „welches von der blanken Waffe Gebrauch machen musste, worauf es endlich gelang, den riesigen Skandal zu beenden“ (Münchener Neueste Nachrichten vom 27. März 1888). Ein Ende des Aufstandes war jedoch wiederum nur durch die Rücknahme der Preiserhöhung zu bewirken.

Ein Resümee dieser letztlich schwer verständlichen, fast einhundertjährigen heftigsten Widerstände fasste 1905 ein Journalist zusammen (E. Stahleder): „Das Bier ist tatsächlich in München ein gesellschaftliches Element, dessen Bedeutung sich der Fremde schwerlich erklären kann. Wie es in München gebraut wird, und wie sich zu seinem Vorteil die Wasserverhältnisse, die klimatische Einwirkung auf den Gärungsprozess und vor allen Dingen auch die strengen behördlichen Vorschriften vereinigen, ist es auch hier nicht nur ein gesundes Genussmittel, sondern sogar ein Volksnahrungsmittel. [...] Man glaubt es als Fremder kaum, welch eine Rolle das Bier das ganze Jahr hindurch spielt“.

Auch in der jüngeren Vergangenheit konnte sich die bayerische Seele immer wieder entrüsten, wenn am heiligen Fundament des Biergenusses gerüttelt wurde. So geschehen etwa beim Protest gegen die Aufhebung des Reinheitsgebotes durch den Europäischen Gerichtshof 1987 (im Rahmen der Importfreiheit) oder gegen die Verkürzung der Öffnungszeiten des Biergartens der Großhesseloher Waldwirtschaft („Biergartenrevolution“).

In den Jahren nach den Bierkrawallen erlahmten die Proteste der Bevölkerung gegen den Bierpreis bzw. dessen Erhöhung, die Bürger waren offenbar mittlerweile abgestumpft. Das Ansehen der wenigen verbliebenen Bierbarone stieg in der Folgezeit wieder merklich. Der Enkel von Joseph Pschorr „durfte“ sogar das Denkmal für Kaiser Ludwig am gleichnamigen Platz stiften, was wiederum die jahrhundertelange enge Verbundenheit der Brauer mit der Wittelsbacher Herrscherdynastie bekundete. Die letzten relevanten Unruhen wegen des Bierpreises fanden 1910 statt, nachdem die Brauereien wiederum die erhöhten Kosten durch ein neues Malzaufschlagsgesetz auf die Kunden abgewälzt hatten.

Das Oktoberfest

Nicht ausdenken möchte man sich die Folgen, falls das frühere Münchner „Temperament“ heute noch bei der ritualisierten jährlichen Verkündung des neuen Oktoberfest-Bierpreises zum Ausbruch käme. Dieses bekanntlich „größte Volksfest der Welt“ wurde erstmalig am 17. Oktober 1810 gefeiert anlässlich der Hochzeit von Kronprinz Ludwig mit Therese Charlotte Louise von Sachsen-Hildburghausen, die fünf Tage zuvor stattgefunden hatte. Die Braut gab auch der Theresienwiese, auf der seither das Oktoberfest veranstaltet wird, ihren Namen. Diese Wiese lag damals vor den Toren der Stadt, wobei die Theresienhöhe eine Art natürliche Tribüne für die darunterliegende Wiese bildete. Sogenannte Oktoberfeste gab es zwar bereits davor, wobei aber damit der Verschleiß der jeweils letzten Fässer Sommer- oder Märzenbier zu Beginn der neuen Brausaison gemeint war – sofern noch welche übrig und genießbar waren. Im Oktober 1810 hingegen wurde zu Ehren des Hochzeitspaares ein Pferderennen abgehalten, was auf einen Vorschlag eines Unteroffiziers der Nationalgarde namens Franz Baumgartner zurückging. Dieser hatte die Idee, an das frühere Scharlachrennen (von 1780 bis 1786 auf der Jacobi-Dult abgehalten) anzuknüpfen. Die Organisation und Aus-

Pferderennen Theresienwiese, Oktober 1810
Postkarte, undatiert. Die damals noch namenlose Wiese weit vor der – im Hintergrund zu erkennenden – Stadt wurde später nach Therese, der Braut des Kronprinzen, benannt.

Oktoberfest mit Augustiner-Bierbude
Fotografie, um 1894. Im Vordergrund Festgespann, Bedienungen und Kapelle.

richtung des Rennens im Stile der Olympischen Spiele, was der Antiken-Begeisterung des Kronprinzen zu verdanken war, wurde schließlich von seinem Vorgesetzten, Major Andreas Dall'Armi, einem Kegelbruder des Königs Maximilian I., ausgeführt.

Auf Grund des großen Zuspruchs der Bevölkerung wurde dieses Fest in der Folge jährlich zur gleichen Zeit wiederholt. Wegen der napoleonischen Kriege wurde es 1813 unterbrochen, danach aber wuchs es von Jahr zu Jahr. Anfänglich war das Oktoberfest ausschließlich ein Pferderennen, bei dem übrigens häufig der Lohnkutscher Xaver Krenkl gewann. Dieser wurde durch seinen Ausspruch „wer ko, der ko" berühmt, als er verbotenerweise die Kutsche König Ludwigs I. im Englischen Garten überholte. Erst ab 1817 änderte sich der Charakter des Festes langsam. Hinzu kamen nun Kegelbahnen und Schaukeln, 1818 das erste Karussell sowie die ersten Bretterbuden von Münchner Wirten. Ab dem folgenden Jahr übernahmen die Stadtväter Münchens die Organisation, und nur in besonderen Krisenzeiten fiel das Fest aus (z.B. während der zwei Choleraepidemien 1854 und 1873, der Hyperinflation 1923, zu Zeiten der beiden Weltkriege sowie zuletzt während der Coronapandemie 2020–21).

Seit 1850 wird die Wiesn gekrönt von der Monumentalstatue der Bavaria, die damals als technische Meisterleistung von Ferdinand von Miller nach einem Entwurf von Ludwig Schwanthaler geschaffen wurde. Drei Jahre später wurde hinter der Statue die Ruhmeshalle erbaut, in der auch das herausragende unternehmerische Engagement von Joseph Pschorr als einzigem Brauer durch die Aufstellung seiner Büste gewürdigt wurde. Derselbe ist übrigens auch auf dem im Sitzungssaal des Neuen Rathauses aufgehängten monumentalen Wandgemälde von Carl Theodor von Piloty in Brauerkluft abgebildet.

Wenn Frauen brauen

Clara Gräfin, Maria Anna Wöckerin, Theresia Restin, Catharina Reizin, Annastasia Zinsmaisterin, Maria Anna Grandauerin, Clara Kefferlocherin, Ursula Hackherin – das sind nur einige der Namen von Münchner Bräuinnen, die sich in den Sudlisten des ausgehenden 18. Jahrhunderts finden. Und zwar immer auf den hintersten Plätzen, denn zuerst werden die männlichen Prewen aufgelistet. Dabei gibt es Jahre in der Münchner Braugeschichte, in denen mehr als 20 Prozent der Brauereien von Frauen geleitet werden, und das nicht nur vorübergehend.

Um die Akzeptanz der Frauen im Braugewerbe war es zu dieser Zeit jedoch ganz offensichtlich nicht zum Besten bestellt. Die Versuchung ist groß, dies als Fortführung des immer noch hartnäckig kolportierten und die aktuellen historischen Forschungsergebnisse weitgehend ignorierenden Bildes der „Frau im Mittelalter" zu betrachten: Die unmündige, unselbständige, sich nur über die gesellschaftliche Stellung des Mannes definierende Frau, die keinen Besitz ihr Eigen nennen, kein Gewerbe ausüben und kein öffentliches Amt bekleiden durfte, sondern sich um Haushalt und Kinder zu kümmern hatte. Ein Bild, das sich vor allem im historisierenden Rückblick der Romantik auf das Mittelalter verfestigt hat.

„Das Mittelalter" ist ein gewaltiger Zeit- und Themenkomplex, daher hat sich hierzulande die Unterteilung in Früh-, Hoch- und Spätmittelalter durchgesetzt, um die 1000jährige Zeitspanne von der ausgehenden Antike bis zur Neuzeit (1500) grob zu gliedern. Angesichts des immensen Zeitraums ist klar, dass es „die Frau im Mittelalter" gar nicht geben konnte, sondern dass die Stellung einer Frau je nach den zeitlichen Umständen, der sozialen oder regionalen Herkunft sehr stark variierte.

Aus kirchlicher Sicht prägte der Teil der Schöpfungsgeschichte, in dem Gott die Frau aus der Rippe des Mannes formt, das Bild der Frau im Mittelalter, das schließlich im 13. Jahrhundert in Verbindung mit der Interpretation des Sündenfalls in dem Grundsatz der Kirchengelehrten „vir caput est mulieris" gipfelte: Der Mann ist das Oberhaupt der Frau, die, als defizitäre Form des Mannes begriffen, dessen Anleitung bedarf.

Die Geschlechterhierarchie bestimmte tatsächlich maßgeblich die rechtliche Stellung der Frauen im Laufe des Mittelalters. Diese war zunächst durch die „Munt" definiert, also die Vormundschaft der nicht wehr- und damit nicht rechtsfähigen Frau durch männliche Familienmitglieder. Nach der Sesshaftwerdung der Sippen und Stämme im Anschluss an die Völkerwanderung spiegelte sich der Wandel der sozialen Strukturen in der sukzessiven Rücknahme der Geschlechtsvormundschaft, der Erbfähigkeit der Frauen und in ihrem Recht auf eigenen Besitz wider.

Die wachsende Eigenständigkeit der Frauen fand jedoch zumeist nur im sozialen und lebenspraktischen Zusammenhang statt, vor Gericht änderte sich in der Regel nichts: Frauen mussten sich nach wie vor durch männliche Familienangehörige vertreten lassen. Selbstbewusstes und vor allem selbstbestimmtes Auftreten blieb in erster Linie abhängig vom sozialen Stand der Frau. Insofern hatten zum Beispiel Witwen andere Möglichkeiten als verheiratete Frauen, sich über die Geschlechtsvormundschaft hinwegzusetzen und bei Besitz- und Erbstreitigkeiten ihre Rechte – auch vor Gericht – einzufordern.

Das zunehmende Selbstbewusstsein der Frauen war ein Phänomen, das sich auch in den Stadtgesellschaften des Hochmittelalters und bis in die Neuzeit hinein zeigte. Frauen und Männer hatten gemeinsam die Herrschaft über den Haushalt, in der sozialen Praxis teilten sie sich die Aufgabenbereiche und Leitungsfunktionen. Die Männer übernahmen die körperlich anstrengenden Arbeiten in der handwerklichen Produktion, die Frauen waren neben Gartenbau und Kleinviehhaltung als Managerinnen des Haushalts für die Führung des Personals, Bildung und Erziehung der Kinder, Finanzen, Einkauf von Lebensmitteln und Rohstoffen, Verkauf und Vertrieb von Produkten etc. zuständig. Die Herrschaft der Hausfrau und ihre Kompetenz im Managen ihrer Aufgaben im gemeinsamen Haushalt waren sozial angesehen und anerkannt und wurden nicht als Derivat der Herrschaft des Mannes wahrgenommen. Starb der Mann, führte die Witwe mit der Hilfe des Personals den Haushalt und die Werkstatt oft allein weiter, wohingegen bei den verwitweten Männern eine größere Notwendigkeit bestand, wieder zu heiraten, weil zumeist keine Magd in der Lage war, die vielfältigen Aufgaben und Verantwortlichkeiten der Hausfrau zu übernehmen.

Im Widerspruch zu dieser praktischen Machtstellung der Frauen und ihrer Verantwortung im Haushalt stand allerdings auch in den Stadtgesellschaften ihre tatsächliche rechtliche Stellung, die immer noch vom römischen Recht der „patria potestas" bestimmt wurde, also der Herrschaft des Hausherrn über alle Haushaltsmitglieder, also auch über die Hausfrau. Die Gesellschaft der Vormoderne veränderte sich erst durch die Aufklärung. Waren vorher Geschlechtscharakter und Arbeitsteilung wesentlich ständisch bedingt und aufgrund sozialer Praktiken definiert, etablierte sich mit Rousseau & Co. die Vorstellung, Männer und Frauen seien per se zwei unterschiedliche Arten Mensch, wobei es Frauen „von Natur aus gegeben sei", sich mütterlich zu sorgen, zärtlich, empfindsam und liebevoll um die Kinder zu kümmern, ohne die nötige Härte, sich in der Welt der Politik und beginnenden Industrialisierung zu behaupten. Mit der Französischen Revolution und der ihr folgenden Zeit verfestigte sich dieser kulturelle Wandel zu einem rechtlichen Ausschluss der Frauen aus der Sphäre des neuen „Staates", über den allein sich Herrschaft definierte und der männlich konzeptualisiert war.

Betrachten wir vor diesem Hintergrund die Stellung der Bräuinnen im Münchner Braugewerbe, ist allein die Tatsache, dass sie im 18. Jahrhundert mit ihren männlichen Kollegen in den Sudlisten auftauchen, als ein Zeichen der Emanzipation der Frauen von der in gesellschaftlichen und rechtlichen Normen weiterhin verankerten Geschlechtsvormundschaft zu sehen. Überhaupt zeigte die damalige Rechtspraxis, dass Frauen vor allem in Eigentumsfragen immer häufiger in Erscheinung traten und im zivil- und strafrechtlichen Rahmen um Erbe, Nutzungsrechte, Schulden und Bürgschaften oder Diebstahl und Unterschlagung von Eigentum ihr Recht erstritten.

In diesem Zusammenhang ist auffällig, dass der „klassische" Erbweg des Brauhandwerks vom Vater auf den Sohn, dann auf dessen Sohn usw. im Münchner Braugewerbe eher die Ausnahme als die Regel war. Die Vererbung der Brauereien erfolgte tatsächlich zum größten Teil über die weibliche Linie, sodass man in den Grundbüchern oft über mehrere Generationen hinweg die Witwen und Töchter als Alleineigentümerinnen der Grundstücke und Betriebe findet. Der Fuchsbräu in der Theatinerstraße zum Beispiel wurde zunächst über drei Generationen patrilinear vererbt, anschließend ausschließlich über die Witwen und Töchter (nur einmal noch über einen Sohn), und so blieb die Brauerei über insgesamt 217 Jahre und 13 verschiedene Brauer immer in Familienbesitz.

Der Grund hierfür lag auch im Monopol-Charakter des Münchner Braugewerbes, denn es war ein geschlossenes Gewerbe, die Anzahl der zugelassenen Braubetriebe darin war seit dem Hochmittelalter strikt beschränkt. Das hieß in der Praxis, dass der Sohn, der auch das Brauerhandwerk erlernte, seinen Berufsabschluss in der Regel zu Lebzeiten der Eltern erlangte, die zu diesem Zeitpunkt die Brauerei noch leiteten. Wollte der Sohn auf das Erbe warten, konnte er einstweilen nur als Bräuknecht im elterlichen Betrieb zur Hand gehen. Um jedoch in den Besitz einer eigenen Braustätte zu gelangen, musste der junge Brauer in einen anderen Betrieb einheiraten, sei es die Brauers-Witwe oder -Tochter, um damit in den Stand eines Mitverwalters der Brauerei zu kommen und die Berechtigung zum Führen des Titels „Prew“ zu erlangen. Die Residenzstadt München war für ehrgeizige Aufsteiger auch von außerhalb stets ein attraktives Pflaster, sodass das Münchner Braugewerbe vom Zuzug der Brauer vom Land, die in der Stadt ihr Glück suchten, profitierte.

Doch nicht eben selten führten die Witwen den Betrieb nach dem Tod ihres Mannes weiter und verheirateten sich nicht noch einmal neu. Zunächst waren das Ausnahmeerscheinungen, wie zum Beispiel Margareta Egkin, die 1491 bei den Lehensverleihungen als „prewin“ geführt wurde. Im frühen 17. Jahrhundert verlor Elisabeth Lerchl ihren Mann Sebastian und ihren ältesten Sohn Joachim an die in München während des Dreißigjährigen Krieges grassierende Pest. Nur auf „inständiges Flehen“ bei Herzog Maximilian I. durfte sie mit seiner Erlaubnis die Brauerei weiterführen. Kurz zuvor musste die verwitwete Barbara Sternegger für sich und ihre Tochter Regina gegen den Widerstand der männlichen Kollegen in einem Musterprozess das Braurecht erst erstreiten und wurde von Maximilian I. damit belehnt. Auf diesem Präzedenzfall beruht vermutlich § 62 der Brauordnung von 1660, nach dem eine Witwe, wenn ein männlicher Erbe vorhanden war, für diesen das Lehen erwerben und einstweilig ausüben durfte. Dann war ihr eine Wiederverheiratung verboten, außer für den Sohn fände sich eine andere Stelle.

Diese Rechtsprechung ist sicher auch als Resultat des Dreißigjährigen Krieges und der zeitgleich in München wütenden Pestepidemie zu betrachten, die 30% der Stadtbevölkerung das Leben kostete. Den Brauerswitwen, die ihre Männer an den Krieg oder an die Pest verloren hatten, war es nach damaliger Rechtslage nicht gestattet, die Betriebe in Eigenregie zu übernehmen. Sie mussten sich wieder verheiraten und schlossen Zweckehen mit den Bräuknechten, damit der Betrieb weitergeführt werden konnte. Hatte eine Witwe keinen Bräuknecht in ihrem Betrieb, bekam sie von ihren Kolleginnen einen, den diese entbehren konnten: ein aus der Not geborener „Heiratsmarkt“.

1720 heiratete die verwitwete Brauereibesitzerin Maria Theresia Sedlmayr den zuvor bei den Karmelitern als Bräumeister angestellten Franz Gege. Nachdem sie 1735 zum zweiten Mal Witwe geworden war, führte sie die Brauerei über 20 Jahre allein weiter, bevor sie diese an ihren Sohn Josef Karl übergab. Selbstbewusst zeichnete und siegelte sie als „Maria Theresia Gegin, Verwittibte Burgerin und Pier-Preuin in der löwen gruben“. Die geschäftstüchtige Bräuin gilt auch als die Erfinderin des Markennamens „Löwenbräu“, der sich fortan auch in den Sudverzeichnissen fand.

Ungefähr 100 Jahre später machte sich ein junges, ambitioniertes Brauerehepaar aus Freising auf den Weg nach München, um dort die Augustiner-Brauerei zum

Erfolg zu führen: Therese und Anton Wagner. Nur wenige Jahre nach der Ankunft in München starb Anton 1844 an Tuberkulose, und Therese stand mit einer großen Brauerei, der Schankwirtschaft und fünf Kindern allein da. Auch sie erwirkte eine Sondergenehmigung beim Magistrat der Stadt, die Brauerei allein weiterzuführen, bis der älteste Sohn Joseph so weit war, den Betrieb zu übernehmen. Sie stand bis zu ihrem Tod an der Spitze der Augustinerbrauerei und bereitete den Weg für den industriellen Großbetrieb an der Landsberger Straße.

Therese Wagner (1797 - 1858)
Ölgemälde, undatiert.

Um 1770 wurden über 20 Prozent der Münchner Brauereien von Frauen geleitet. Die schwere körperliche Arbeit in den noch vorindustriellen Betrieben übernahmen dabei die angestellten Bräuknechte. Mit dem Einzug der Industrialisierung in das Münchner Braugewerbe und mit den die Geschlechterrollen festlegenden Ideen der Aufklärung endete vorerst die Ära der Münchner Bräuinnen. Das hat sich in der Zwischenzeit wieder geändert, denn immer mehr Frauen machen eine Ausbildung zur Braumeisterin, und auch in der sich in den letzten Jahrzehnten auch in München, Bayern und international etablierenden Craftbier-Szene sind immer mehr Bräuinnen vertreten.

Innovationen und Aktiengesellschaften

Nach der Aufhebung des Biersatzregulativs, 1865 zunächst „versuchsweise", 1868 dann dauerhaft, setzte sich der Konzentrationsprozess innerhalb eines freien Marktes immer weiter fort und es entstanden industriell arbeitende Braubetriebe. Eine Brauerei zählte zu dieser Zeit zu den kapitalintensivsten Gewerben überhaupt: Lag der Kaufpreis einer durchschnittlichen Brauerei im Jahre 1825 noch bei 40.000 Gulden, so wurden um 1880 bereits Preise von über einer Million bezahlt. Die Verlockung des großen Geldes führte Ende des 19. Jahrhunderts zu einem regelrechten „run" auf das Braugewerbe. Durch die immer stärker steigende Bevölkerungszahl (von 1800 bis 1900 hatte sich die Einwohnerzahl auf eine halbe Million verzehnfacht) schien eine Brauereigründung eine „gmahte Wiesn". In Folge einer Reihe von Missernten und dadurch stark steigender Malzpreise sowie durch die zunehmende Konkurrenz gingen jedoch viele der Neugründungen dieses aufgeheizten „Neuen Marktes" in den weiteren Jahren wieder bankrott. In den 1880er Jahren brauten etwa 40 Brauereien gleichzeitig, nach 25 Jahren hatte sich diese Zahl wieder auf die Hälfte reduziert.

Diese Entwicklungsphase des Brauwesens ist gekennzeichnet durch wesentliche technische Innovationen wie zum Beispiel die Einführung des Thermometers und Saccharometers, das Gabriel Sedlmayr der Jüngere aus England mitbrachte,

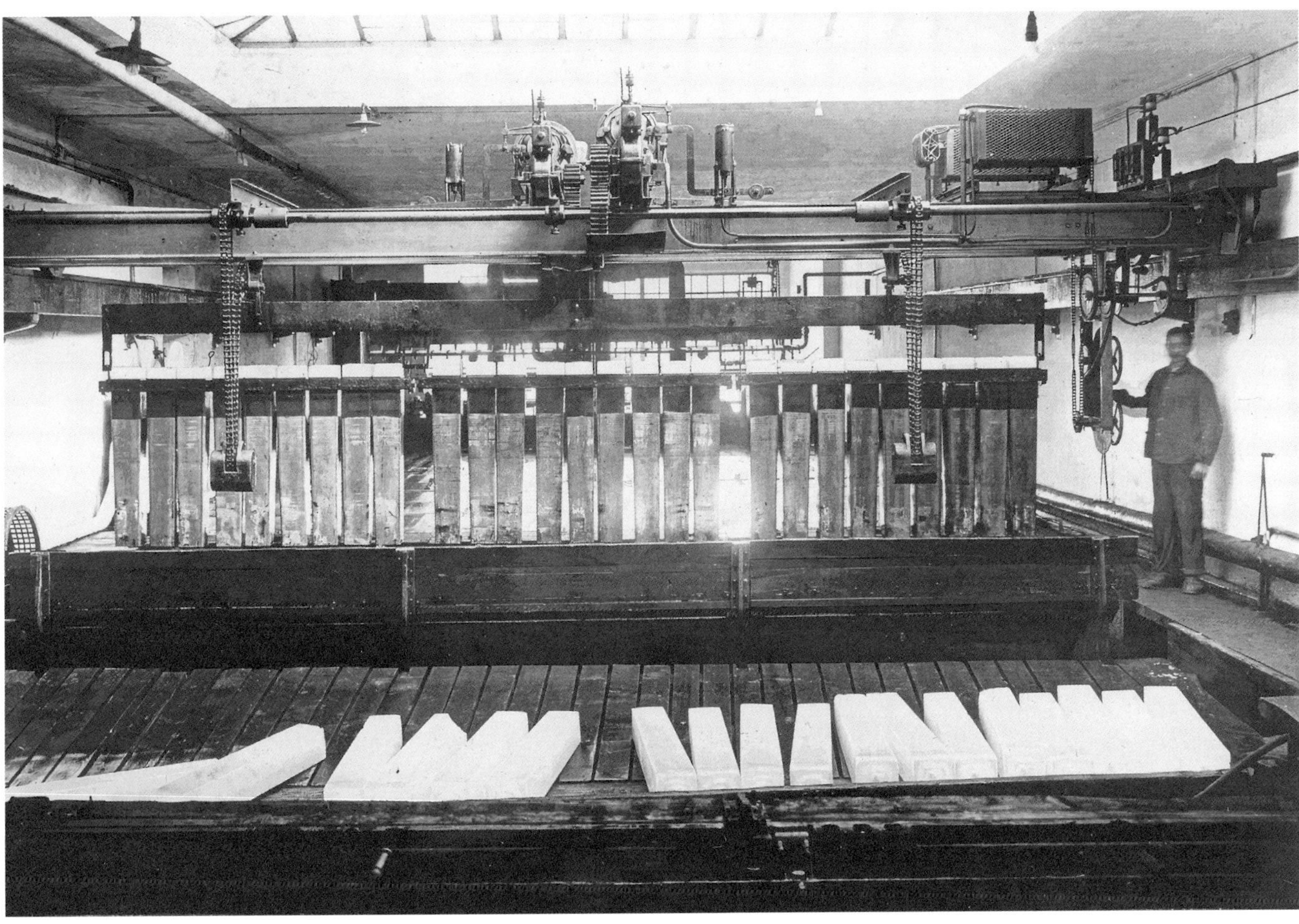

Stangeneisproduktion, vmtl. Spatenbrauerei
Fotografie, um 1900.

oder die schon erwähnte Umstellung der Brauereien auf Dampfbetrieb. Als ein Beispiel für die Erleichterung der Arbeit in den Brauereien sei die Erfindung der mechanischen Darrwender genannt, die das sogenannte „Darrabräumen“, das heißt das Umwenden des Malzes von Hand auf den heißen Böden der Darre, ablöste.

Bis dahin musste diese fürchterliche Arbeit von den Bräuknechten erledigt werden, was von Zeitzeugen sehr eindrucksvoll beschrieben wurde: „[...] dafür aber ist es so heiß, dass beim Abdarren Nase, Ohren und Fingerspitzen brennen. [...] Da die Verwendung der im allgemeinen üblichen hohen Schlappschuhe – hohe Stiefel sind zunftwidrig – beim Abräumen des Darrmalzes hinderlich sind, laufen die Mälzer auf den bloßen Socken, und da das Darrblech noch keineswegs hinreichend gekühlt ist, wird der Gang der Leute automatisch in rascherem Tempo erledigt, als es den persönlichen Intentionen entspricht“ (Wild).

Das Jahr 1873 sah dann zwei wirklich herausragende Meilensteine in der Entwicklung des Bierbrauens. Von Carl von Linde wurde im Auftrag der Spatenbrauerei die Kältemaschine entwickelt. Wenngleich die erste aufgestellte Maschine, die noch mit Methylether arbeitete, bereits nach wenigen Wochen explodierte, so erwiesen sich die Nachfolgemodelle auf Ammoniakbasis als verlässliche technische Investitionen. Danach konnte das Brauen endlich jahreszeitenunabhängig das ganze Jahr über betrieben werden. Noch im selben Jahr entdeckte Louis Pasteur die Bierhefepilze (Saccharomyces cerevisiae) bzw. deren falsche Zusammensetzung als Ursache für das Sauerwerden des Biers. Unter seiner Leitung wurde bei Paris ein „Revanchebier“ (als Reaktion auf den Verlust von Elsass-Lothringen so genannt) gebraut, welches die deutsche Brauwirtschaft in ihre Schranken weisen sollte. Allerdings wollten nicht einmal die Brauer dieses Bieres, das angeblich alle „falschen“ Hefearten unterdrücken würde, dasselbe trinken. Sah sich Pasteur also zunächst noch Hohn und Spott ausgesetzt, wurde zehn Jahre später durch Emil Christian Hansen die Reinhefe entwickelt, welche das bis dahin bestehende, unwägbare „Gärungsabenteuer“ zum kalkulierbaren Industrieprozess machte. Mit der Entwicklung der Eisenbahn konnte das Bier über das zunehmend expandierende Schienennetz in speziellen Kühlwaggons in alle Welt exportiert werden, so beispielsweise zur Weltausstellung nach Paris im Jahre 1900. Mit der Gründung des Deutschen Reiches 1871 hatten die „Milliardenjahre“ begonnen, die auch zu einem deutlichen Aufschwung des Bürgertums führten. Im gleichen Zuge entwickelte sich eine neue Trinkkultur, der öffentliche Genuss von Alkohol war nicht mehr geächtet und vor allem die Burschenschaften sahen das Zechen als geradezu identitätsstiftend an. Das Bier wurde salonfähig. Heute liegt Bayern mit einem Konsum von jährlich geschätzt 125 Litern Bier pro Kopf deutschlandweit an der Spitze, im Ländervergleich fällt es aber weit gegenüber Tschechien zurück. Für München ist dagegen Anfang des 19. Jahrhunderts ein Pro-Kopf-Verbrauch von sage und schreibe 800 Litern dokumentiert (Schäder), bezogen auf alle Einwohner vom Säugling bis zur Greisin. Bis zur Reichsgründung war dieser zwar bereits deutlich zurückgegangen, lag aber immer noch konstant bei über 500 Litern. Und dabei entsprach der Alkoholgehalt durchaus dem der heutigen Biere. Dieser unglaubliche „Durst“ war eine Münchner Eigenart: Der Pro-Kopf-Verbrauch im gesamten Königreich Bayern lag bei etwa 200 Litern, im Deutschen Reich gar bei nur 100 Litern. Das Münchner Gesundheitsamt sah sich 1876 daher veranlasst, stillenden Müttern vom Konsum der üblichen drei bis vier Liter „Kraftnahrung“ täglich abzuraten mit dem Hinweis, ein Liter sei genug. Erst mit Beginn der Abs-

Münchner-Kindl-Keller
Fotografie, um 1900.

tinenzbewegung um die Jahrhundertwende nahm der Verbrauch dann kontinuierlich bis in die 1920er Jahre auf das durchschnittliche bayerische Niveau ab. Für die Brauereien kam zu diesem reduzierten lokalen Bedarf zunehmend aber der Exportmarkt hinzu, der 1880 bereits 25 Prozent der Gesamtproduktion ausmachte. Dieser Anteil stieg bis 1909 auf 53 Prozent an. Vor allem die Löwenbrauerei hatte stark in die Absatzmärkte im In- und Ausland investiert.

Ab 1871: Eine Gründerzeit der Brauereien

Durch den stetig gestiegenen Kapitalbedarf wandelten sich nach und nach alle größeren Brauereien in Aktiengesellschaften um, beginnend mit der Löwenbrauerei 1872. Mit den Aktiengesellschaften und dem dadurch bereitgestellten Kapital für die notwendigen Investitionen begann für die Brauereien erst wirklich die Zeit der Industrialisierung. Im Jahre 1880 waren in Deutschland 25 Prozent aller bestehenden Aktiengesellschaften Brauereien, in Bayern hingegen waren es 42 Prozent. Darunter gab es allerdings auch zum Teil Gründungen wie die „Münchner-Kindl-Aktiengesellschaft", die bereits nach 25 Jahren wieder verschwunden war. Sie wurde von einem rein spekulativen Konsortium im Jahre 1880 gegründet mit der Braugerechtigkeit der alten Singlspielerbrauerei; die zudem aufgekaufte Metzgerbrauerei im Tal diente als Schanklokal für das gebraute Bier.

Die Münchner-Kindl-Brauerei hatte schon zuvor einen Keller am Gasteig erworben und mehrere Grundstücke dort hinzugekauft. Diese wurden zu einem einzigen Grundstück an der Rosenheimer Straße vereinigt, um dort den größten Bierpalast Münchens zu errichten – den Münchner-Kindl-Keller. In der Folgezeit wurde dieser Keller mehrfach umgebaut und unter Zukauf weiterer angrenzender Keller erweitert, wodurch hier zu Beginn des 20. Jahrhunderts der größte Saal in ganz Deutsch-

Paulaner Bräuhaus, ehemalige Thomasbrauerei am Kapuzinerplatz
Foto, 2024.

land entstand. Trotz dieser positiven Entwicklung fielen die Aktien jedoch plötzlich drastisch, sodass die Unionsbrauerei 1905 die Münchner-Kindl-Brauerei übernehmen konnte (die Aktien wurden im Verhältnis 10:1 umgetauscht). Nach weiteren Fusionen wurde der Münchner-Kindl-Keller schließlich im Jahre 1923 komplett geschlossen.

Als Beispiel für eine erfolgreiche Neugründung dieser Jahre lässt sich die Brauerei zum Thomasbräu anführen. Sie wurde im Jahre 1881 von Josef Hubinger am Kapuzinerplatz gegründet, da diese Gegend in Folge der Stadterweiterung um den vergrößerten Südfriedhof für Investoren interessant geworden war. Acht Jahre später wurde die Brauerei von den Gebrüdern Ludwig und Eugen Thomass gekauft, von denen Letzterer sein Handwerk in Pilsen erlernt hatte. Um eine vermeintliche Tradition mit Klosterbrauereien nahezulegen, wurde der Brauereiname nach dem heiligen Thomas nur mit einfachem s geschrieben.

Das Bier der Thomasbrauerei kam bei der Bevölkerung so gut an, dass diese immer weiter expandierte und schließlich bis zur Maistraße reichte. 1923 schloss sich die Thomasbrauerei zu einer Interessensgemeinschaft mit der Paulanerbrauerei zusammen, fünf Jahre später erfolgte die vollständige Fusion. Heute wird im Stammhaus am Kapuzinerplatz wieder ein eigenes, naturtrübes Bier gebraut und verköstigt.

DAS MÜNCHNER HELLE

Bis zur Mitte des 19. Jahrhunderts gab es in München neben Weiß- und Bockbier, die beide Monopol des Hofbräus waren, sowie den nur im Frühjahr gebrauten Starkbieren im Wesentlichen nur zwei Biersorten: das weniger stark gesottene Winter- sowie das länger haltbare Sommerbier mit höherem Stammwürzegehalt. Nach Wegfall des Sommersudverbotes setzte sich bis 1888 das ganzjährige Brauen von Sommerbier durch, später wurde auch das leichtere Winterbier das ganze Jahr über hergestellt. Am 20. Juni 1895 kam nun zusätzlich eine neue Biersorte auf den Markt: das „helle" Bier. Dieses wurde von der Spatenbrauerei hergestellt, die es bereits ein Jahr zuvor erstmalig „nach Pilsener Art" für den Export nach Norddeutschland gebraut hatte, um sich dort der Konkurrenz durch die Pilsener Brauereien zu erwehren. Nur elf Tage später wurde auch von der Thomasbrauerei ein helles Bier in München verkauft, die somit parallel zu Spatenbräu mit der Entwicklung dieses Biertyps begonnen haben musste. Eugen Thomass hatte mehrere Jahre in Pilsen als Braumeister gearbeitet und dort die entsprechende Brauweise erlernt (wobei kurioserweise die Pilsener Brauart erst ab etwa 1840 durch den Vilshofener Braumeister

Josef Groll entwickelt wurde, der in Pilsen gezielt zur Verbesserung der dort schlechten Bierqualität angeworben worden war).

Jedoch kann das häufig als Geburtstag des Münchner Hellen angegebene Datum vom Juni 1895 so nicht bestätigt werden. Denn bereits im Jahre 1829 waren laut einer Umfrage über die Bierfarbe der damals 51 Brauereien in der Zeitschrift

„Wöchentlicher Anzeiger für Biertrinker" 28 Biere als weingelb und nur 23 als braun beschrieben worden. Laut Aussagen von Carl Sedlmayr (Spatenbräu) selbst, dem vermeintlichen Erfinder des Hellen, blieb diese Situation auch noch bis in die 1840er Jahre bestehen. Erst danach setzte sich das Dunkle als das typische Münchner Bier durch.

Als erstes wiedereingeführtes helles Bier muss außerdem das „Märzenbier" (dieser Name wurde vor Ende des Sommersudverbotes als Synonym für das Sommerbier verwendet) der Franziskaner-Leist-Brauerei angesehen werden. Dieses wurde bereits 1871 vom Sohn Josef Sedlmayrs „nach Wiener Art" (das heißt mit etwas höherem Stammwürzegehalt) gebraut. Als der Brauerei während des Oktoberfestes ein Jahr später frühzeitig das Sommerbier ausging, wurde anstelle des üblichen Winterbiers erstmals das Märzenbier ausgeschenkt. Dieses etablierte sich trotz des höheren Preises in den Folgejahren auch bei den anderen Brauereien als ausschließliches Wiesn-Bier. Der Spatenzelt-Festwirt Michael Schottenhamel quittierte dies mit dem Satz: „Wann d'Münchner was richtigs kriag'n, na schaug'n sie's Geld net an."

1911 drohte – ähnlich wie Jahre zuvor beim Streit um den Namen Salvator – eine Auseinandersetzung zwischen dem Verein Münchener Brauereien und der Thomasbrauerei, da diese bei ihrem Hellen den Zusatz „Urtyp" als Verweis auf eine vermeintliche Urheberschaft an der neuen Biersorte führte. Ein langwieriger und teurer Rechtsstreit wurde hier aber durch die freiwillige Rücknahme des Zusatzes vermieden. Der Verein Münchener Brauereien war 1871 als Interessensgemeinschaft einzelner Brauereien entstanden und versuchte vordringlich, die Marke „Münchener Bier" national und international vor Missbrauch zu schützen.

Gegen anfängliche Widerstände sowohl der Wirte (die zunächst Probleme darin sahen, zwei verschiedene Biersorten gleichzeitig vorrätig und damit kühl halten zu müssen), als auch der Brauereien (diese sahen durch die neue Sorte den guten Marken-Ruf des dunklen Münchner Bieres in Gefahr) setzte sich das helle Bier langfristig in München durch, wobei aber zunächst das Dunkle weiterhin in der Beliebtheit führte. Erst nach dem Zweiten Weltkrieg begann das Helle seinen Siegeszug und wurde schließlich „das" Münchner Bier. Die Namen Sommer- und Winterbier wurden noch bis zum Ersten Weltkrieg weiter benutzt. Während des Kriegs wurden dann – bedingt durch den zunehmenden Mangel an Braugerste – zwei neue Bezeichnungen für das immer dünner eingesottene Bier verwendet, nämlich Kriegs- und Lager-

Wirtshaus in der Au,
ehemalige Wagnerbrauerei, Lilienstraße
Der Bierausschank fand in dieser eigens errichteten Gaststätte statt.

bier. Das Kriegsbier hatte einen höheren Stammwürzegehalt und war ausschließlich für die Feldtruppen bestimmt. Nach Kriegsende wurde das Kriegs- zum Exportbier (somit dem Nachfolger des früheren Sommerbieres) und das Lager- zum Vollbier umbenannt (entsprechend dem vormaligen Winterbier). Beide Biersorten wurden jeweils als dunkles und als helles Bier gebraut, sodass diese vier Grundsorten etwa 90 Prozent der gesamten Bierproduktion in München ausmachten. Alle übrigen Biere wie Weiß-, Bock- und Starkbiere, die erst nach dem Krieg wieder produziert wurden, liefen nun unter der Bezeichnung „Spezialbiere". Darunter fielen auch die zunehmend produzierten alkoholärmeren Biere wie Nähr- und Heilbier.

Auch die Neugründung der Brauerei zum Wagnerbräu in der Au zählte zu den Erfolgsgeschichten der Gründerzeit. Der ehemalige Bräumeister des säkularisierten Heiliggeistspitals, Schmucker, kaufte Teile eines Gebäudekomplexes in der Lilienstraße 24/25 und gründete dort die kurzlebige Schmuckerbrauerei. Nach seinem Tode 1852 wurde der Braubetrieb zunächst wieder eingestellt, die Gebäude wurden im Jahre 1862 von Johann Wagner gekauft. Sein Sohn Hans nahm 1901 das Brauen wieder auf, der Ausschank erfolgte in der gegenüber neu errichteten Gaststätte. Die Brauerei zählte damals rasch zu den soliden Privatbrauereien (wie Augustinerbräu und die Schneiderbrauerei), berühmt war sie vor allem für ihr Starkbier Patentator. Hans Wagner war unter anderem Förderer von Karl Valentin, der gleich um die Ecke geboren wurde. Die Brauerei wurde erst 1937 aufgelassen (fünf Jahre nach dem Tod von Kommerzienrat Wagner), heute wird zumindest die Tradition der Gaststätte vom „Wirtshaus in der Au" fortgeführt.

Um die Jahrhundertwende führten die Brauereien unangefochten die Spitze der Münchner Wirtschaftsunternehmen an. Sie waren die Gesellschaften mit der größten Anzahl an Beschäftigten und dem höchsten Umsatz aller Betriebe. In dieser Zeit stieg die Zahl der Aktienbrauereien auf über 40 an. Sie ging dann jedoch bereits vor dem Ersten Weltkrieg wieder auf neun zurück. Denn neue Wirtschaftszweige lösten die Brauereien in ihrer Führungsrolle ab, und unter den zehn Branchen mit der größten Zahl an Beschäftigten lagen sie schon 1907 nur noch auf dem neunten Platz.

SCHNEIDERBRÄU – DER WIEDERAUFSTIEG DES WEISSBIERS

Mitte des 18. Jahrhunderts hatte sich wieder einmal der Geschmack der Münchner geändert und es wurde zunehmend weniger Weißbier getrunken. In der Folge war das Weißbiermonopol der Wittelsbacher von Kurfürst Karl Theodor wegen der geringen Nachfrage 1798 aufgegeben worden. Wenig später, 1799, wurde auch der Bierzwang endgültig aufgehoben, der die Wirte zur ausschließlichen Abnahme des Biers von Münchner Brauereien verpflichtet hatte. In dieser Zeit wurde Georg Schneider ab dem Jahre 1855 Pächter und Bräumeister des königlichen Hofbräuhauses.

Im Jahre 1872 stellte das Hofbräuhaus dann die Weißbierproduktion vollständig ein, da durch die erwähnte Veränderung der Konsumgewohnheiten zuvor weniger als 2.000 Hektoliter pro Jahr abgesetzt werden konnten. Man benötigte damals allerdings weiterhin das herzogliche Regal, um Weißbier brauen zu dürfen.

Georg Schneider verlegte nun dieses nicht mehr benötigte herzogliche Regal zum Weißbierbrauen in die Maderbräustraße. Benannt ist diese nach einer Brauerei aus dem Jahre 1482, die entlang der gesamten Straße bis zum Tal reichte, und die wie erwähnt etwa 30 Jahre zuvor Ausgangspunkt des ersten Münchner Bierkrawalls gewesen war. Diese hatte Georg Schneider zuvor gekauft, und dort begann er mit seinem Sohn zusammen, ein offenbar hervorragendes Weißbier zu brauen.

Georg Schneider I. (1817–1890)
Fotografie, undatiert

Dadurch kam diese Biersorte zu einer erneuten Blüte und wurde so vor dem drohenden „Aussterben“ bewahrt. Die Brauerei florierte, sodass 1903/04 ein repräsentativer Neubau anstelle der alten Gebäude errichtet wurde, das heute noch bestehende „Weiße Bräuhaus“ im Tal. Dennoch wurden damals in München aber nie mehr als 40.000 Hektoliter Weißbier pro Jahr getrunken, das entsprach gerade etwa 1,5 Prozent des Gesamtbierausstoßes. Erst zwischen beziehungsweise nach den Weltkriegen nahmen die Großbrauereien in München das Weißbierbrauen wieder auf.

Das „Weiße Bräuhaus“ wurde im Zweiten Weltkrieg so schwer zerstört, dass der Braubetrieb nach Kelheim in das ehemalige Hofbräuhaus von Kurfürst Maximilian I. verlegt wurde, welches die Familie Schneider bereits zuvor erworben hatte. Auch heute noch wird die Brauerei im Familienbetrieb von Georg Schneider VI. geführt. Mit der Verlegung des Braubetriebs ging allerdings ein einzigartiges Privileg verloren: das Recht, auf der Wiesn – dem Oktoberfest – Bier ausschenken zu dürfen, denn dies wird nur Brauereien zugestanden, deren Sudkessel auf Münchner Stadtgebiet liegen.

Weißes Bräuhaus, im Tal
Fotografie, 1903.
Links neben der Gaststätte verläuft die Maderbräugasse.

Die schöne Coletta

Im Tal lag eine weitere Brauerei, die Mitte des 16. Jahrhunderts (1557) gegründet wurde. Der Bräu Hans Sternegger gab 1575 der Braustätte und bis heute der Seitenstraße seinen Namen. Seit 1793 war die Brauerei im Besitz der Familie Trappentreu. Johann Baptist Trappentreu (gestorben 1883) war zu seiner Zeit als Wohltäter bekannt, der wegen seiner unzähligen gestifteten Kirchenglocken der „Glockenmann vom Sterneckerbräu" genannt wurde. Er war auch maßgeblich an der Erhaltung der Heiliggeistkirche beteiligt, die wie erwähnt ursprünglich zusammen mit dem gleichnamigen Spital abgebrochen werden sollte. Zugleich war er ein großzügiger Mäzen und sah deshalb im Sterneckerbräu die wichtigsten Maler seiner Zeit als Gäste ein- und ausgehen. Carl Spitzweg war damals bereits ein alter Junggeselle, aber auch die „angesagten" jungen Künstler Friedrich August von Kaulbach und Franz von Lenbach gehörten zur Stammkundschaft.

In der Brauerei arbeitete ein junges Biermädel (d.h. eine Angestellte, die den eigentlichen Kellnerinnen zuarbeitete) namens Coletta Möritz, die für damalige Verhältnisse der Inbegriff der schönen Münchnerin war. Kaulbach hatte im Jahre 1878 die gerade 18-Jährige auf einem Bierfass tanzend als „Schützenliesl" verewigt, wobei sie

Sterneckerbräu, Tal 54/55
Fotografie, 1894.

Links: Die schöne Coletta (1860–1953)
Ölgemälde von Toni Aron, 1880. (Ausschnitt)

Rechts: Kellnerinnen des Hofbräuhauses am Platzl
Fotografie von 1921.

Der Vergleich macht leicht deutlich, warum Coletta Möritz als „die schöne Münchnerin" schlechthin galt.

stets einen Besuch im Atelier des mit zweifelhaftem Ruf belegten Malers verweigerte und daher während ihrer Arbeitszeit in der Brauerei porträtiert wurde. Drei Jahre später wurde dieses fünf Meter große Ölbild anlässlich eines großen Schützenfestes auf der Theresienwiese als Dekoration eines Bierzeltes verwendet und gab diesem seinen heute noch gültigen Namen. Auf Grund der riesigen Popularität dieser Figur übernahm die Münchner-Kindl-Brauerei das Bild als Firmenlogo und ließ sich die Markenrechte eintragen (während Kaulbach als einziger nicht von der Vermarktung seines Bildes profitierte). Das Originalbild hängt heute in der Traditionsgaststätte der „königlich privilegierten Hauptschützengesellschaft" in Sendling.

Erster Weltkrieg und Räterepublik

Die Auswirkungen des Ersten Weltkriegs waren für das Münchner Brauwesen verheerend. Durch den zunehmenden Mangel an Getreide wurde das Bier immer dünner eingesotten, und die fehlende Kohle, die zum Heizen der Braupfannen unersetzlich war, brachte die Brauereien in existenzielle Schwierigkeiten. Die ausländischen Absatzmärkte brachen weg, die Brauer und Bräuknechte wurden zum Militärdienst eingezogen, Lastwagen und Pferde mussten der Armee zur Verfügung gestellt werden, und sogar Teile der Brauanlagen wie die kupfernen Sudpfannen und -deckel wurden in den späteren Kriegsjahren zur Waffenfabrikation ausgeschlachtet. Eine Brauerei, die besonders eng mit den Ereignissen am Ende des Ersten Weltkriegs verknüpft war, war die Mathäserbrauerei. Diese lag in der Bayerstraße nahe dem Stachus. Dessen Name geht übrigens auf eine 1755 eröffnete Weißbierzäpflerei an Stelle des mittlerweile geschlossenen Kaufhofs zurück, die

Biertransport an die Front
Postkarte von 1915.

Frisches „Münchner" im Feld.

Mathäserbräu
Fotografie, 1893.

nach ihrem Wirt, Eustachius Föderl, „Stachusgarten" genannt wurde. Hier am Beginn der Bayerstraße lagen bis ins Jahr 1997 die Mathäser-Bierhallen, bevor diese abgerissen und durch ein Multiplex-Kinocenter ersetzt wurden. Die dazugehörige Brauerei hatte eine bewegte Geschichte hinter sich, die auch wieder exemplarisch für die fieberhaften Neugründungen Anfang des 19. Jahrhunderts stand. Die Braugerechtigkeit des Mathäser ging auf das ehemalige Fuchsbräu in der Theatinerstraße zurück. Im Jahre 1818 wurde die bereits heruntergewirtschaftete Brauerei von Georg Hartl aufgekauft und der Betrieb in die Bayerstraße verlegt. Nachfolger war zunächst Graf Theobald von Buttler-Haimhausen, bis die Braustätte dann von Georg Mathäser erworben wurde.

In den Revolutionswirren nach dem Ende des Ersten Weltkriegs diente die bereits stillgelegte und nur noch als Gaststätte betriebene Brauerei den Rotarmisten als Hauptquartier. Die hier verschanzten Revolutionäre, im Volke wegen ihrer Verbindung zu den Sowjets „Russen" genannt, bereiteten sich auf den Einmarsch der Weißgardisten vor. Damit ihre Wachposten vom Biergenuss nicht zu schläfrig wurden, mussten diese ihr Weißbier mit Zitronenlimonade verdünnen. Auf diese Weise wurde die heute noch beliebte „Russnmass" aus der Taufe gehoben. Die Geschichte nahm leider danach ein trauriges Ende, denn die Revolution wurde von den konservativen Kräften blutig niedergeschlagen, und an einigen der Revolutionäre ein grausames Exempel statuiert.

An dieser Stelle sei ergänzend auch die Gründungslegende der Radlermass kurz erwähnt: Diese wurde angeblich von dem Wirt Xaver Kugler auf seiner Alm bei Deisenhofen, einem beliebten Ausflugziel gerade für die Münchner Radfahrer, erfunden. An einem heißen Sommertag ging 1922 das Bier bedrohlich zur Neige, weshalb Kugler es kurzerhand mit weißer Zitronenlimonade streckte und diese Notlösung dann mit Hinweis auf die höhere Sicherheit im Straßenverkehr vermarktete. Dagegen muss allerdings eingewandt werden, dass Lena Christ in ihrem Buch „Erinnerungen einer Überflüssigen", welches sich auf das Jahr 1910 bezieht, bereits den Ausschank von Radlermassen anführte, die Münchner Neuesten Nachrichten (Vorläuferin der Süddeutschen Zeitung) erwähnten diese in einer Beilage sogar bereits 1898.

Münchens Brauereien in der Weimarer Republik

In der Nachkriegszeit des Ersten Weltkriegs fassten die Brauereien nur schwer wieder Tritt, die meisten kleinen Betriebe mussten aufgeben. Die anschließende Inflation und die weltweite Wirtschaftskrise verschärften die Situation weiter. Gegen diesen Trend konnten sich nur wenige Brauereien stemmen. Eine davon war die Unionsbrauerei in der Einsteinstraße, die vor dem Krieg noch Äußere Wiener Straße hieß und ehemals Teil der mittelalterlichen Salzstraße war. Im Jahre 1885 erwarb Joseph Schülein, ein außerordentlich geschäftstüchtiger Unternehmer aus der jüdischen Gemeinde Thalmässings, den heruntergekommenen und in Konkurs geratenen Betrieb der Unionsbrauerei und baute ihn zu einem der erfolgreichsten seiner Zeit aus.

Im und nach dem Ersten Weltkrieg gerieten viele Brauereien ins Trudeln und versuchten, durch Fusionen die Verluste abzufedern. Die Unionsbrauerei verfügte über ein gut ausgebautes lokales Kundennetz, doch auf dem Münchner Markt war der Bierabsatz während des Krieges über die Hälfte gesunken. Im Gegensatz zum Löwenbräu verfügte die Unionsbrauerei nicht über Immobilienbesitz und konnte die Verkaufsverluste so nicht mit Miet- und Pachteinnahmen ausgleichen. Dem einst exportstarken Löwenbräu fehlten dagegen die lokalen Wirte, um das Wegbrechen der ausländischen Absatzgebiete zu kompensieren. Die Fusion von Unions- und Löwenbräu bedeutete demnach eine Win-Win-Situation für beide Betriebe. Entgegen der – scherzhaften – Selbsteinschätzung Schüleins („Viel Geld hat sie gekostet, aber jetzt gehört sie uns") war jedoch die Löwenbrauerei eindeutig der stärkere Partner, weshalb die aus der Fusion entstandene Brauerei den Namen Löwenbräu behielt.

Unionsbrauerei
Postkarte mit Brauereigelände, um 1900.

Joseph Schülein war neben seiner charakteristischen Erscheinung (stets mit schwarzem Schlapphut) auch als Wohltäter Haidhausens bekannt, der unter anderem jährlich für 50 Haidhauser Kinder die Patenschaft übernahm, diese einkleidete und bewirtete. „Also, der Schülein […] war der Direktor von der Unionsbrauerei und ist meistens so um zehn, halb elf Uhr rausgefahren mit der Trambahn nach Haidhausen. Er hat immer so einen großen schwarzen Hut aufgehabt wie früher die Maler. Einen Bart hat er gehabt und so eine Art Havelock hat er angehabt, einen weiten offenen Mantel, und darunter hat er an einem Riemen eine Geldkatze gehabt. Und der Schülein hat die Kinder so gern mögen. Die haben immer vor der Unionsbrauerei auf ihn gewartet, und dann ist das schon signalisiert worden wie bei den Indianern: ‚Der Schülein kommt! Der Schülein kommt!' In Nullkommanix waren alle Kinder da." So schildert eine Haidhauserin den Brauereibesitzer und Wohltäter Joseph Schülein. Großzügig spendierte der Kinderfreund jedem der hoffnungsvoll Wartenden fünf oder zehn Pfennige für Süßigkeiten (www.berg-am-laim-kalender.de).

Schüleins Sohn Hermann wurde später Direktor der gesamten Löwenbrauerei. Diese Phase endete 1933, als die Nationalsozialisten durch den offenen Boykott des „Judenbiers" die Entlassung Schüleins erzwangen und die Brauerei „arisierten". Schülein konnte gerade noch rechtzeitig legal nach Amerika auswandern, wo er wiederum eine Brauerei (Liebmann-Rheingold-Brauerei) übernahm und dort zu noch größerer wirtschaftlicher Bedeutung als die Löwenbrauerei führte.

Während heute so gut wie nichts mehr an die ehemalige Kellerstadt am Gasteig erinnert, sind die alten Unionsbräukeller saniert und einer kulturellen Nutzung zugeführt worden. Unter der Federführung des Jazzclubs „Unterfahrt" ist mit dem „Einstein Kultur" inzwischen ein attraktives Kulturzentrum in Haidhausen entstanden. Von der im Zweiten Weltkrieg zerstörten Unionsbrauerei ist noch die Fassade des ehemaligen Sudhauses erhalten geblieben, eine Gedenktafel erinnert an den Brauer Joseph Schülein.

Joseph Schülein (1854–1938)
Ölgemälde von Leo Samberger. Schülein gehörte seit 1916 auch das Gut und die Brauerei in Kaltenberg, wo er 1938 verstarb. Heute befindet sich diese Brauerei im Besitz von Prinz Luitpold von Bayern, einem Urenkel des letzten bayerischen Königs. Auf dem Gelände finden seit Jahren die beliebten Kaltenberger Ritterturniere statt.

Die Folgen der NS-Herrschaft

Durch die beschriebenen Umstände brauten zu Beginn der NS-Diktatur neben wenigen neugegründeten Kleinbrauereien nur noch zehn Münchner Brauereien, nämlich Löwen-, Hacker-, Pschorr-, Paulaner-, Spaten-Franziskaner, Augustiner-, Schneider- und Hofbräu sowie die Weißbierbrauerei Schramm und die Wagnerbrauerei in der Au. Die nun einsetzende Überregulierung der Wirtschaft durch das NS-Regime führte zu einer schweren Belastung für die verbliebenen Brauereien. So durften die kleineren Betriebe auf Grund staatlicher Verordnungen nicht über eine bestimmte Grenze hinauswachsen und waren mit ihrem Absatz auf ein eng begrenztes Gebiet beschränkt.

„Das Selbstverwaltungsorgan der regionalen Wirtschaft, die Industrie- und Handelskammer (IHK) am Maximiliansplatz, wurde unmittelbar nach der Machtübernahme gleichgeschaltet. Im März 1933 schloss sie ihre jüdischen Mitglieder aus. Der Hauptgeschäftsführer der Kammer war in Personalunion auch Gauwirtschaftsberater der NSDAP. Von 1938 an beteiligte sich die IHK an der ‚Arisierung' und wirkte an der Enteignung jüdischer Firmenbesitzer mit" (ThemenGeschichtsPfad „Der Nationalsozialismus in München"). Wie am Beispiel der Löwenbrauerei beschrieben, wurden Vorstände von Brauereien „arisiert", wodurch diese oftmals ihre führenden Köpfe verloren. Für die Qualität des Bieres und die Entwicklung der Brauereien waren der fehlende Wettbewerb und das wirtschaftliche Zwangssystem der Nationalsozialisten eine Katastrophe.

Zu verschiedenen Lokalen von Brauereien hatte die NSDAP besondere Beziehungen. Die bierdunstige Atmosphäre der Schwemmen und Säle der brauereieigenen Bierpaläste, die damals die einzigen größeren Versammlungsräume in München waren, erwies sich offenbar als ideal für die Propaganda der Nationalsozialisten, sodass es nicht wundert, wenn viele der damaligen unseligen Ereignisse mit ihnen verbunden waren. Im Sterneckerbräu war die erste Geschäftsstelle der am 5. Januar 1919 gegründeten Vorgängerpartei der NSDAP, der „Deutschen Arbeiterpartei"

„Der Münchner“
Karikatur aus der Zeitschrift
„Simplicissimus“, 1923

München, 3. Dezember 1923 | Preis 30 Pfennig (✕ Buchhändler-Schlüsselzahl) | 28. Jahrgang Nr. 36

SIMPLICISSIMUS

Bezugspreis monatlich 1,20 Mark (✕ Buchhändler-Schlüsselzahl)
Alle Rechte vorbehalten

Begründet von Albert Langen und Th. Th. Heine

Bezugspreis monatlich 1,20 Mark (✕ Buchhändler-Schlüsselzahl)
Copyright 1923 by Simplicissimus-Verlag G. m. b. H. & Co., München

Der Münchner

(Karl Arnold)

Mei' Ruah möcht' i hamm und a Revalution,
A Ordnung muaß sei' und a Judenpogrom,
A Diktator g'hört hera und glei' davo'g'haut:
Mir zoagen's Enk scho', wia ma Deutschland aufbaut!

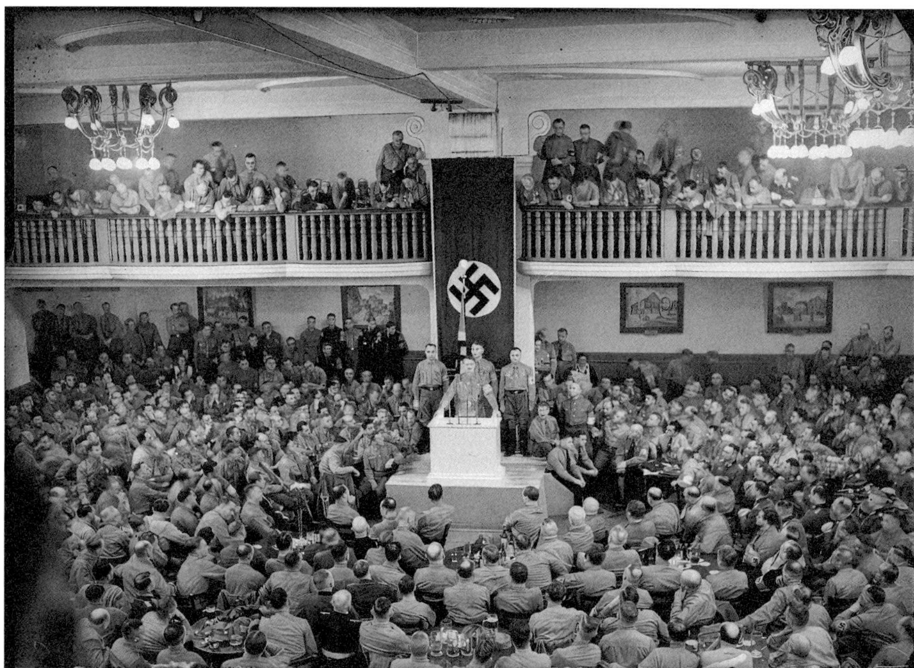

Hitlerrede im Bürgerbräukeller
Fotografie, 1938.

DAP, untergebracht. Zwischen 1933 und 1945 befand sich deshalb in deren Hinterraum das Parteimuseum der NSDAP. Diese wurde am 24. Februar 1920 im Hofbräuhaus ausgerufen. Der Bürgerbräukeller war im Jahre 1885 als Großschankstätte der Aktienbrauerei Bürgerliches Bräuhaus am Gasteig errichtet worden. Diese AG beruhte auf der Braugerechtigkeit des Zengerbräu, wobei der Braubetrieb Mitte des 19. Jahrhunderts nach Haidhausen verlegt und nach der Fusion mit Löwenbräu 1931 wieder eingestellt worden war.

Am 8. November 1923 nahm der sogenannte Hitlerputsch hier seinen Ausgang, weshalb Hitler ab 1933 dort regelmäßig zu dessen Jahrestag vor den Teilnehmern des (gescheiterten) Putschversuches eine Rede hielt. Dieses Lokal wählte Georg Elser 1939 als Ort für sein Attentat auf Hitler, welches jedoch bekanntlich scheiterte. Der Keller lag an der Rosenheimer Straße hinter dem heutigen Gasteig-Komplex und wurde 1979 abgerissen. An das Attentat von Georg Elser erinnern heute eine Bodenplatte sowie eine Gedenktafel.

Die Münchner Brauereien seit Kriegsende

Im Zweiten Weltkrieg wiederholte sich die Situation aus dem vorangegangenen Krieg in noch schlimmerem Ausmaß. Wieder wurden die Beschäftigten eingezogen und die Brauanlagen zum Teil demontiert, die Rohstoffe für die Bierherstellung wurden erneut immer knapper. Zudem waren die Brauereien am Ende des Kriegs gezielt bombardiert worden, da die betriebseigenen Labore und Kelleranlagen als Produktionsstätten für chemische Kampfstoffe verdächtigt worden waren. Bei Kriegsende lagen die Braustätten daher zum Großteil in Schutt und Asche.

Auch die Nachkriegszeit war somit wieder gekennzeichnet von Brauereisterben und amtlich verordnetem Dünnbier, das 1947 nur noch einen Stammwürzegehalt von 0,6 Prozent aufwies. Erst im Sommer des Jahres 1949 wurden die Münchner wieder mit einem normalen Bier von den wenigen verbliebenen Brauereien versorgt. Die Löwenbrauerei beispielsweise erreichte erst Mitte der 1960er Jahre wieder die Produktionsmenge wie zu Zeiten der Weimarer Republik.

Pschorrbrauerei, Bayerstraße
Werbeplakat von Eckert & Pflug, 1900. Im Vordergrund ist der Anstieg der Bayerstraße nach links zu erkennen, die Einfahrt am linken Bildrand markiert die Grenze zur unmittelbar benachbarten Hackerbrauerei. Die Querstraße vorne rechts ist die Zollstraße. Aus Werbegründen wurde, bei Blickrichtung nach Norden allerdings völlig falsch, im Hintergrund das Alpenpanorama mit Zugspitze sowie Frauentürmen abgebildet. Im unteren Teil des Bildes ist die Ansicht der Brauerei von der Rückseite mit ihrem direkten Anschluss an die Bahngleise dargestellt. Das Gebäude mit dem Schriftzug „Pschorr-Bräu" im linken Teil zeigt dabei den ehemaligen Hirschbräu-Keller.

Ich bin vom Postament gestiegen,
Doch laß ich mich nicht unterkriegen
Zwar hat mein Fell ein Loch –
Aber brauen kann ich doch!

Zerstörtes Hauptbürogebäude der Löwenbrauerei, Nymphenburger Straße
Fotografie, 1944. Der stolze Löwe stand ursprünglich links von der Einfahrt auf einem ca. sechs Meter hohen Podest. In der Besatzungszeit nach dem Zweiten Weltkrieg wurde der Löwe in die Mitte der Einfahrt versetzt, um die Zu- und Ausfahrt zu trennen. Das Schild mit der trotzigen Botschaft „Aber Brauen kann ich doch!" wurde dabei gegen die Aufforderung „Drive slow" ausgetauscht.

In der Folge setzte sich erneut der Trend zur Konzentration der langsam wieder erstarkten Brauereien sowie zur Verlagerung der Betriebsstätten weiter fort. So verschmolzen zunächst Hacker und Pschorr 1972 zur Hacker-Pschorr-Bräu AG, deren Kapitalmehrheit sieben Jahre später von dem Münchner Unternehmer Jörg Schörghuber übernommen wurde. Im gleichen Jahre hatte dieser auch die Mehrheit der „Paulaner-Salvator-Thomasbräu AG" erworben. Die ehemalige Großbrauerei an der Hackerbrücke wurde aufgegeben und ist jetzt Sitz des Europäischen Patentamtes, der Braubetrieb beider Brauereien wurde ganz auf das Paulaner-Gelände nahe dem ehemaligen Kloster Neudeck in der Au verlegt. 2001 ging der Heineken-Konzern ein Joint Venture mit der Schörghubergruppe ein, zu der unter anderem auch die Kulmbacher Brauereigruppe sowie die Thurn-und-Taxis-Brauerei gehören. Seit 2016 braut Paulaner sein Bier im äußersten Münchner Westen in Langwied.

In ähnlicher Weise entwickelte sich der Zusammenschluss von Löwenbräu mit Spaten-Franziskaner-Leist-Bräu, die bereits 1922 einen Vertrag über eine Interessensgemeinschaft geschlossen hatten. Im Jahre 1997 erfolgte dann die Vereinigung zur Spaten-Löwenbräu-Gruppe, der die direkte Nachbarschaft der beiden Brauereien mit der Möglichkeit, Fabrikation und Vertrieb zusammenzulegen, besonders zu Gute kam. Die Gruppe wurde schließlich 2003 an den belgischen Interbrew-Konzern verkauft, der sich wiederum ein Jahr später mit der brasilianischen AmBev zur InBev-Gruppe zusammenschloss. 2008 wurde die US-amerikanische Brauerei Anheuser-Busch übernommen, der neue Konzern Anheuser-Busch InBev ist aktuell der weltweit größte Bierproduzent, zu dem unter anderem auch Beck's gehört.

In einem dadurch nicht mehr benötigten Keller der Spatenbrauerei an der Marsstraße wurde 2006 ein Besuchermuseum eingerichtet. Im Jahr 2007 wurden die Gebäude der Flaschenabfüllerei der Löwenbrauerei am Stiglmaierplatz abgerissen, nachdem die Abfüllerei schon zuvor auf das Gelände der Spatenbrauerei verlagert worden war. Der Bau einer neuen, großzügig angelegten Brauerei ist offenbar schon seit langem geplant, wobei aber auch hier peinlich darauf geachtet werden muss, das Stadtgebiet nicht zu verlassen, um die Konzession für das Oktoberfest nicht zu verlieren.

Der staatliche Hofbräu verlegte seine Brauerei vom heutigen Hofbräugarten in Haidhausen 1988 wie beschrieben ebenfalls an den äußersten Stadtrand nach Riem. Die einzige noch in privater Hand befindliche Münchner Brauerei, Augustiner, befindet sich hingegen immer noch auf ihrem Betriebsgelände an der Landsberger Straße.

Inzwischen ist in München eine Vielzahl von Craftbier-Brauereien neu entstanden, und mit der Gründung der Giesinger Brauerei 2006 hat sich erstmals seit dem Ersten Weltkrieg wieder eine Münchner Braustätte etabliert, die ein original Münchner Bier produziert.

II Brauereiverzeichnis

Vor den Konzentrationsprozessen im Münchner Braugewerbe im 19. und 20. Jahrhundert gab es eine unglaubliche Vielfalt an Brauereien in der Stadt. Im folgenden Überblick führen wir sie in der Reihenfolge ihres Entstehens auf, beginnend mit den Braustätten, die bereits im Jahr 1600 in Betrieb waren, und gefolgt von den späteren Neugründungen. Neben den Kloster- und Spitalbrauereien sowie den Staatsbetrieben handelte es sich dabei in der Mehrzahl um bürgerliche Braustätten. Der Brauereidirektor Fritz Sedlmayr hatte 1969 in Zusammenarbeit mit Lore Grohsmann eine Liste aller ihm bekannten Brauer Münchens erstellt und soweit möglich den jeweiligen Brauereien zugeordnet. Der stellvertretende Leiter des Münchner Stadtarchivs Helmuth Stahleder präzisierte 1982 diese Angaben nochmals mit diversen Korrekturen, vorwiegend bei den Brauern des Mittelalters. Besonders ist ihm dabei zu verdanken, dass er anhand der Aufzeichnungen der Steuerbeamten die brauenden Personen eindeutig den jeweiligen Häusern zuordnen konnte, in denen gebraut wurde. Wolfgang Behringer schließlich lieferte in seinen Ausführungen zu den in der Löwen- bzw. Spatenbrauerei aufgegangenen Brauereien weitere wertvolle Ergänzungen zu dort tätigen Brauern.

Das Jahr 1600 wurde von uns deshalb als Ausgangspunkt gewählt, da zu Beginn des 17. Jahrhunderts die höchste Zahl an Brauereien in München erreicht worden war. Damals gab es in München – einer Stadt mit etwa 20.000 Einwohnern – 65 von einem bürgerlichen Prew geleitete Baustätten, zuzüglich fünf Kloster- und einer Spitalbrauerei sowie dem staatlichen Hofbräuhaus. Bis zum Jahr 1618 kamen noch zwei bürgerliche Brauereien hinzu und das zweite Hofbräuhaus wurde in Betrieb genommen, so dass damit der Höchststand an Braustätten in München erreicht war: 75 Brauereien versorgten nun gemeinsam die Einwohner Münchens mit frischem Bier. Etwa zwei Dutzend bürgerliche Brauereien hatten ihren Betrieb bereits vor 1600 eingestellt, wobei ein Braubetrieb hier zum Teil fraglich ist oder nur für wenige Jahre erfolgt war. Diese Braustätten finden im Weiteren nur eine kurze Erwähnung mit Ort und (vermutlichem) Betriebszeitraum. Während des Dreißigjährigen Krieges wechselte eine der bürgerlichen Brauereien nach der Übernahme durch die Paulaner ins klösterliche „Lager“, vier weitere von ihnen stellten den Braubetrieb ein. Bis zum Jahr 1810 kam es – abgesehen von der Brauerei in dem ab 1650 neu errichteten Karmeliterkloster – zu keinen Neugründungen mehr, weitere sechs Betriebe gaben in dieser Zeit auf.

Bürgerliche Brauereien, stillgelegt vor 1600

Bürgerliche Brauereien (B) im Jahr 1600

Kloster- (K) und Staats- (S) Brauereien vor bzw. nach 1600

Grundlage: „Plan der Haupt und Residenzstadt München“

Johann Carl Schleich, Karte von 1806

MAX JOSEPH PLATZ
KAISER HOF
KÜCHEN HOF
ZEUG HAUS
ALTER HOF
SCHRANNEN PLATZ
PROMENADE
NORD
Links dem Einlafs
Rechts und
BEZEICHNUNG der BRUNN WASSERLEITUNG
HOF BRUNNHÄUSER
A. am Brunnthal
B. am Lilienberg
C. am Hofgarten
D. das alte und neue Residenz Brunnhaus
E. am Jungfern Thurm
F. Brunnhaus von Herzog Max
G. am Karls Thor
STADT BRUNNHÄUSER
A. Brunnhaus auf dem Isarberg
B. am Katzenbach
C. am Glokenbach
D. hinter dem Bruderhaus
E. auf der oberen Bachländt
Maafstab von 1000 Baierischen Schuhen
Echelle de 300 Mètres
AUF allerhöchsten Befehl herausgegeben von der Königlich baierischen Direction des topographischen Bureau.

Während die Brauereinamen ab den Sudenlisten von 1747 jeweils hinter den Namen der Prewen fixiert wurden, fehlen die Benennungen für elf bereits zuvor stillgelegte Braubetriebe. Hier haben wir uns der besseren Verständlichkeit halber die Freiheit genommen, diese gemäß der Tradition der Namensgebung nach der jeweils bedeutsamsten Brauerdynastie zu „taufen". Zur Unterscheidung wurden diese Namen jedoch in Anführungszeichen gesetzt. Sofern Betriebe ihren Namen später nochmals änderten, wurde dieser in Klammern angefügt. Da das System der Hausnummern in den 1990er Jahren zum wiederholten Male geändert wurde, wird ebenfalls in Klammern die heutige gültige Nummerierung ergänzt (wobei zum Teil wegen der Zerstörungen des Zweiten Weltkriegs nur ungefähre Ortsangaben möglich sind). Von den Klosterbrauereien wurden nach der Säkularisation nur die Augustiner-, Angerkloster- und Paulaner-Braugerechtigkeit weitergenutzt sowie die des Heiliggeist-Spitals.

Unter Graf Maximilian von Montgelas wurden Anfang des 19. Jahrhunderts fünf Konzessionen in München neu erteilt. Während der Dauer des Biersatzregulatives (1811 bis 1865) reduzierte sich die Zahl der siedenden Betriebe kontinuierlich: lediglich 17 der althergebrachten Brauereien (diese wurden mit * markiert) waren bei Gründung des Deutschen Kaiserreiches 1871 noch aktiv, wobei jeweils zwei bereits fusioniert hatten (zur Franziskaner-Leist- bzw. Eberl-Faber-Brauerei) und eine weitere (Hirschbräu) im gleichen Sudjahr das Brauen einstellte. Einige dieser Betriebe wurden später unter anderem Namen weitergeführt, zum Teil wurden alte Braugerechtigkeiten wieder „reaktiviert".

Danach schließt sich die Auflistung der über 50 Neugründungen des späten 19. Jahrhunderts an, die von Christian Schäder 1999 minutiös erfasst wurden. Mit Beginn der Gewerbefreiheit in Bayern am 6. Februar 1868 boomte das Brauwesen, sodass in den 1880er Jahren wieder über 40 Brauereien gleichzeitig existierten.

Am Ende des Verzeichnisses sind Braustätten aufgeführt, die seit Beginn des neuen Jahrtausends in München eröffnet wurden. Neben diesen erfassten Sudstätten existieren noch jede Menge weiterer Klein- und Kleinstbrauereien. Darüber hinaus gibt es heute wieder einen Trend zurück zum Hausbrauen: eine stetig größer werdende Gemeinde hat auch auf Münchner Grund zahlreiche Braustätten in Betrieb genommen. Diese müssen nach dem Biersteuergesetz ihre Sude beim Münchner Hauptzollamt melden (2015 waren dort über 120 Brauer aufgeführt, wobei eine jährliche Produktion von < 200 l steuerfrei, aber dennoch meldepflichtig ist). Da eine Liste all dieser Privatbrauer jedoch den Rahmen und die Absicht dieses Buches sprengen würde, wurden sie hier nicht einzeln namentlich berücksichtigt.

KLOSTER- UND SPITALBRAUEREIEN

Auf Münchner Stadtgrund wurde in mehreren vom geistlichen Stand geführten Einrichtungen Bier gebraut. Die größten von ihnen wurden ursprünglich vor den Mauern der ersten sogenannten Heinrichsstadt errichtet und kamen dann durch die erste Stadterweiterung im Inneren des Stadtgebiets zu liegen.

K 01 Heiliggeistspital

Ort: *Viktualienmarkt*
Gründungsjahr: *1286*
Das älteste dokumentierte Braurecht für einen geistlichen Komplex wurde dem Spital 1286 von Herzog Ludwig II., dem Strengen, verliehen. Das Heiliggeistspital war etwa 80 Jahre zuvor zur Versorgung der Kranken und Bedürftigen vor den Mauern der Stadt errichtet worden und wurde erst im Zuge der Stadterweiterung im Spätmittelalter „eingemeindet". Das spitaleigene Bräuhaus versorgte im Laufe der Zeit nicht nur die Spitalbewohner und -mitarbeiter, sondern erfreute sich auch bei den Münchnern großer Beliebtheit. Nach der Säkularisation wurde an Stelle des Spitals der heutige Viktualienmarkt eingerichtet, das Bräuhaus wurde 1828 abgerissen.

K 02 Franziskanerkloster St. Anton (Franziskanerkloster am Lehel St. Anna)

Ort: *Max-Joseph-Platz / St.-Anna-Straße 12*
Gründungsjahr: *1284 / 1836*
Herzog Ludwig II. der Strenge errichtete für den Franziskanerorden nahe seiner Stadtresidenz im Alten Hof ein neues Kloster, gelegen am heutigen Max-Joseph-Platz. Nach dem Umzug des Konvents 1284 aus dem Kloster St. Jakob am Anger (s.u.) an ihre neue Wirkstätte nahmen die Mönche dort im Verlauf den Braubetrieb auf. Am 25. Januar 1802 erging das Dekret zur Säkularisierung des Klosters, womit auch die Braugerechtigkeit zunächst erlosch.

1827 hatte König Ludwig I. die aus ihrem Kloster am Max-Joseph-Platz vertriebenen Franziskaner-Mönche in das ehemalige Hieronymitenkloster St. Anna im Lehel erneut zur Seelsorge einberufen. Da die Mönche wieder wie üblich (auf Grundlage ihrer früheren Brauberechtigung) Bier brauen wollten, hatten sie zunächst versucht, freie Kapazitäten des Hofbräuhauses nutzen zu können. Da dies abgelehnt wurde, errichteten sie eine neue Braustätte, wobei die 1836 neu genehmigte Braugerechtigkeit nur für den Eigenbedarf galt. Dennoch wurde aber auch hier in einem

Franziskanerkloster am heutigen Max-Joseph-Platz
Kupferstich von Michael Wening, um 1700.

eigenen Bräustüberl das offenbar sehr wohlschmeckende Bier gegen „Spenden" an „nahestehende Personen" ausgeschenkt, immerhin etwa 2.200 hl jährlich. Da diese Praxis der Klöster generell zunehmend in Kritik geriet, entschloss sich der Franziskaner-Orden schließlich, alle seine Klosterbrauereien zu schließen. Damit endete auch der Braubetrieb im Lehel 1885, die Konzession wurde 1889 auf Grund jahrelangen Nichtbetreibens für erloschen angesehen.

K 03 Klarissenkloster St Jakob

Ort: Unterer Anger 2 / St.-Jakobs-Platz

Gründungsjahr: 1306

Es handelt sich dabei um das älteste Kloster Münchens, das zunächst von den Franziskanermönchen bewohnt wurde. Nach deren Umzug in einen Neubau am heutigen Max-Joseph-Platz (s.o.) bezog 1284 der weibliche Zweig des Ordens, die Klariss(inn)-en, das Gebäude. Das Braurecht wurde dem Kloster im Jahre 1306 von Herzog Ludwig dem Strengen verliehen, und zwar sowohl für die „Hausnotdurft" (= Eigenbedarf) als auch zum Verkauf (der allerdings stets nur von geringem Umfang war). Dieser durfte sogar dann stattfinden, wenn auf Grund von Getreidemangel den bürgerlichen Brauern das Brauen verboten war. Der Braubetrieb wurde zumindest in späteren Jahren von angestellten Braumeistern betrieben. 1803 wurde die Braugerechtigkeit im Rahmen der Säkularisation zuerst an den letzten Bräumeister verpachtet, nach Abbruch der Brauerei dann mehrfach spekulativ veräußert. Erst 1851 erwarb sie der Zengerbräu Xaver Hierl und begründetet mit ihr den späteren Bürgerbräu an der Kellerstraße.

Augustiner Stammhaus, Neuhauser Straße
Foto, 2020.

K 04 Augustinerkloster*

Ort: Neuhauser Straße 53 (2)

Gründungsjahr: 1328

Das genaue Gründungsdatum der Brauerei ist zwar nicht gesichert, wird aber plausibel mit 1328 angenommen. Im Zuge der Säkularisation wurde das Kloster 1803 aufgelöst, die Brauerei zog 1817 in die Neuhauser Straße 16 (27) um. Ab 1829 im Besitz der Brauerfamilie Wagner, wurde die Brauerei um die beiden Nachbargrundstücke erweitert. Noch bis 1885 wurde an Stelle der heutigen Großgaststätte gebraut, danach erfolgte die Verlegung des gesamten Betriebes in die Landsberger Straße 31–35, wo er bis heute besteht.

K 05 Klosterhof Scheyern

Ort: Theatinerstraße 45

Gründungsjahr: vor 1541

Am 24. August 1294 wurde erstmals der Hof des Klosters Scheyern in der damals Schwabinger Gasse genannten Straße erwähnt. Wann genau die Braugerechtigkeit an diesen Ort verliehen wurde, ist unklar. Der erste uns bekannte Pächter der Brauerei ist 1541 Hans Lot (der auch als Hofbräu bezeichnet wurde, also Bier für den Herzogshof produzierte). Die Brauerei lag an der Ecke Theatinerstraße/Perusagasse.

Das Bierbrauen endet mit dem Verkauf der Braugerechtsame an einen Nichtbrauer am 15. September 1661.

K 06 Jesuitenkloster

Ort: Neuhauser Straße 51 – 52
Gründungsjahr: nach 1583
Der bayerische Herzog Wilhelm V. förderte den Jesuitenorden nach Kräften. Neben der Michaelskirche ließ er den Mönchen in den Jahren 1583 bis 1597 ein großzügiges Kolleg errichten. In den für diesen Neubau zerstörten 20 Bürgerhäusern (nummeriert von A bis T) befanden sich zuvor auch drei Brauereien: in Haus P wurde von 1466 bis 1541 gebraut, die zum Zeitpunkt des Abrisses noch aktiven Braustätten in Haus Q (Braubetrieb seit 1405) und Haus S (gegründet 1375 mit Unterbrechung von 1407 bis 1482) kaufte jeweils 1582 Herzog Wilhelm V. auf. In das neue Jesuitenkloster integriert war auch eine Brauerei, die nach der Auflösung des Jesuitenordens 1773 als Staatsbetrieb unter Graf Clemens von Arco zunächst fortbetrieben wurde. Die Übergabe an die Malteser erfolgte 1781, wobei hierfür ein neues Braurecht geschaffen wurde. Mit dem Tausch des Brauereianwesens an den Staat (im Gegenzug erhielten die Malteser das ehemalige Paulanerbräuhaus) wurde 1804 der Braubetrieb beendet.

K 07 Karmeliterkloster

Ort: Karmeliterstraße
Gründungsjahr: nach 1650
Ende 1629 wurden von Kurfürst Maximilian I. vier Mönche der „Unbeschuhten Karmeliten“ von Prag nach München geholt. Wegen des großen Verdienstes des Ordensgenerals der Karmeliten bei der Schlacht am Weißen Berg hatte Maximilian die Gründung eines eigenen Karmeliterklosters in der Stadt gelobt. Der Bau des Klosters begann nach dem Dreißigjährigen Krieg ab 1650. Der Münchner „Karmel“ erhielt im Verlauf auch die Genehmigung zum Bierbrauen. Zahlreiche Bräumeister der Karmeliten übernahmen später bürgerliche Münchner Brauereien, so z.B. Franz Gege den Löwenbräu. Während der Säkularisation wurde das Kloster am 18. Juli 1802 aufgehoben und damit auch die Braugerechtigkeit.

STAATLICHE BRAUEREIEN

Aus finanzieller Notwendigkeit heraus gründeten zunächst Herzog Wilhelm V., danach sein Sohn und späterer Kurfürst Maximilian I. jeweils einen Braubetrieb in Eigenregie, die sich im Laufe der Zeit zu Musterbrauereien und sprudelnden Steuereinnahmequellen entwickelten.

S 01 Braunes Hofbräuhaus*

Ort: Alter Hof
Gründungsjahr: 1589
Herzog Wilhelm V. ließ zur Versorgung des Hofstaates 1589 eine eigene Brauerei in der ehemaligen Residenz der Wittelsbacher, dem Alten Hof, errichten. Das Hofbräuhaus entwickelte sich rasch zu einer Vorzeigebrauerei, sehr zum Leidwesen der bürgerlichen Brauer, für die der Staatsbetrieb eine höchst unliebsame Konkurrenz darstellte. Im Jahr 1808 wurde das Sieden von braunem Bier im Alten Hof eingestellt und in das weiße Hofbräuhaus verlagert.

Königlicher Hofbräu, Brauereianlage an der Inneren Wienerstraße,
Postkarte von 1899.

S 02 Weißes Hofbräuhaus*

Ort: Platzl 9
Gründungsjahr: 1607
Der Sohn von Wilhelm V., Herzog Maximilian I., entdeckte mit dem Brauen und Verkaufen von Weißbier eine äußerst ergiebige Einnahmequelle. Nachdem fünf Jahre lang wechselnd braunes und weißes Bier im Alten Hof gebraut worden waren, wurde 1607 am Platzl ein Neubau ausschließlich für den Sud von herzoglichem Weißbier errichtet. Ab 1828 wurde das Bier hier auch ausgeschenkt, nach der Verlagerung des Braubetriebes nach Haidhausen an den Wiener Platz wurde das Hofbräuhaus in den noch heute stehenden Bierpalast umgebaut.

VOR 1600 STILLGELEGTE BRAUEREIEN

An diesen Orten wurde oft nur kurzfristig gebraut, zum Teil ist ein Biersieden dort auch nicht eindeutig gesichert. Aufgeführt sind die Adressen und die Jahre, während derer (vermutlich) gebraut wurde.

Kaufinger Straße 4	1363
Kaufinger Straße 22a	1363
Weinstraße 10	1368–1490
Sendlinger Straße 2a	1369–1550
Tal 8	1369–1556
Neuhauser Straße 51/52 „S“	1375–1582
Theatinerstraße 11	1393–1410
Oberanger 55	1395–1419
Tal 12	1395–1508
Tal 30	1401–1423
Neuhauser Straße 51/52 „Q“	1405–1582
Tal 5	1415–1478
Tal 14	1431–1553
Neuhauser Straße 51/52 „P“	1466–1541
Neuhauser Straße 11/00	1474–1577
Sendlinger Straße 86	1480–1582
Hotterstraße 7/8	1480–1569 (83)
Neuhauser Straße 7	1482–1529
Tal 67	1482–1570
Residenzstraße 7	1496–1540
Promenadeplatz 17	1522
Karmeliterstraße 3	1527–1529

BÜRGERLICHE BRAUEREIEN

Es folgt eine chronologische Auflistung der über das Jahr 1600 hinaus brauenden, oftmals bereits im Mittelalter gegründeten Sudstätten.

Zum Franziskaner, Residenzstraße
Foto, 2020.

B 01 Franziskanerbräu*

Ort: Residenzstraße 9
Gründungsjahr: 1363
Erster Bräu war der 1363 belehnte Patrizier Seidel Vaterstetter. Den Namen bezog die Brauerei vom nahe gelegenen Franziskanerkloster. Ab 1665 prägte die Familie Haidt den Betrieb, die hier bis Ende des 18. Jahrhunderts die Brauer stellte. Allein Joseph Haidt braute nahezu 46 Jahre lang in der Residenzstraße. 1815 wurde dem Franziskanerbräu Markus Buehl erstmals für eine Münchner Brauerei die Genehmigung zur Aufstellung einer zweiten Sudpfanne erteilt. 1858 wurde ein Kompagnie-Vertrag mit der Leistbrauerei geschlossen, drei Jahre später erfolgte die Fusion der beiden Betriebe zum Franziskaner-Leistbräu. Der Braubetrieb wurde im selben Jahr in die Au (Hochstraße 7) verlegt. Später erfolgte der Umzug nach erneuter Fusion mit der Spatenbrauerei auf das heutige Gelände an der Marsstraße.

B 02 Probstbräu (Hackerbräu)*

Ort: Sendlinger Straße 75 a/c (14)
Gründungsjahr: 1363/1486
Auf Hausnummer 75 gründet sich ebenfalls eine der längsten Brautraditionen in München, wobei dieses Grundstück frühzeitig in drei Teile parzelliert wurde. Wie Vaterstetter bei der Franziskanerbrauerei war Ainweg Kirchler einer der im 14. Jahrhundert neu mit dem Brauregal belehnten Patrizier. Dieser war auf Hausnummer 75a 1363 als erster Bräu nachweisbar. Die Brauerei bestand zunächst gesichert nur bis 1431. Da für die nächste Zeit hier die Zuordnung der einzelnen Brauer zu den genauen Hausnummern der Sendlinger Straße ausnahmsweise aber nicht eindeutig ist (s. B 07 Faberbräu), könnte der Braubetrieb evtl. auch noch darüber hinaus fortgesetzt worden sein.

Erster (vermutlicher) Bräu auf der weiter zur Inneren Stadt hin gelegenen Parzelle 75c war demgegenüber 1486 Hans Schräl, wobei diese Brauerei in den nächsten Jahrzehnten wohl nur als Gaststätte betrieben wurde. Erst ab 1589 bestand ein durchgehender Braubetrieb auf diesem Teil des Grundstücks, Balthasar Probst wurde später Namensgeber der Brauerei. 1738 übernahm Simon Hacker, sein Sohn benannte die Sudstätte in Hackerbräu um. Dessen Nachfolger wurde schließlich Joseph Pschorr, der später das Grundstück 75a zur Vergrößerung seiner eigenen Brauerei ankaufte. Sein Sohn Georg verlegte den Betrieb an die Bayerstraße nahe der Hackerbrücke, die Gründung einer Aktiengesellschaft erfolgte 1881. Nach Fusion mit der Paulanerbrauerei 1972 wird heute nur noch auf deren Gelände in Langwied gebraut, das Stammhaus in der Sendlinger Straße wird aber als Münchner Traditionsgaststätte weiterbetrieben.

Hacker Stammhaus, Sendlinger Straße
Foto, 2020.

B 03 Schützbräu

Ort: Sendlinger Straße 82 (8)
Gründungsjahr: 1372
Konrad Mütel war der erste nachgewiesene Bräu 1372. Besonders eindrucksvoll ist die Lebensleistung des Schützbräus Ulrich Angermair, der die Brauerei 53 Jahre lang führte. Der namensgebende Johann Schütz braute von 1697 bis 1721. Der Braubetrieb wurde bis 1853, also insgesamt fast 500 Jahre, fortgeführt.

B 04 Unterpollingerbräu

Ort: Sendlinger Straße 5 (5)
Gründungsjahr: 1390
Brauereigründer war 1390 Ulrich Adelsdorffer, der 1397 zur Franziskanerbrauerei wechselte. Christoph Pollinger betrieb die Brauerei zwar nur über sechs Jahre (1666

bis 1672), seine Witwe jedoch besaß die Braustätte noch weitere 42 Jahre lang, wobei sie ihre nächsten drei Ehemänner jeweils überlebte. Dadurch setzte sich der Name Pollinger auf der Brauerei fest. Diese wurde 1829 stillgelegt, danach befand sich dort eine Gaststätte. Die Braugerechtsame wurde ab 1846 in ein reales, also transferierbares Recht umgewandelt (und 1858 für die Verlegung der Hackerbrauerei an die Bayerstraße verwendet).

B 05 Gilgenrainerbräu

Ort: Sendlinger Straße 83 (6)
Gründungsjahr: 1390
Werndel „der Münchperger“ ist als erster Brauer 1390 nachgewiesen, von Mitte des 15. bis Mitte des 16. Jahrhunderts ruhte der Braubetrieb fast durchgehend. Die Frau des Bräus Georg Vieregg, der 44 Jahre lang die Brauerei betrieb, wurde während der großen Hexenverbrennungswelle als Bierhexe angeklagt. Seit dem Jahre 1638 betrieb Hanns Gilgenrainer die Braustätte, Namensgeber dürfte sein Sohn Georg Gilgenrainer (1658–1660) gewesen sein. Der Brauereibetrieb dauerte bis ins Jahr 1844 an.

B 06 (Ober-)Spatenbräu*

Ort: Neuhauser Straße 4 (7)
Gründungsjahr: 1397
Hans Welser gründete 1397 diese Brauerei, die Brauerdynastie Starnberger betrieb sie in drei Generationen einhundert Jahre lang. 1622 übernahm der namensgebende Georg Spat die Braustätte. Sie stellte das Stammhaus der Spatenbrauerei dar, die mit Gabriel Sedlmayr hier ihren großen Aufschwung erlebte und von seinem Sohn an die Marsstraße verlegt wurde (Umzug 1856 abgeschlossen). Dort besteht sie heute nach der Fusion mit der Franziskaner-Leist-Brauerei und später mit Löwenbräu immer noch.

B 07 Faberbräu*

Ort: Sendlinger Straße 76 (7)
Gründungsjahr: 1431
Die ersten hier nachweisbaren Brauer (Perchtold Pörtzl 1431 und Chunrat Himmeltau 1453) gehören evtl. zum Nachbarhaus 75 (s. B 02 Probstbrauerei), in diesem Fall würde die Gründung der Faberbrauerei auf Lienhart Niderhofer 1462 zurückgehen. Von 1647 bis 1689 lag die Brauerei in der Hand von Andre Faber, der sie zuvor

bereits zehn Jahre lang als Pächter bewirtschaftet hatte (und damit insgesamt fast 53 Jahre der Bräu war). Im Januar 1734 war in der Malztenne mit der „Komödie" eine der wichtigsten Theaterbühnen Münchens ins Leben gerufen worden, wo u.a. mehrere Werke Friedrich Schillers ihre Münchner Premiere erlebten. Dies führte schon damals zu Platzproblemen durch den Besucherandrang, weshalb der Besitzer der daneben liegenden Probstbrauerei offiziell ein Parkverbot vor seiner Brauerei beantragte. Am 10. November 1777 eröffnete der Regisseur Johann Baptist Joachim Niesser mit Unterstützung der Akademie der Wissenschaften an dieser Stelle die „Deutsche Schaubühne", dem Vorläufer des heutigen Nationaltheaters. Dort wurden unter anderem erstmals in München Stücke von Lessing gezeigt. Aufsehen erregte 1841 ein Ringkampf im Hoftheater, bei dem der Faber Bierführer Simmerl Meisinger den favorisierten Franzosen Jean Dupuis besiegte. Die Brauerei wurde 1862 von der Pschorrbrauerei aufgekauft und erst ab 1878 wieder unter neuen Besitzern als Faberbräu fortgeführt. 1882 erfolgte unter Josef Pongratz die Vereinigung mit der ihm ebenfalls gehörenden benachbarten Eberlbrauerei. 1888 wurde diese Eberl-Faber-Brauerei zur Aktiengesellschaft, sechs Jahre später verlegte man den Braubetrieb in die Rosenheimer Straße 17. Nach dem Ersten Weltkrieg war die Brauerei unrentabel geworden, sodass die Fusion mit der freundschaftlich verbundenen Paulanerbrauerei 1920 erfolgte (diese hatte bereits zwei Jahre zuvor die Aktienmehrheit der Eberl-Faber-Brauerei erworben). Das Braugelände wurde an die Stadt München verkauft.

B 08 Bauernhanslbräu (Pschorrbräu)*

Ort: Neuhauser Straße 11 (21)

Gründungsjahr: 1445

Hanns Steub begründete 1445 den Braubetrieb, Namensgeber war Hans Pfundmayr („Bauernhansl"), der die Brauerei 1661 erwarb. Sie wurde 1820 nach ihrem Konkurs „auf offener Gant" vom Hackerbräu Joseph Pschorr gekauft, nach ihm selbst umbenannt und 1834 an seinen Sohn Georg weitergegeben. Die Pschorrbrauerei verlagerte von 1863 bis 1865 ihren Braubetrieb vollständig auf das Areal an der Bayerstraße 30–32, die alten Gebäude wurden bis zu ihrer Zerstörung im Zweiten Weltkrieg als Bierhallen genutzt.

B 09 „Brunnhuberbräu"

Ort: Neuhauser Straße 6 (11)

Gründungsjahr: 1453

Der Gründer des Bauernhanslbräus, Hanns Steub, wechselte 1453 ein paar Häuser weiter Richtung Innere Stadt und rief eine weitere Sudstätte ins Leben. Nach ihm ruhte die Brauerei für gute zwei Jahrzehnte, bis der Betrieb wieder aufgenommen wurde. Nach einer erneuten Ruhephase pachtete Balthasar Prunhuber 1544 die Braustätte. Er starb zwar bereits wenige Jahre später, die Brauerei blieb jedoch im Besitz seiner Witwe. Nach dem Tod ihres zweiten Ehemanns betrieb zunächst der Schwiegersohn für sie den „Brunnhuberbräu", nach ihrem Tod für ein Jahr ihr Sohn und dann ihr Stiefsohn Hans Prunhuber. Der Braubetrieb wurde am Ende des österreichischen Erbfolgekrieges 1714 nach Konkurs stillgelegt.

B 10 Högerbräu

Ort: Tal 75 (6)

Gründungsjahr: 1454

Erster Brauer war 1454 Thoman Passauer, der namensgebende Hans Höger war von 1628 bis 1633 als Bräu nachweisbar. Warum er sich in diesen wenigen Jahren so nachhaltig einprägen konnte, dass der ganze Betrieb später nach ihm benannt wurde, ist nicht überliefert. Denn er begründete keine Familiendynastie, der Högerbräu wurde nach seinem Tod von einem Fremden übernommen. Eher hätte man annehmen können, dass einer seiner Nachfolger – Hans Heichlinger – Pate geworden wäre, denn er braute hier 43 Jahre lang und lag an vierter Stelle unter den Münchner Brauereien. Die Brauerei wurde bis ins Jahr 1842 betrieben, danach ruhte das Biersieden. 1847 braute der Besitzer des Maderbräus hier noch einmal als Pächter, dann war endgültig Schluss. Das Gebäude und die eindrucksvolle Fassade wurden im Zweiten Weltkrieg zerstört. Nach dem zumindest weitgehend ähnlichen Wiederaufbau befindet sich hier heute eine McDonalds-Filiale.

Ehemaliger Högerbräu, heute McDonald's
Foto, 2020.

B 11 Fuchsbräu (Hartlische Brauerei, Buttler-Bräu, zum Bayerischen Löwen, Mathäserbräu)

Ort: Theatinerstraße 46 (46)/Bayerstraße 2

Gründungsjahr: 1455/1818

Die lange Brautradition an dieser Stelle wurde wahrscheinlich von Lorenz Hulger 1455 begründet. Sein Nachfolger Hanns Ochs war als Vierer des Bräuamts die treibende Kraft hinter der Revision der Brauordnung von 1493, in der eine dreijährige Lehre als Voraussetzung für die Übernahme einer Brauerei beschlossen wurde. Obwohl die Familie Reiter zuvor in drei Generationen hier 90 Jahre lang braute, wurde Paul Fux (von 1660 bis 1684) zum Namensgeber. Anschließend befand sich der Fuchsbräu auch etwa 80 Jahre im Besitz dieser Familie. Der Braubetrieb wurde im Jahre 1816 auf Grund der zunehmenden geistigen Verwirrtheit des Besitzers eingestellt und zwei Jahre später versteigert.

Mathäser-Bräu
Reklamemarke 1910.

Die Braugerechtsame wurde nun von Georg Hartl erworben, der vor dem Karlstor die Gaststätte zum „kleinen Löwengarten“ besaß. Dorthin übertrug er die Braugerechtigkeit (als „Hartlische Brauerei“). Da es sich um den Präzedenzfall einer Brauereiverlegung handelte, kam es zu einem langwierigen Streit mit den Behörden. Letztendlich wurde eine neue Konzession für die Bayerstraße 2 erteilt und im Gegenzug die Fuchsbräugerechtsame als „dauernd ruhend“ erklärt. Nachfolgend gab es mehrfach wechselnde Besitzer, u.a. den „Brau“-Grafen Theobald von Buttler-Haimhausen (Umbenennung in „Buttler-Bräu“). Nach seinem Tod wurde die Brauerei von den Erben zunächst verpachtet, kam schließlich „auf die Gant“ und wurde von den Brüdern Joel Jakob und Josef von Hirsch erworben. Diese verkauften den dazugehörigen Lagerkeller an der Landsberger Straße an Therese Wagner vom Augustinerbräu. Georg Mathäser erwarb die Brauerei 1858, wobei die Produktion zunächst ruhte und nur der Gastbetrieb fortgeführt wurde. Erst 1872 wurde der Braubetrieb als „Mathäser-Bräu“ wieder aufgenommen. Mathäser starb jedoch bereits zwei Jahre später, unter seiner Witwe Anna firmierte die Brauerei zum Teil unter dem Namen „Zum Bayerischen Löwen“. 1884 erfolgte die Umwandlung in die „Mathäserbräu Aktiengesellschaft“, 1907 dann die Fusion mit Löwenbräu. Der Braubetrieb wurde zu Beginn des Ersten Weltkriegs wegen Getreidemangels eingestellt und danach nur noch in geringem Umfang bis 1931 fortgeführt. Nach der vollständigen Zerstörung im Zweiten Weltkrieg erfolgte 1957 die Eröffnung der Mathäser-Bierstadt und des damals größten Kinos München. Die Tradition als legendäre (und berüchtigte) Bierhalle endete erst 1997 durch den Abriss der Gebäude. 2003 wurde das heute hier stehende Multiplex-Kino eröffnet. Im Mathäser wurde die Russnmass erfunden.

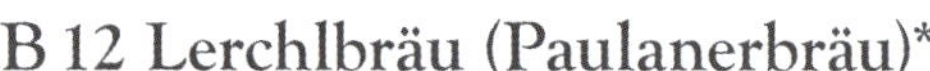

B 12 Lerchlbräu (Paulanerbräu)*

Ort: Neuhauser Straße 16 (27)

Gründungsjahr: 1456

Veit von Eisenhofen ist hier 1456 als erster Bräu nachgewiesen, Michael Lerchl übernahm die Brauerei zunächst 1575 als Pächter, um sie vier Jahre später zu kaufen. Er starb allerdings noch im selben Jahr, so dass zunächst der zweite Ehemann seiner

Witwe den Betrieb führte. Nach dessen Tod übernahm Lerchls Sohn Sebastian die Braustätte. Nach dem frühen Ableben seines Sohnes und Nachfolgers Joachim konnte dessen Mutter gegen die Regeln der Brauerzunft auf ihr „hochflehentliches Bitten" für eine Übergangszeit die Fortführung der Brauerei erwirken. Nach ihrem Tod im Jahr darauf gelangte 1634 der Betrieb durch Erbschaft an ihren zweiten Sohn Andreas, der damals bereits in den Konvent der Paulaner eingetreten war. Nun im Besitz des Paulanerordens wurde die Brauerei um 1660 auf deren Klostergelände in der Au verlegt. Der Ausschank erfolgte bis zur Errichtung des Salvatorkellers 1861 im Zacherlgarten (Ohlmüllerstraße 40). Die ursprüngliche Braustätte wurde danach Teil der Augustinerbrauerei, nachdem diese in die Neuhauser Straße verlegt und mehrfach vergrößert worden war.

B 13 Kalteneckerbräu

Ort: Promenadeplatz 21 (15)

Gründungsjahr: 1467

Die Brautradition am früher Kreuzgasse genannten Platz begann spätestens 1467 mit Peter Wildenroter: in diesem Jahr wurde er bereits zum Vierer gewählt, so dass die Brauerei mit hoher Wahrscheinlichkeit schon vor dieser Zeit existierte. Der Name der Brauerei stammte von der alten Bezeichnung „am Kalteneckh" (Ecke Promenadenplatz / Karmeliterstraße Ost). Ein tragisches Schicksal ereilte den Kalteneckerbräu Gallus Stolz und seine Ehefrau: diese wurde Ende des 16. Jahrhunderts, im selben Jahr als Gallus die Brauerei übernahm, als Hexe verbrannt und von Gerichts wegen anschließend die Brauerei geschlossen. Nach dem Sudjahr 1826/27 wurde der Braubetrieb eingestellt, die Braugerechtigkeit erwarb 1848 wie beim Dürnbräu Gabriel Sedlmayr. Er transferierte sie drei Jahre später auf sein Grundstück an der Marsstraße, wo sie zum Grundstock der späteren, heute noch existierenden Großbrauerei wurde.

B 14 Hascherbräu

Ort: Sendlinger Straße 85 (6)

Gründungsjahr: 1471

Erster belegter Brauer auf diesem Grundstück war 1471 Michael Starnberger, im Besitz dieser großen Brauerdynastie blieb die Brauerei über 36 Jahre. Der namensgebende Georg Harscher übernahm den Betrieb von 1664 bis 1692. Die Brauerei war bis 1859 in Betrieb, dann wurde sie im Rahmen des großen Brauereisterbens während des Montgelasschen Biersatzregulativs stillgelegt.

B 15 „Holzmüllerbräu“

Ort: Neuhauser Straße 14 (21)

Gründungsjahr: 1478

Mit Matheis Egker begann am sogenannten „Holzmüllereck“ (Ecke Neuhauser/ Eisenmannstraße Ost) 1478 der Braubetrieb. Nach seinem Tod übernahm – ganz ungewöhnlich für die damalige Zeit – 1491 seine Witwe Margaretha als Bräuin die Brauerei. Später folgte der namensgebende Peter Holzmüller, der für 40 Jahre die Geschicke des Betriebs lenkte und von seinem Sohne beerbt wurde. Ab 1595 wurde die Brauerei über 65 Jahre hinweg immer wieder verpachtet, bis mit Simon Schwarzenberger der letzte „Holzmüllerbräu“ das Ruder übernahm. Nach seinem Tod wurde die Brauerei 1681 stillgelegt.

B 16 Birnbaumbräu

Ort: Theatinerstraße 5 (-)

Gründungsjahr: 1482

Hans Albertshofer war 1482 der Begründer dieser Brauerei, auf der später für mehr als ein halbes Jahrhundert die weitverzweigte Brauerfamilie Starnberger das Sagen hatte. Ab 1830 ruhte der Sudbetrieb mit einer kurzen Unterbrechung, 1873 erfolgte der Verkauf für 150.000 Gulden an die Stadt München. Das Gebäude wurde dann ein Jahr später im Rahmen der Straßenerweiterung der Maffeistraße zum Promenadenplatz abgebrochen. Namensgebend war hier entweder ein markanter Baum vor dem Gebäude oder ein entsprechendes Wandfresko.

B 17 Dürnbräu

Ort: Tal 21b (19)

Gründungsjahr: 1482

Zur Brauerei wurde dieses Haus 1482 mit Jörg Mülner, der bis 1490 auch als Hofbräu bezeichnet wurde und über viele Jahre Vierer des Handwerks war. Georg Dürr (Namensgeber) braute zwischen 1607 und 1633, danach übernahm die Familie Ostermayr für mehr als 70 Jahre die Braustätte. Ebenfalls eine lange Brautätigkeit (45 Jahre) war im 18. Jahrhundert dem Brauer Kaspar Hahn beschieden. Nach dem frühen Tod seines Nachfolgers wurde der Dürnbräu lange Zeit von dessen Witwe Rosina Rest geleitet. 1819 Kauf durch Johann Nepomuk Schwanghart, der auch die zugehörigen Keller in der Preysing- und Kellerstraße erstand. Gabriel Sedlmayr, der Spatenbräu, heiratete 1840 dessen Tochter Anna Rosalie, kaufte die Brauerei aber erst 1863. Im Jahr darauf erfolgte dort der letzte Sud, um sie danach als Mälzerei (bis

Ehemaliger Dürnbräu
Foto, 2020.

1903) fortzuführen. Heute besteht an Stelle der ehemaligen Brauerei noch eine Gaststätte gleichen Namens.

Schneiderbräu
Foto, 2020.

B 18 Maderbräu (Schneiderbräu)

Ort: Tal 10 (7)

Gründungsjahr: 1482/1872

Fraglich ist, ob bereits im Jahre 1369 hier ein Braubetrieb bestand. Seither war in dem Haus auf jeden Fall eine Gastronomie untergebracht. Christoph Reithofer begründete dann 1482 die fortlaufende Tradition einer Braustätte, die in der zweiten Hälfte des 16. Jahrhunderts zunächst 42 Jahre lang von Wolfgang Springer, dann von seinem Sohn geführt wurde. Der namensgebende Bräu war Jacob Mader (von 1642 bis 1655), in seiner Familie verblieb die Braustätte bis 1825. Der Maderbräu war Ausgangspunkt des ersten Münchner Bierkrawalls 1844, bei dem die Brauerei vollständig zerstört wurde. Die damalige Bräuin Anna Fink suchte sich im Jahr darauf einen zweiten Ehemann zur Verstärkung. Unter diesem Joseph Locher lag der Maderbräu auf dem siebten Platz unter den Münchner Sudstätten. Dennoch ging es mit der Brauerei bergab, 1865 fand zunächst der letzte Sud statt. Vier Jahre später erfolgte die Zwangsversteigerung.

Als ehemaliger Bräumeister des Hofbräuhauses übernahm Georg Schneider I. im Jahre 1872 das frei gewordene Weißbierbrauregal des Hofbräuhauses und eröffnete zusammen mit seinem gleichnamigen Sohn ein Jahr später einen erneuten Weißbier-Braubetrieb im zuvor erworbenen Maderbräu. Die Brauerei prosperierte, die Gebäude wurden durch einen repräsentativen Neubau ersetzt. Der Braubetrieb wurde bis zum Zweiten Weltkrieg an dieser Stelle fortgeführt, dann erfolgte wegen der kompletten Zerstörung der Münchner Brauanlagen 1946 die Verlegung nach Kelheim. Dort hatte der Schneiderbräu seit 1928 sein zweites Standbein, und auch heute noch liegt hier die Brauerei im Familienbesitz (unter dem sechsten Georg Schneider in Folge), im Münchner Stammhaus im Tal besteht der Gastbetrieb des Weißen Bräuhauses fort.

B 19 Metzgerbräu*

Ort: Tal 62 (26)

Gründungsjahr: 1482

Auf diesem Grundstück war als erster Bräu Peter Raidt 1482 nachweisbar, wobei er wahrscheinlich schon vorher hier gebraut hatte (die Steuerbücher aus dieser Zeit fehlen leider: Peter Raidt wurde aber im Jahr 1478 zum Vierer gewählt, was auf den

Betrieb einer bereits erfolgreichen Brauerei hindeutet). Nach seinem Tod wurde die Brauerei von seiner Witwe zunächst über 40 Jahre geleitet, bevor sie an ihren Sohn übergab. Kurios wurde die Geschichte der Brauerei schließlich 1611: zu diesem Zeitpunkt befand sie sich im Besitz der Witwe des letzten Brauers, Maria Mayr, welche sie an Melchior Ständler verpachtete. Nach ihrem Tod erbte ihr Sohn Paulus Mayr, der damals selbst Pächter des Filserbräus war. Deshalb verlängerte er den Pachtvertrag mit Ständler, der wiederum seinerseits im gleichen Jahr den Spöckmayrbräu gekauft hatte. Nun trat aber der Fall ein, dass der Filserbräu nach einem Wechsel des Besitzers von diesem wieder selbst bewirtschaftet wurde: Paulus Mayr musste somit vom Filserbräu zurücktreten, konnte wegen des gerade verlängerten Pachtvertrages aber seinen eigenen Metzgerbräu nicht übernehmen. Aus dieser Not heraus pachtete er nun den Spöckmayrbräu, der ja seinem Pächter Ständler gehörte. Mit anderen Worten brauten somit die beiden Besitzer jeweils in Pacht auf den Brauereien ihrer eigenen Pächter. Diese spannende Situation endete letztlich tragisch, denn sowohl Mayr als auch Ständler verstarben während der Pest im Jahr 1632. Ähnlich verworren ist die spätere Namensgebung der Brauerei: Christoph Ostermayr kaufte sie 1639 von den Vorbesitzern. Zuvor hatte er sich als Pächter des Maderbräus unter dessen Besitzer Hans Metzger einen so guten Ruf erarbeitet, dass er in der Stadt als „Metzgerbräu“ bekannt war. Diesen „Titel“ übertrug er nach dem Wechsel auf seine eigene Brauerei, die seither mit diesem Namen geführt wurde. Unter seiner Leitung wurde der Metzgerbräu zur größten Brauerei in München. In der dazugehörigen Gaststätte trafen sich traditionell die Metzgergesellen vor ihrem „Metzgersprung“. Im Jahre 1885 erwarb Johann Wagerer, der Eigentümer der Lilienbrauerei in der Au, die Braustätte. Bereits nach zwei Jahren erfolgte der Verkauf an die AG „Brauerei zum Münchner Kindl“. Der Braubetrieb wurde noch im selben Jahr eingestellt und das Haus nur noch als Gaststätte für den Ausschank des Münchner-Kindl-Bieres weitergeführt.

Ehemaliger Metzgerbräu, heute Butlers
Foto, 2020.

B 20 Filserbräu

Ort: Weinstraße 8 (8)
Gründungsjahr: 1484

Der Braubetrieb begann spätestens 1484 mit Hans Hullger, wobei aber bereits 1392 ein „prewhaws“ an dieser Stelle erwähnt wird. Mehr als ein Jahrhundert befand sich die Brauerei im Besitz der Familie Mayr (s. B 17 Metzgerbräu). Der namensgebende Bräu war ab 1668 Martin Filser, der Bräuknecht des kurfürstlichen Weißen Bräuhauses, der als dritter Ehemann der letzten Mayr-Tochter in den Besitz der Brauerei kam. Seine vier Töchter konnten jeweils in höhere Stände des Stadt-, Land- und Reichsadels verheiratet werden, und ein Enkel – Felix Oefele – wurde kurfürstlicher Sekretär und Begründer des Oefele-Kreises, der zur Entstehung der Bayerischen Akademie der Wissenschaften beitrug. Im Filserbräu trafen sich traditionell die Kürschner und Kaminfeger. Der Filserbräukeller in der Bayerstraße wurde 1817 von der Spatenbrauerei gekauft. Der Braubetrieb in der Weinstraße erlosch im Jahre 1827, die Braugerechtsame wurde 1844 von Georg Brey, dem Löwenbräu, gekauft. Diese wurde auf das Gelände an der Nymphenburger Straße 4 verlegt, um dort eine zweite Sudpfanne zu errichten.

B 21 Leistbräu*

Ort: Sendlinger Straße 54 (50)
Gründungsjahr: 1485
In dieser Brauerei in der Sendlinger Straße war der erste belegbare Bräu 1485 Jakob Gallmair, Hans Leist war dann ab dem Jahre 1649 dreißig Jahre lang tätig. Noch länger, nämlich 42 Jahre, braute später Christof Viepöckh (bis 1761). 1842 gelangte die Brauerei in die Hände von Josef Sedlmayr, der sie mit der Franziskaner-Brauerei zusammenführte und den Braubetrieb 1865 an die Hochstraße 7 in der Au verlegte. Der Betrieb wurde schließlich 1922 mit der Spatenbrauerei seines Bruders an der Marsstraße vereinigt zur Spaten-Franziskaner-Leist-Brauerei. Der Braubetrieb an der Hochstraße wurde 1931 komplett stillgelegt, heute erinnert noch der Straßenname Franziskanerstraße an die ehemalige Brauerei.

B 22 Sollerbräu

Ort: Tal 60 (30)
Gründungsjahr: 1486
Der Beginn des Braubetriebs erfolgte 1486 mit dem ersten Brauer Hans Münstrer, die Brauerei wurde danach aber heruntergewirtschaftet und war schließlich „auf die Gant“ gekommen. Der Namensgeber Balthasar Soller war ab 1640 hier nachweisbar (braute bis 1660), anschließend Fortführung zunächst über seine Witwe (bzw. deren beider Ehemänner), dann durch seinen Sohn. Dessen Witwe heiratete Sylvester Eisenberger, der 41 Jahre lang auf dem Sollerbräu wirkte. Unter ihm erreichte die Brauerei eine anhaltende wirtschaftliche Stabilität. Der letzte Brauer jedoch war glücklos und rutschte 1834 in die Armut ab, die stillgelegte Brauerei kam erneut „auf die Gant“. Nach seinem Tod wurde die Brauerei 1837 samt Braugerechtsame verkauft und als Gaststätte genutzt. 1905 befand sie sich im Besitz der Unionsbrauerei, der Aufkauf durch die Löwenbräu-AG (wieder „auf der Gant“) erfolgte 1937.

Lena Christ hat in ihrem Roman „Rumplhanni" dem Sollerbräu ein literarisches Denkmal gesetzt.

B 23 Hallerbräu

Ort: Neuhauser Straße 5 (9)
Gründungsjahr: 1490
Auf diesem Haus war Lamprecht Ungelter 1490 der erste nachweisbare Bräu, bereits im Jahr darauf wurde er für fünf Jahre als „meines gnädigen Herrn Pierprew" – d.h. als Hofbräu von Herzog Albrecht IV. – von der Steuer befreit. Sein Nachfolger Diepolt Menzinger braute dann über 50 Jahre auf dieser Braustätte. Der namensgebende Brauer Balthasar Haller pachtete zunächst die Brauerei 1638, ab 1662 betrieb er sie als selbstständiger Bräu. Franz Xaver Zacherl übernahm den Betrieb 1797 anfangs ebenfalls als Pächter. Zwei Jahre später konnte er ihn käuflich erwerben und innerhalb von acht Jahren auf den zweiten Platz unter den Münchner Brauereien führen. Nach seinem Wechsel zur Paulanerbrauerei verkaufte er den Betrieb 1818 an Anton Schützinger. Dieser war damals einer von drei Nichtbauern, denen der Besitz einer Brauerei gestattet wurde. Er lag zu diesem Zeitpunkt als „Wein-Gastgeb" an achter Stelle der höchstbesteuerten Bürger Münchens. Der Braubetrieb in der Neuhauser Straße wurde 1861 eingestellt.

B 24 Kempterbräu

Ort: Burgstraße 16b (4)
Gründungsjahr: 1489
Die Burgstraße 16 bestand ursprünglich aus zwei Häusern, und in beiden waren im Laufe der Zeit Brauereien eingerichtet (Burgstraße 16a – später Zengerbräu – südlich und nördlich 16b – Kempterbräu). Da die Brauer dieser zwei Braustätten in der früheren Literatur oftmals vermengt wurden, folgen wir im Weiteren der Ausarbeitung von Wolfgang Behringer: Der erste, sicher im Steuerbuch von 1490 nachgewiesene Brauer war Jörg Hafner. Er war wahrscheinlich der Erbe einer Brauerei in der Weinstraße 10 und verlegte den Braubetrieb nach dem Tod seines Vorgängers im Jahr zuvor in die Burgstraße 16b. Er braute bis 1522, sein Bruder übernahm (wahrscheinlich) die Brauerei im Nachbarhaus. Jörg Hafners Nachfolger stiegen ins Stadtpatriziat auf (Dr. Paulus Hafner wurde Reichskammergerichtsprokurator in Speyer, d.h. er hatte bereits dem Adel ähnliche gesellschaftliche Position erreicht) und übten den Brauberuf nicht mehr aus. Nach Jörg Hafners Tod wechselte jedoch der Bräumeister vom Nachbarhaus (Zengerbräu) hierher. Nach Phasen kurzzeitiger Brautätigkeiten und Ruhen des Braubetrie-

bes erfolgte unter Georg Hainmüller, dem Besitzer des benachbarten Zengerbräus, die Vereinigung der Zwillingsbrauereien. Doch bereits nach seinem Tod zu Beginn des Dreißigjährigen Krieges kam es 1618 zur erneuten Teilung unter den beiden Söhnen: Jörg Hainmüller übernahm den Kempterbräu, wobei beide Brüder im Pestjahr 1635 starben. Durch Einheirat kam der namensgebende Brauer Leonhard Kempter 1679 in Besitz der Braustätte. Die Witwe seines Sohnes verkaufte schließlich 1713 an Johann Zenger, den Besitzer der Nachbarbrauerei. Von nun an blieben beide Brauereien ungeteilt in Hand eines Besitzers (im Weiteren siehe B 25 Zengerbräu).

B 25 Zengerbräu (Bürgerbräu)*

Ort: Burgstraße 16a (4)

Gründungsjahr: 1490

Evtl. bergründete der Bruder des Kempterbräus (s.o.), Sigmund Hafner, 1490 die Brauerei im Nachbarhaus 16a. Beide Brüder teilten sich offenbar das mütterliche Erbe. Die Brauerei wurde in der Folgezeit immer wieder verpachtet, bis Georg Hainmüller – zunächst als Pächter, dann als Besitzer – 1569 die Braustätte übernahm. Er kaufte acht Jahre später die Brauerei im Nachbarhaus, deren Pächter zu ihm in die Burgstraße 16a wechselte. Nach Hainmüllers Tod übernahm der zweite Sohn Wolfgang 1618 die Brauerei, starb aber zusammen mit seinem Bruder 1635 an der Pest. Seine Tochter betrieb die Braustätte mit ihren drei Ehemännern weiter. Der letzte davon, Martin Zenger, sollte schließlich fast unglaubliche 60 Jahre lang die Brauerei weiterführen. Sein Sohn Johann übernahm 1713 auch die benachbarte Kempterbrauerei, fortan wurden beide Braustätten in Hand eines Besitzers betrieben. Der Brauer Josef Hierl führte die Zengerbrauerei ab 1840 in die Moderne. Nach einem verheerenden Brand 1842 wurde der Braubetrieb in die Kellerstraße 6 nach Haidhausen verlegt, Hierl erwarb zudem die Braugerechtigkeit des Anger-Klosters (K 03) und transferierte diese ebenfalls dorthin.

Walburga Hierl, die letzte Bräuin auf dem Zengerbräu, verkaufte diesen Ende 1880 an die AG „Bürgerliches Bräuhaus“ (im Volksmund „Bürgerbräu“ genannt). An den Verhandlungen beteiligt war ihr Schwiegersohn, der berühmte Münchner Architekt Jakob Littmann, der in den Aufsichtsrat der Aktiengesellschaft aufgenommen wurde. Diese konnte zunächst hohe Dividenden (bis zu 10%) ausschütten, während des Ersten Weltkrieges kam es aber zu einem deutlichen Rückgang des Ausstoßes auf weniger als die Hälfte der Vorkriegsproduktion. Dies führte zur Fusion 1921 mit der Löwenbrauerei. 1932 kam das Ende des Brauens in der Kellerstraße, danach nur noch Betrieb als Gaststätte. Im Keller der Brauerei an der Rosenheimer Straße fand im Jahre 1939 das Attentat von Georg Elser auf Hitler statt.

B 26 Probstbräu

Ort: Unterer Anger 27, früher Mühlgasse (Oberanger 35)
Gründungsjahr: 1490

Erster Bräu war auf diesem Grundstück im Jahre 1490 Diepold Mentzinger, nach ihm braute dort ab 1508 Wolfgang Mair 43 Jahre lang Bier. Thomas Probst übernahm Ende des 16. Jahrhunderts die Brauerei zunächst als Pächter, dann als Eigentümer. Namensgeber war aber erst 25 Jahre später nach mehreren Zwischenbesitzern der Bräu Georg Probst. Der zweite Ehemann seiner Witwe betrieb die Braustätte gut 43 Jahre lang, dessen Nachfolger sogar 51 Jahre. Die Brauerei bestand fort bis 1841. Die dazugehörige Gaststätte wurde 1891 von der Löwenbräu AG aufgekauft.

B 27 Spöckmayrbräu

Ort: Rosenstraße 8 (8)
Gründungsjahr: 1496

Der Braubetrieb begann 1496 mit Hans Seemüllner, wobei die Brauerei in der ersten Hälfte des 16. Jahrhunderts die meiste Zeit ruhte. Erst ab 1561 wurde die Braustätte durchgehend betrieben. Zu den verworrenen Besitz- und Pachtverhältnissen zwischen Melchior Ständler und Paulus Mayr Anfang des 17. Jahrhunderts sei auf den Metzgerbräu (B 19) verwiesen. Zum Ende des Dreißigjährigen Krieges hatte sich der Spöckmayrbräu auf den dritten Platz unter den Münchner Brauereien vorgearbeitet. Der Namensgeber Michael Spöckhmayr war dann von 1687 bis 1731 (44 Jahre lang) hier tätig. Seinem Sohn war eine derartig lange Schaffensperiode nicht vergönnt, er starb bereits acht Jahre nach der Übernahme der Brauerei. Der letzte Prew aber, Bernhard Hueber, betrieb die Sudstätte sage und schreibe über 54 Jahre hinweg, bevor er sie 1825 an Franz Xaver Zacherl von der Paulanerbrauerei verkaufte. Seither wird sie als Gaststätte, die kürzlich vollständig renoviert und umgebaut wurde, bis heute weiterbetrieben.

Gastwirtschaft Zum Spöckmeier
Foto, 2024.

B 28 „Perchtoldbräu"

Ort: Sendlinger Straße 72 (Hackenstraße 1)
Gründungsjahr: 1496

Mit Georg Starnberger I., der zu der größten Brauerdynastie in München gehörte, begann auf diesem Grundstück in der Sendlinger Straße die Brautätigkeit. In der Folgezeit wechselten die Brauer vergleichsweise schnell, kurzzeitig ruhte der Betrieb wohl auch. Kontinuität erfuhr die Brauerei durch Wolfgang Perchtold, dessen Familie knapp 50 Jahre lang den Bräu stellte. Während die Pest im Dreißigjährigen Krieg in München wütete, kam die Braustätte in Konkurs und wurde anschließend verpachtet. Bei Kriegsende erfolgte nochmals eine Konsolidierung, bis der Braubetrieb von 1681 an zunächst für über ein halbes Jahrhundert ruhte. 1738 wurde das Brauen von Joseph Schmäder wieder aufgenommen, dessen Tod 1749 aber bedeutete das endgültige Ende für diese Brauerei.

B 29 Unterkandlerbräu

Ort: Neuhauser Straße 15 (25)
Gründungsjahr: 1499
Erster nachweisbarer Brauer war 1499 Korbinian Starnberger I., ebenfalls Mitglied der großen Brauerfamilie Starnberger, der auch gleich eine beeindruckende Brautätigkeit von 48 Jahren hinlegte. Auch Hans Khandler, dessen Namen die Brauerei später trug, war ab dem Jahre 1610 für 44 Jahre im Besitz der Braustätte. Mit ihm führte über mehr als ein Jahrhundert eine einzelne Familie den Braubetrieb: zunächst der Sohn, dann der Enkel, dessen Tochter bis 1723 auf dem Unterkandlerbräu blieb. Ihr zweiter Ehemann erbte diesen dann, wobei auch ihm und seinem nachfolgenden Sohn jeweils eine lange Schaffensperiode von 48 bzw. 42 Jahren vergönnt war. Die Brauerei bestand bis ins Jahr 1847 und ging später in der Vergrößerung der benachbarten Augustinerbrauerei auf. Danach wurde die Braugerechtigkeit auf das Orlandohaus für den Betrieb einer Tafernwirtschaft übertragen, Grundlage für den hier heute noch bestehenden Gaststättenbetrieb. Der Lagerkeller des Unterkandlerbräus in der Marsstraße – nach seinem früheren Besitzer „Silberbauerkeller" genannt, wurde ab 1851 zur Keimzelle der modernen Spatenbrauerei.

B 30 „Stürzerbräu"

Ort: Neuhauser Straße 9 (19)
Gründungsjahr: 1500
Georg Mair I. begründete die Brauerei und blieb ihr gleich für über 50 Jahre als Bräu erhalten. Nach seinem Sohn übernahm Haimeran Stürzer den Betrieb. Da er jedoch bereits zwei weitere Brauereien besaß (den Hallerbräu nur wenige Häuser weiter stadteinwärts sowie den Unterkandlerbräu), verpachtete er die Braustätte zunächst, bis er sie an seinen Schwager Hanns Päl weiterveräußerte. Auch diesen traf wie so viele andere der Pesttod während des Dreißigjährigen Krieges. Sein Nachfolger erwarb die Brauerei im Konkursverfahren und tauschte sie fünf Jahre später mit einer anderen Braustätte, woraufhin das Bierbrauen in der Neuhauser Straße unter den neuen Besitzern 1641 endete.

B 31 Unterottlbräu

Ort: Sendlinger Straße 26 (25)
Gründungsjahr: 1513

Auf diesem Grundstück stellte die Brauerdynastie Starnberger ab dem Jahr 1513 den ersten Bräu, nach der Pestepidemie während des Dreißigjährigen Krieges ruhte der Betrieb für einige Jahre. In der Folge wechseln die Brauer relativ rasch, wobei die Geschichte mit der Person des Thomas Lamprecht 1707 wieder interessant wird. Ihm ist nämlich der Name Unterottl zu verdanken, obwohl niemals ein Brauer namens Ottl hier tätig war. Lamprecht war der dritte Ehemann der Elisabeth Ottl, ehemals Frau des namensgebenden Brauers Georg Ottl auf dem Oberottlbräu. Dieser muss einen nachhaltigen Eindruck hinterlassen haben, denn obwohl er nur wenige Jahre die Brauerei innehatte, trug sie fortan seinen Namen – wodurch Lamprecht als der neue Prew zum Ottlbräu wurde. Nach dem Tod seiner Frau kaufte er sich hier in der Sendlinger Straße eine zweite Brauerei hinzu und übertrug damit den Namen Ottl, wobei nun die beiden Betriebe in Ober- und Unterottl unterschieden wurden. Im Jahr 1825 wurde die Brautätigkeit beendet, nachdem der letzte Bräu Felix Fürmann sich maßlos in einem Bieterwettstreit mit dem Braugiganten Joseph Pschorr überschätzt hatte und seither finanziell nicht mehr auf die Füße kam. In seinem letzten Sudjahr 1824 braute Fürmann ohne einen einzigen Bräuknecht, im Jahr darauf kam die Brauerei „auf die Gant“.

B 32 Wagnerbräu

Ort: Neuhauser Straße 12 (21)
Gründungsjahr: 1515

Gegründet wurde diese Brauerei von Paul Präckmair, prägend war dann über 70 Jahre die Brauerfamilie Springer. Deren Tradition endete wieder einmal dadurch, dass die Pest den letzten Brauer dahinraffte. Nach wechselnden Besitzern war es dann die Familie Wagner, die für die Geschicke der Brauerei verantwortlich war und ihr den Namen gab. Joachim Wagner führte sie ab 1669, sein Sohn Kaspar bis 1722. Im Jahre 1800 begann der berühmte spätere Löwenbräu Georg Brey hier seine Lehre. Auch der Leistbräu Joseph Sedlmayr hatte eine Verbindung mit dem Wagnerbräu, soll er doch auf Grund einer unerfüllten Liebe zur Tochter des Brauereibesitzers zu Gunsten seines jüngeren Bruders Gabriel auf die Leitung der Spatenbrauerei verzichtet haben. 1812 wurde an der Theresienhöhe 3 ein großer Lagerkeller für den Wagnerbräu errichtet, der später von der Pschorrbrauerei erworben und unter dem Namen Bavariakeller bekannt wurde. Die Wagnerbrauerei zählte unter ihrem letzten Besitzer Anton Köck zu den großen Münchner Brauereien, 1844 lag sie an fünfter Stelle. Während des Bierkrawalls in diesem Jahr wurden jedoch schwere Schäden in der Brauerei angerichtet. Nach Köcks Tod wurde der Betrieb 1865 an Georg Pschorr jun. von der Pschorrbrauerei verkauft.

B 33 Heißbauernbräu

Ort: Oberer Anger 46 (30)
Gründungsjahr: 1522
An dieser Brauerei ist vor allem die Namensgebung interessant. Hans Arnold war 1522 hier auf der Hausnummer 46 der erste belegte Bräu, ihr Namensgeber Philipp Heiss I. besaß die Brauerei ab 1569. Offenbar musste er aber als Handschuhmacher zunächst umschulen, denn in der Sudliste von 1571 wurde er noch ohne Bierausstoß aufgeführt. Wohl erst fünf Jahre später nahm er den Braubetrieb auf, der von seinem gleichnamigen Sohn fortgeführt wurde. Als die Pest während des Dreißigjährigen Krieges in München eintraf, raffte sie auch den vorerst letzten Prew auf dieser Braustätte hinweg. Der Betrieb ruhte zunächst, bis das Anwesen 1637 von Nichtbrauern „auf offener Gant" erworben wurde. Danach wurde in diesem Haus nie wieder gebraut. Warum aber tauchte der Heißbauernbräu später bis ins Jahr 1829 in den Sudlisten auf? Hier wird die Geschichte mit dem B 60 „Bauerbräu" fortgesetzt.

B 34 Kapplerbräu

Ort: Kardinal-Faulhaber-Straße 13 (12)
Gründungsjahr: 1522
Die heutige Kardinal-Faulhaber-Straße hieß früher Kapplerbräu-Gasse. Zunächst nur als Schankstätte betrieben entwickelte sich hier mit Kaspar Mentzinger ab 1522 eine Brauerei, die bis ins 19. Jahrhundert hinein bestand. Den ersten Brauern war allerdings kein rechtes Glück beschieden, dem einen wurde wegen Armut die Schenkensteuer erlassen, der andere tauchte in der Sudliste von 1571 gar nicht mehr auf. Aufwärts ging es ab Beginn des 17. Jahrhunderts unter Nikodemus Häring und seinem Sohn Balthasar, die beide jeweils ca. 40 Jahre brauten. Auch dem Nachfolger, einem Cousin von Häring, war mit wiederum 40 Jahren ein langes Brauerleben vergönnt. 1820 kam der Betrieb schließlich „auf die Gant", fünf Jahre später übernahm ihn Moritz Maendl, ein jüdischer Großhändler. Auf Grund des bereits 1813 von Montgelas erlassenen Judenedikts wurde ihm in den kommenden Jahren mehrfach der Befehl erteilt, die Brauerei zu verkaufen. Nur auf Grund seiner nachweislich großen Investitionen erhielt er bis 1832 einen Aufschub. Auf Antrag der übrigen Münch-

ner Brauereien wurde ihm dabei untersagt, die Brauerei auf seinen Namen zu betreiben: zweimal wurde er in den Malzlisten als „Jud Mändl" bezeichnet. In der Folge rascher Wechsel der Besitzer, letzter Sud 1852. Danach hielt ein Hotelbetrieb in den Räumen Einzug. Kurios ist bei dieser Brauerei die Benennung: der namensgebender Bräu Thomas Kappler braute nämlich niemals in dieser Braustätte. Vielmehr heiratete Kappler 1635 die Witwe Katharina des Vorbesitzers des „Nottensteinbräus" (B 59) und verstarb 1657. Offenbar hatte er sich dort aber besonders gut eingeführt, so dass auch sein Nach-Nachfolger noch als „Kapplerbräu" firmierte. Als dieser dann die Brauerei in der Kardinal-Faulhaber-Straße kaufte, bevor seine alte Brauerei dem Bau des Karmelitinnenklosters zum Opfer fiel, transferierte er offenbar diesen Namen auf seine neue Braustätte.

B 35 Menterbräu

Ort: Rosenstraße 12 (Kaufhof)
Gründungsjahr: 1522
Gründer der zweiten Brauerei in der Rosenstraße war Hans Kirchmair II. 1522, der zuvor offenbar als Bäcker arbeitete. Ab 1585 war die Brauerfamilie Pollinger wechselnd als Pächter und Besitzer auf der Braustätte, bis diese Tradition während der Pest 1635 abrupt abbrach. Hans Menter konnte dann den Betrieb „auf der Gant" erwerben, er leitete die Brauerei von 1636 bis 1647. Trotz dieser kurzen Brautätigkeit trug sie von nun an seinen Namen. Nach seinem Tod wurde die Sudstätte verpachtet und arbeitete sich in dieser Zeit auf den zweiten Platz unter den Münchner Brauereien vor, bevor Menters Sohn übernahm. Peter Paul Wöckher leitete schließlich über 40 Jahren lang die Brauerei in der ersten Hälfte des 18. Jahrhunderts, seine Witwe braute weitere 18 Jahre, bevor sie an ihren Schwiegersohn übergab. Die Brauerei war danach noch bis 1852 in Betrieb, die Braugerechtigkeit wurde anschließend von Josef Sedlmayr (Leistbräu) erworben, der sie in die Schützenstraße 15 auf seine dortige Sudstätte transferierte.

B 36 Löwenbräu*

Ort: Löwengrube 17 (14)
Gründungsjahr: 1524
Die Brauerei war erst die zweite, die abseits der Hauptzufahrtsstraßen zum Marktplatz errichtet wurde. Der erste Bräu war 1524 Jörg Schnaitter, der aber bald auf den verkehrsgünstiger gelegenen Prüglbräu wechselte. Der heute noch gültige Name der Brauerei wurde unter der herausragenden Brauerin Maria Theresia Gegin (1735–

1756) geprägt, die den Betrieb nach dem Tode ihres Mannes allein weiterführte. Im Sudenverzeichnis 1746/47 wurde sie erstmals als „Franz Gegens Wittib, Lebenpreuin in der Lebengruben" bezeichnet. Der Braubetrieb im Stammhaus der Löwenbrauerei wurde im 19. Jahrhundert eingestellt und die gesamte Brauerei an die Nymphenburger Straße verlagert. Dort wird auch heute noch gebraut und damit die Tradition fortgeführt.

B 37 „Haidtbräu"

Ort: Sendlinger Straße 24 (24)
Gründungsjahr: 1524

Hans Arnolt, der Besitzer des Heißbauernbräus, errichtete hier 1524 seine zweite Sudstätte. Nach ihm scheint den Brauern zunächst kein Glück vergönnt gewesen zu sein, sie wechselten in rascher Folge, bis die Brauerei 1576 in Konkurs ging. Georg Gebhart kaufte das Anwesen und konnte nun den Betrieb auf Vordermann bringen. Einige Jahre später erwarb er das Nachbarhaus hinzu, um die Braustätte zu vergrößern. Zu Beginn des 17. Jahrhunderts übernahm Tobias Haidt die Führung der Brauerei, die bis zu ihrer Schließung im Besitz seiner Familie verblieb: nach seinem Tod betrieb die Witwe mit ihrem neuen Ehemann den „Haidtbräu" weiter, sie beerbte der Sohn Kaspar Haidt. Als dieser bereits zwei Jahre später während der Pestepidemie verstarb, verpachtete seine Witwe die Sudstätte. Der Pächter wechselte dann auf den „Bauerbräu", was das Ende der Brautätigkeit bedeutete. Nachdem die Brauerei drei Jahre stillgelegt war, kam sie 1641 „auf die Gant" und wurde von Nichtbrauern erworben.

B 38 Pachlbräu

Ort: Tal 9 (-)
Gründungsjahr: 1527

Diese Braustätte wurde 1527 von Hans Mair I. gegründet, dem „Mundkoch" von Herzog Wilhelm IV. Anfänglich wechselten sich die Brauer alle paar Jahre ab, in der zweiten Hälfte des 16. Jahrhunderts ruhte der Betrieb für drei Jahrzehnte wieder. Danach kaufte Wolfgang Springer die Brauerei, die schließlich von seinem Sohn Hans weitergeführt wurde (sein Bruder erwarb den direkt danebengelegenen Maderbräu). Prägend war die Schaffensperiode von Georg Hueber, der hier 48 Jahre lang (bis 1715) braute. Danach ging es mit der Brauerei bergab: der letzte Bräu, Johann Gillmayr, erwarb den Betrieb „auf der Gant", geriet aber sechs Jahre später selbst in Konkurs. 1773 wurde der Betrieb von Nichtbrauern gekauft. Gillmayrs Antrag 1793, die Braugerechtigkeit des verkauften Pachlbräus zu erneuern, wurde abgelehnt. Das Haus wurde 1903 zur Verbreiterung der Maderbräugasse abgerissen. Namensgebend für den Pachlbräu war übrigens kein Brauer, sondern offenbar die Nähe zum Pfisterbach.

B 39 Bichlbräu

Ort: Theatinerstraße 51 (-)
Gründungsjahr: 1527

Erster belegbarer Bräu auf diesem Grundstück war Stefan Kaldorffer (1527), die Witwe seines Sohnes heiratete 1560 den Brauer Thomas Kindler vom Hallmaierbräu. Dessen gleichnamiger Sohn führte ab nun den Braubetrieb in der Theatinerstraße – zur Unterscheidung von seinem Vater in der Sudliste als Kindler „Jung“ bezeichnet. Obwohl die Familie Kindler ein dreiviertel Jahrhundert auf der Braustätte blieb, wurde Martin Büechel zum Namensgeber. Der übernahm zunächst 1635 nach dem Tod des letzten Kindlers als Pächter, später kaufte er den Betrieb. Obwohl er nur relativ kurz (bis 1651) braute, wurde bereits sein Nachfolger als „der Gaigl auf der Bichl-Bräustatt“ bezeichnet. Dessen Witwe verheiratete sich mit Balthasar Mader II., der dann ganze 48 Jahre lang als Bräu tätigt war. Nachdem der Bichlbräu Mitte des 18. Jahrhunderts „auf die Gant“ kam, war danach dem neuen Besitzer Adam Kellerer mit erstaunlichen 56 Jahren eine noch längere kontinuierliche Zeit auf dieser Sudstätte beschieden. Als eine der letzten alteingesessenen Brauereien fiel sie 1868 dem Konzentrationsprozess im 19. Jahrhundert zum Opfer. Das Gebäude wurde im Zweiten Weltkrieg völlig zerstört.

B 40 Hallmaierbräu

Ort: Tal 29 (27)
Gründungsjahr: 1527

Nachdem an dieser Stelle ursprünglich nur eine Gaststätte bestand, errichtete Carniel Schwaber hier 1527 den ersten Braubetrieb. Nach ihm führte die Brauerfamilie Kindler diesen fast ein Jahrhundert lang selbst, ab der Pest im Dreißigjährigen Krieg wurde er dann verpachtet. Ihren Namen bezog die Brauerei von dem Brauer Hans Hallmayr, der sie zunächst 1681 pachtete und drei Jahre später erwarb. Sein Sohn Georg konnte 48 Jahre lang bis 1741 weiterbrauen. Er war einer der Anführer bei der sogenannten „Sendlinger Mordweihnacht“, vermochte sich gerade noch rechtzeitig ins Franziskanerkloster zu flüchten und dadurch dem Gemetzel durch die österreichischen Besatzer zu entgehen. Die letzten Besitzer dieser Brauerei stellte die Familie Hagn, die sie 1835 kaufte und 1861 schließlich an einen Wirt verkaufte.

B 41 „Westermayrbräu"

Ort: Sendlinger Straße 61 B (34)
Gründungsjahr: 1527
Der bisherige Prew des Zengerbräus wechselte 1527 in die Sendlinger Straße und gründete in dem heute als Asam-Haus bekannten Gebäude eine neue Braustätte. Die Witwe seines Sohnes verkaufte an Hans Westermayr, dem sein Sohn nachfolgte. Der nächste Besitzer verstarb wie so viele 1635 während der Pestepidemie, letzter Bräu war Hans Haidt. Nach dessen Tod verpachtete seine Witwe die Brauerei noch vier Jahre lang, bis sie selbst verstarb und der Betrieb 1681 verkauft wurde.

B 42 Unterspat(en)bräu (Siebenschwabenbräu)

Ort: Oberer Anger 24 (44)
Gründungsjahr: 1535
Der Begründer dieser Brauerei war Hans Sämer (1535). Georg Spät (der auch Namensgeber für den Oberspatenbräu war) kaufte das Anwesen 1582 und wirkte als Brauer bis 1620. Seine Frau wurde im Jahre 1590 als Hexe angeklagt, aber glücklicherweise nicht verbrannt. Sein Sohn und Nachfolger Alexander verstarb während der zweiten Pestwelle 1647 am Ende des Dreißigjährigen Krieges. Die Brauerei wurde nun verpachtet, bis sie zwanzig Jahre später von seinem Sohn und danach von seinem Enkel weitergeführt wurde. Insgesamt war der Betrieb damit über 130 Jahre lang im Besitz einer Familie. Im Sudverzeichnis von 1752 wurde die Brauerei als „Siebenschwabenbräu" aufgeführt, wohl abgeleitet von einem markanten Fresko an der Fassade. Der Brauer Michael Robl war später langjähriger Besitzer der Braustätte (42 Jahre lang), seinem letzten Nachfolger war hingegen kein Erfolg mehr vergönnt. Im Jahre 1832 wurde der Braubetrieb eingestellt und die reale Gerechtsame zum Betrieb einer Wirtschaft am Maximiliansplatz transferiert.

B 43 Prüglbräu

Ort: Neuhauser Straße 26a (39)
Gründungsjahr: 1539
Jörg Schnaitter, der auch der erste Bräu der Löwenbrauerei war, begründete nach seinem Auszug aus der Löwengrube 1539 eine neue Brauerei in der Neuhauser Straße. 1575 kam diese in den Besitz der Brauerfamilie Starnberger, die sie zunächst verpachtete und dann zwanzig Jahre später mit Matthäus Starnberger selbst betrieb. Dessen Witwe heiratete Andreas Fränzl, der den Betrieb um das Nachbargrundstück vergrößerte. Nachdem er während der Pest 1635 verstarb, wurde die Brauerei lange

Jahre erneut verpachtet. Warum diese spätestens seit 1668 als Prüglbräu bezeichnet wurde, ist unklar. Einen Brauer mit diesem Namen gab es auf dieser Sudstätte nie, zu jener Zeit war Josef Kratzer für insgesamt 46 Jahre als Prew tätig. Wahrscheinlich war der Name Prügl bereits zuvor mit dem Haus verbunden gewesen. Nach dem Ende der Brauerei 1844 entstand das Hotel „Bamberger Hof“, das 1901 von der Spatenbrauerei gekauft wurde. Bis zum zweiten Weltkrieg erfolgte der Bierausschank in den „Spatenbräubierhallen“. Seit 1954 wird im Keller wieder eine Gaststätte, der „Spatenhof“ (heute „Schnitzelwirt im Spatenhof“), betrieben.

B 44 (G)Schlößlbräu

Ort: Hartmannstraße 8 (8)

Gründungsjahr: 1539

Mindestens seit dem Jahre 1490 bestand an dieser Stelle eine Gaststätte, der erste nachgewiesene Bräu war Christoph Regitzer. 1710 übernahm Joseph Sondermayr als Pächter, bevor er die Brauerei zwei Jahre später käuflich erwarb. Nach 42 Jahren Brautätigkeit verstarb er, ein Jahr danach seine Witwe und wieder nur ein Jahr später sein Sohn. Dessen Witwe heiratete Jakob Loder, dem dann nochmals eine sehr lange Zeit (45 Jahre) auf der Brauerei vergönnt war. Sein Sohn führte den Betrieb bis 1830 weiter, danach verkaufte seine Witwe an Nichtbrauer. Der Name leitete sich von einem markanten Schild mit einem gemalten viertürmigen Schloss ab.

B 45 Eberlbräu*

Ort: Sendlinger Straße 79 (8)

Gründungsjahr: 1540

Im Jahr 1431 wurde der hier lebende Ulrich Wölfl, einer der Anführer der Zunftrevolution von 1397, als Prew bezeichnet. Eine Brauerei existierte damals aber mit hoher Wahrscheinlichkeit noch nicht, danach jedenfalls sind zunächst keine Brauer mehr nachweisbar. Vermutlich war das Haus schon früher Gaststätte, der eigentliche Braubetrieb begann 1540 mit Lienhart Schwarz. Der Namensgeber Hans Eberl betrieb sie ab 1593 (bis 1622). Eine besonders lange Brautätigkeit kam Hans Wünckhler zu, der erst nach über einem halben Jahrhundert 1712 weiterverkaufte. Im 19. Jahrhundert ging es mit dem Eberlbräu bergab, 1857 war er zur kleinsten Brauerei Münchens geschrumpft. Im Jahre 1882 konnte die Brauerfamilie Pongratz den Eberlbräu und die benachbarte Faberbrauerei erwerben und gründete damit die erfolgreiche Eberl-Faber-Brauerei, die sechs Jahre später in eine Aktiengesellschaft umgewandelt wurde. Der Braubetrieb in der Sendlinger Straße wurde 1895 eingestellt.

Durch den Ersten Weltkrieg in Schwierigkeiten gekommen, wurde die Eberl-Faber-Brauerei 1920 von der AG Paulanerbräu-Salvatorbrauerei übernommen.

Anekdote: beim Eberlbräu soll früher die Bierbeschau „mit dem Hosenboden" durchgeführt worden sein.

Singlspielerhaus,
ehemaliger Singlspielerbräu
Foto, vor 2020.

B 46 Singlspielerbräu (Münchner-Kindl-Brauerei)*

Ort: Sendlinger Straße 28a (29)/Hochstraße 2

Gründungsjahr: 1541/1880

Erster Bräu war 1541 Georg Heiss, dessen Sohn einige Jahre nach der Übernahme des väterlichen Betriebes auf den Bacherbräu wechselte. Nach einer mehrjährigen Ruhephase wurde das Brauen wieder aufgenommen. Ab 1600 führte Georg Grindtl II. die Braustätte: dieser zog Ärger magisch an, immer wieder stand er entweder als Kläger oder als Beklagter vor Gericht. Sogar als Teufelsbanner wurde er bezichtigt. Der Namensgeber Franz Singlspieler braute ab 1673, er erweiterte die Brauerei um mehrere Nachbargrundstücke. Das „Singlspielerhaus" und die gleichnamige Seitenstraße zeugen noch heute davon. Nach seinem Tod führte die Witwe Elisabeth den Singlspielerbräu weiter, bevor sie an ihren Stiefsohn übergab. Dieser musste wohl aus gesundheitlichen Gründen Konkurs anmelden und verkaufen, danach fiel die Braustätte auf das Maß einer Kleinbrauerei zurück. Unter Matthäus Wild kam es ab 1823 zu einem erneuten Aufschwung, unter seinem Sohn erfolgte die Verlegung des Braubetriebs an die Hochstraße 2 / Ecke Rosenheimer Straße. Die alte Singlspielerbrauerei wurde von ihrem letzten Besitzer Graf Theobald von Buttler-Haimhausen jun. 1880 an eine Gruppe von Investoren veräußert, die damit die Münchner-Kindl-AG gründeten. Es erfolgte zudem die Fusion mit dem ehemaligen Metzgerbräu. 1905 wurde die in die Krise geratene Münchner-Kindl-AG, deren Brauerei immerhin etwa an 10. Stelle in München lag, durch die Unionsbrauerei übernommen. 1921 wurde das Sieden an der Hochstraße eingestellt. Der Münchner-Kindl-Keller an der Rosenheimer Straße, Münchens größter Saalbau, wurde im Zweiten Weltkrieg praktisch vollständig zerstört, seine Ruinen 1969 abgerissen. An seiner Stelle steht heute die Motorama-Ladenstadt.

B 47 Gilg(en)bräu

Ort: Sendlinger Straße 42 (43)

Gründungsjahr: 1543

Auf diesem Grundstück war Georg Sigmair 1543 der erste nachgewiesene Brauer, sein Nachfolger Hans Ostermair II. erweiterte im Verlauf die Brauerei um das Nachbargrundstück. Die Familie Ostermair betrieb die Brauerei bis 1677, der letzte Prew Georg III. über 45 Jahre hinweg. Der Brauer Melchior Gilg braute zwar nur kurz (1683 bis 1691), fungierte aber dennoch als Namensgeber. Die Brauerei wurde bis ins Jahre 1838 fortgeführt und dann verkauft, nachdem sie zuvor bereits wirtschaftlich in große Schwierigkeiten geraten war.

B 48 „Pälbräu"

Ort: Neuhauser Straße 45 (18)
Gründungsjahr: 1543

Wolfgang Engelbrecht, der bisherige Besitzer des Bächlbräus, gründete 1543 eine neue Brauerei in der Neuhauser Straße. Nach seinem Tod ruhte diese ein gutes Jahrzehnt, bis der Prüglbräu Bartholomäus Päl die Braustätte übernahm (und im gleichen Jahr auch den Platzlbräu kaufte). Dem „Pälbräu" war allerdings kein langes Leben vorherbestimmt: schon Päls Sohn Kaspar verkaufte 1627 an Herzog Albrecht VI., was das Aus für den Braubetrieb bedeutete. Später wurde an dieser Stelle das heute noch bestehende Kaufhaus Oberpollinger errichtet.

B 49 Oberkandlerbräu

Ort: Neuhauser Straße 44 (18)
Gründungsjahr: 1548

Direkt neben dem „Pälbräu" wurde drei Jahre nach dessen Eröffnung 1548 eine weitere Braustätte von Hans Gebhard gegründet. Tobias Leittermayr bewirtschaftet diese später, am Ende zusammen mit seinem Sohn, 42 Jahre lang. 1680 wurde sie „auf offener Gant" vom Sohn des Kurfürsten Maximilian, Herzog Maximilian Philipp, erworben. Anders als beim schräg gegenüber in der Neuhauser Straße gelegenen Unterkandlerbräu, den lange Zeit die Familie Khandler bewirtschaftete, ist beim Oberkandler die Namensgebung unklar. Einen Brauer namens Khandler gab es hier nie, auch keine verwandtschaftlichen Beziehungen zum anderen Kandlerbräu. Die Witwe des letzten Prews, Rosina Schneider, führte den Betrieb noch bis 1861 (mit Unterbrechungen) fort, dann erfolgte der Verkauf an einen Kaufmann aus Nürnberg. Wie der „Pälbräu" ging auch der Oberkandlerbräu im Neubau des Hotels Oberpollinger auf.

B 50 Lanzbräu

Ort: Oberer Anger 33 (ca. 38)
Gründungsjahr: 1549
Wolfgang Schamberger begann hier 1549 mit dem Brauen und legte gleich mit 42 Jahren Brautätigkeit eine stattliche Lebensleistung hin, seinem Schwiegersohn und Nachfolger hingegen war dies nicht beschieden. Auch die Nachfolger hatten nicht gerade viel Glück mit der Brauerei, Michael Riedmayr zum Beispiel starb während der Pestepidemie im 17. Jahrhundert. Nach dem Dreißigjährigen Krieg aber blieb die Braustätte für lange Zeit im Familienbesitz: Michael Wöckher heiratete Rosina, die Witwe des Vorbesitzers, der nach nur einem Jahr als Bräu verstorben war. Nachdem Wöckher immerhin 35 Jahre lang braute, übernahm Rosina die Brauerei allein für weitere 15 Jahre. Nachdem sie verstorben war, erbte ihre Tochter, welche mit Paulus Lanz schließlich den Namensgeber heiratete (er braute bis 1718). Danach ging es mit dem Betrieb bergab, 1767 geriet er in Konkurs, sieben Jahre später endete die Brautätigkeit dauerhaft.

Unionsbräu, Einsteinstraße
Detailfoto ehemaliges Sudhaus, heute Rückgebäude, 2019.

B 51 Löwenhauserbräu (Gambrinusbrauerei, Brauerei zur Schwaige, Unionsbrauerei)

Ort: Sendlinger Straße 19 (19)
Gründungsjahr: 1551
Erster Besitzer dieser Brauerei war Konrad Eisenmann, der vom Zengerbräu in die Sendlinger Straße wechselte. Danach kamen und gingen die Brauer in rascher Folge, bis der namensgebende Brauer Georg Lebenhauser (1653 bis 1684) den Betrieb übernahm. Später leitete die Familie Rieger mehr als hundert Jahre lang die Braustätte. Nach dem Tod der letzten Rieger-Bräuin begann der Abstieg, im Jahre 1834 war die Brauerei zur kleinsten innerhalb Münchens herabgesunken und wurde ein Jahr später stillgelegt. Nach Jahren der spekulativen Veräußerung der Braugerechtigkeit wurde der Braubetrieb 1879 wieder aufgenommen, aber bereits zwei Jahre später erneut verkauft und in „Gambrinusbrauerei" umbenannt. Etwas später wurde das Biersieden zunächst eingestellt.

1886 wurde die Gerechtigkeit von der Aktien-Brauerei „Zur Schwaige" (siehe G 51) aufgekauft, die den Namen Gambrinusbrauerei übernahm. Der Braubetrieb wurde von der Sendlinger Straße an die Äußere Wiener Straße verlegt, zwei Jahre später kam es erneut zu einem Namenswechsel („Unionsbrauerei"). Nach Aufkauf der Brauerei „Zum Dürnbräukeller" 1889 fand das Biersieden vorübergehend auf deren Areal an der Preysingstraße statt, der Ausstoß konnte dadurch auf ca. 50.000 hl erhöht werden. In den nachfolgenden Jahren ging dieser jedoch kontinuierlich zurück, bis die OHG Unionsbrauerei schließlich Konkurs anmelden musste. Die alte Braustätte in der Äußeren Wiener Straße 42/44 (heutige Einsteinstraße) nahm 1895 Joseph Schülein wieder in Betrieb, der sie als „Unionsbrauerei Schülein" weiterführte. Unter ihm kam es zu einem wirtschaftlichen Aufschwung, der schließlich 1905 die Übernahme der Münchner-Kindl-Brauerei ermöglichte. Nachdem die traditionsreiche Löwenbrauerei, die stark auf das Exportgeschäft ausgerichtet war, durch die Folgen des Ersten Weltkriegs ins Trudeln geraten war, erfolge 1921 deren Fusion mit der Unionsbrauerei. Allerdings agierte die Brauerei weiterhin unter dem Namen Löwenbräu. Joseph Schülein erwarb zudem die Kaltenberger Schlossbrauerei, sein Sohn wurde bis zur NS-Diktatur Direktor der Löwenbräu-AG. Heute besteht an Stelle des ehemaligen Unionsbräu eine Gaststätte gleichen Namens, die aber 2021 geschlossen wurde. Seither verharrt diese Münchner Traditionsstätte im Dornröschenschlaf. Im früheren Lagerkeller residiert der Jazz-Club „Unterfahrt".

B 52 Bacherbräu

Ort: Oberer Anger 16b (ca. Rossmarkt 3)
Gründungsjahr: 1554
Mathäus Zechetmair gründete 1554 die Braustätte am Oberanger. Benannt ist sie nach Paul Pacher, der den Betrieb ab 1660 (bis 1674) führte. Im Familienbesitz blieb sie bis zum Beginn des 18. Jahrhunderts, der Nachfolger Egid Munzenrieder baute sie in den 40 Jahren seiner Tätigkeit zur größten Brauerei Münchens aus. Die Witwe des letzten Brauers, Walburga Steigenberger, braute noch acht Jahre alleine, Ende für den Braubetrieb war das Jahr 1834.

B 53 Oberpollingerbräu

Ort: Neuhauser Straße 42 (18)
Gründungsjahr: 1556
Gegründet wurde die Brauerei 1556 von Wolfgang Spitzwegk, danach rasch wechselnde Besitzer bzw. Pächter bis zu Christoph Pollinger I. (Namensgeber). Dieser übernahm den Betrieb im Jahre 1584 (bis 1612). Seine Familie prägte die Geschicke dieser Braustätte entscheidend: zunächst leitete ihn die Witwe Apollonia, danach ihr Sohn Christoph II. Dieser, offenbar ein recht aufbrausender Charakter, geriet in seinen 43 Jahren als Brauereibesitzer immer wieder mit dem Gesetz in Konflikt. Seinem Sohn waren nur wenige Jahre als Brauer vergönnt, dafür blieb dessen Witwe mit ihren beiden späteren Ehemännern bis 1686 im Besitz des Oberpollingerbräus (also war auch hier die gleiche Familie über ein Jahrhundert lang tätig). Der Brau-

Ehemaliger Oberpollingerbräu, heute Kaufhaus Oberpollinger
Foto, 2020.

betrieb wurde 1832 stillgelegt und 1857 endgültig an einen Nichtbrauer verkauft. Anstelle dieser Brauerei, des benachbarten Oberkandler- und des „Pälbräus" wurde das heute noch bestehende Kaufhaus Oberpollinger errichtet.

B 54 Sterneckerbräu*

Ort: Tal 54 (38)

Gründungsjahr: 1557

Ehemaliger Sterneckerbräu
Foto, 2020.

Begründet wurde der Braubetrieb von Melchior Pfennigmann und vom namensgebenden Hans Sternegger ab 1575 (bis 1621, also 46 Jahre lang) fortgeführt. Danach übernahm seine Witwe Barbara die Braustätte, was damals völlig unüblich war. Entsprechend protestierten die übrigen Brauer eine Frau als Geschäftsführerin des Sterneckerbräus. Kurfürst Maximilian I. aber bestätigte persönlich das Lehen der Barbara Sterneggerin. Nach ihrem Tod heiratete ihre Tochter zwar einen Brauer, aber auch ihr wurde zuvor das Lehen vom Kurfürsten verliehen. Sie blieb bis zu ihrem Tod nach der zweiten Pestepidemie im Dreißigjährigen Krieg im Besitz der Braustätte, danach erbte Ehemann Nummer zwei. Ab dem Ende des 18. Jahrhunderts leitete Kajetan Trappentreu 43 Jahre lang den Betrieb, sein als innovativer Brauer bekannter Sohn Johann Baptist sogar 47 Jahre. Die Brauerei wurde 1899 von Josef Höcherl in die Äußere Prinzregentenstraße 15 verlagert. Im Jahre 1909 wandelte seine Witwe sie – entgegen der sonst meist gewählten Rechtsform einer Aktiengesellschaft – in eine GmbH um und verkaufte sie 1919 an ein Konsortium aus acht Münchner Brauereien. Diese legten den Braubetrieb sofort still und verteilten untereinander die bisherigen Sterneckerkunden. Im Juli desselben Jahres machte Adolf Hitler Bekanntschaft mit der Deutschen Arbeiterpartei (DAP), deren Mitglieder sich dort im Hinterzimmer trafen. Nachdem immer mehr Gleichgesinnte im Sternecker aufliefen, wurde im Dezember ein Mietvertrag mit dem Pächter abgeschlossen und nach der „Machtergreifung" 1933 dort das Parteimuseum der NSDAP eingerichtet.

B 55 Stub(e)nvollbräu

Ort: Unterer Anger 26, früher Mühlgasse (Oberanger 35)

Gründungsjahr: 1557

Im Jahre 1557 war auf diesem Grundstück mit Hans Mittermair der erste Bräu nachweisbar, der auch gleich 40 Jahre lang den Betrieb führte. Er übergab dann an seinen Sohn, der jedoch bereits im Jahr darauf starb. In der Folge wurde die Brauerei längere Zeit verpachtet, bis der neue Besitzer Franz Fränzl ab 1627 selbst braute. Doch auch er hatte kein Glück, er fiel wie so viele andere Brauer der Pest während des Dreißigjährigen Krieges zum Opfer. Danach folgten weitere Verpachtungen und häufige Besitzerwechsel, bis Hans Stubenvoll den Betrieb 1659 übernahm. Obwohl auch er nicht einmal zehn Jahre dort tätig war, blieb sein Name an der Brauerei haften. Deutlich länger – 44 Jahre – war hingegen in der ersten Hälfte des 18. Jahrhunderts Balthasar Singldinger tätig, danach ging die Braustätte erst an seine Witwe, dann an die Tochter über. Die beiden letzten Brauer, Simpert Flossmann sen. und jun., wurden beide zum Vorsteher des Vereins der Münchner Brauereien gewählt, im Jahre 1852 wurde der Betrieb jedoch stillgelegt.

B 56 T(h)orbräu

Ort: Tal 37 (41)

Gründungsjahr: 1563

Erster Brauer in dem bereits zuvor als Gaststätte genutzten Gebäude war 1563 Wolf Prunhueber, der vorher in der Neuhauser Straße braute. Kaspar Wöber war von 1677 für 46 Jahre als Bräu hier tätig, danach erbte seine Witwe Elisabeth. Deren zweiter Ehemann starb bereits drei Jahre später, so dass sie bis zu ihrem Tod 1733 die Brauerei allein führte. Noch länger war die Schaffensperiode von Jakob Wild, der den Torbräu – so benannt wegen des unmittelbar danebengelegenen Isartors – über die gesamte zweite Hälfte des 18. Jahrhunderts leitete. Unter seinem Sohn kam die Braustätte nach wenigen Jahren „auf die Gant" (wahrscheinlich konnte Joseph Wild gesundheitsbedingt den Braubetrieb nicht mehr weiterführen, er starb im Jahr darauf mit erst 38 Jahren). Die letzten beiden Besitzer, Franz Xaver Duschl und nachfolgend seine Witwe Anna, brauten noch bis 1858. Dann wurde der Betrieb von Josef Sedlmayr (Leistbrauerei) übernommen und die Brauerei stillgelegt. Sie wurde anschließend als Gaststätte und Hotelbetrieb bis heute weitergeführt.

Ehemaliger Torbräu
Foto, 2020.

B 57 Krapf(er)bräu

Ort: Färbergraben 25 (14)

Gründungsjahr: 1565

Wolfgang Urspringer gründete hier 1565 die erste von insgesamt zwei Brauereien im Färbergraben. Während des Dreißigjährigen Krieges geriet der Betrieb in Konkurs und ruhte für zweieinhalb Jahrzehnte. Namensgeber wurde Franz Krapf (1685 bis 1708), dessen Witwe Barbara nach seinem Tod erbte und – zunächst mit ihrem zweiten Mann, danach allein – den Krapfbräu weiterführte. In der Folge kam die Brauerei auf keinen grünen Zweig, die Brauer wechselten in rascher Folge. Erst mit Andreas Pfäffl, der in der zweiten Hälfte des 18. Jahrhunderts 44 Jahre lang bis zu seinem 81. Lebensjahr braute, trat wieder eine Kontinuität beim Braubetrieb ein. Ihm folgte zunächst seine Witwe, drei Jahre später ihre Tochter. Deren Ehemann war Obervorsteher der Brauerinnung. Nach seinem Tod 1822 fiel der Krapfbräu als eine der ersten Brauereien dem Konzentrationsprozess im 19. Jahrhundert zum Opfer und wurde stillgelegt.

Ehemaliger Platzlbräu, heute Orlandohaus
Foto, 2020.

B 58 Platzlbräu

Ort: Platzl 4 (4)
Gründungsjahr: 1566
1566 gegründet von Thomas Mezger erhielt die Brauerei später ihren Namen nach der Lage der Braustätte am Platzl. Ab der Mitte des 18. Jahrhunderts führte die Brauerfamilie Wild über drei Generationen hinweg den Platzlbräu. 1821 endete mit ihr auch die Brautätigkeit, zehn Jahre später erfolgte die endgültige Stilllegung. Die Braugerechtsame wurde auf ein Lokal in der Von-der-Tann-Straße übertragen. Kurioserweise erfolgte allerdings später die erneute Übertragung einer anderen Braugerechtigkeit (des stillgelegten Unterkandlerbräus) auf das Anwesen hier am Platzl zum Betrieb einer Gaststätte (bis zum heutigen Tage) im nun sogenannten Orlandohaus.

B 59 „Nottenstein"

Ort: Pacellistraße 7 (6)
Gründungsjahr: 1582
Georg Staudhammer bewirtschaftete 1582 bereits eine Braustätte in der Neuhauser Straße, als er die Bewilligung für die Errichtung einer weiteren Brauerei bekam. Deshalb verpachtete er die neue Brauerei in der Pacellistraße. Ab Beginn des 17. Jahrhunderts betrieb diese Balthasar Nottenstein I., dessen Witwe nach seinem Tod Thomas Kappler heiratete (siehe B 34 Kapplerbräu). Nachdem dieser ebenfalls verstorben war, führte ihr Sohn aus erster Ehe den Betrieb weiter. Dessen Nachfolger Johann Georg Noder braute hier weitere 35 Jahre, bevor er 1724 auf den Kapplerbräu wechselte. Dies war notwendig geworden, da in der Pacellistraße das neu gegründete Karmelitinnenkloster errichtet werden sollte und dafür das Grundstück seiner Brauerei benötigt wurde. Nach der Säkularisierung richtete die Stadt im ehemaligen Klostertrakt an der Pacellistraße eine Pfandleihanstalt ein, heute befindet sich hier der Bayerische Kunstgewerbeverein.

B 60 „Bauerbräu“ (Heißbauernbräu)

Ort: Oberer Anger 44 (32)
Gründungsjahr: 1583

Zur „Vorgeschichte“ siehe B 33 Heißbauernbräu: gut 60 Jahre nach dessen Gründung wurde zwei Häuser weiter – getrennt durch die heutige Singlspielerstraße – ein weiterer Braubetrieb am damals Roßmarkt genannten Oberanger eröffnet. Der Brauer Adam Pals übernahm diesen 1608 zunächst als Pächter, drei Jahre später als Eigentümer. Danach kaufte er sich den Faberbräu, wechselte als Bräu dorthin und verpachtete seine eigene Brauerei an den bisherigen Pächter des Faberbräus. Adam Pals verstarb während der Pestepidemie im Dreißigjährigen Krieg, das Gebäude wurde zunächst „auf der Gant“ an einen Nichtbauer verkauft und das Brauen eingestellt. Nun aber wird es bezüglich der Namensgebung interessant: denn ein Jahr später, 1638, kaufte der Brauer Matthäus Paur (= Bauer) die Braustätte, die ab dann kontinuierlich weiterbetrieben wurde. Maßgeblich für deren Erfolg war die Familie Rest, die von 1675 bis 1762 die Brauer stellte. In den ab 1747 namentlich erfassten Brauereien firmierte der Betrieb aber als Heißbauernbräu, obwohl dessen Namensgeber Philipp Heiss jedoch wie bei B 33 erwähnt zwei Häuser weiter auf der Hausnummer 46 braute. Bei ihm ist auch nicht bekannt, dass er als Sohn eines Bauern ins Brauhandwerk gewechselt hätte – was häufig vorkam, sodass selbst dann der Zusatz „Heiß-Bauer“ sehr ungewöhnlich gewesen wäre. Denkbar ist also, dass es nach dem gleichzeitigen Versterben der Vorbesitzer während der Pestepidemie im Dreißigjährigen Krieg unter dem nachfolgenden Brauer Matthäus Bauer, der vielleicht die Einrichtung des Nachbarbetriebs übernahm, zu einer Vermengung mit dessen früheren Namen kam: Heiß und Bauer. Die nachfolgende Familie Pöckl braute über mehrere Jahrzehnte erfolgreich, der Niedergang begann mit dem letzten Brauer Johann Sollinger bzw. dessen Witwe. Eine Feuersbrunst am Gasteig zerstörte den Lagerkeller mit 224 Fässern, die Übernahme durch ihren Sohn brachte keine Besserung mehr. Zwei Jahre danach ruhte der Braubetrieb, in den Folgejahren wurde er nochmals unter wechselnden Besitzern jeweils kurz reaktiviert und schließlich 1834 komplett stillgelegt. Dessen Braurecht zählte aber zu den wenigen sogenannten „realen“ Rechten, die problemlos auf ein anderes Haus übertragen werden konnten, und wurde in der Folge zur Einrichtung eines Schankbetriebes in der Blumenstraße verwendet.

B 61 Schleibingerbräu*

Ort: Theatinerstraße (früher hintere Schwabinger Gasse) 3 (3)

Gründungsjahr: 1584

Erster belegter Brauer auf diesem Haus, in dem zuvor bereits eine Gaststätte mit 24 Pferdestellplätzen war, wurde Hans Paur (1584). Ihm folgte seine Witwe Anna, die im Dreißigjährigen Krieg an der Pest verstarb. Der Namensgeber Michael Schleibinger kaufte die Brauerei 1635 und braute dort 44 Jahre lang. Im Schleibingerbräu wurden später Messer und Gabel mit kleinen Ketten an den Tischen befestigt, um so einen Diebstahl zu verhindern. Der Bräuknecht Alois Fest wurde 1826 durch Heirat der Witwe seines Vorgängers über 47 Jahre hinweg zum letzten Bräu. Bekannt wurde die Brauerei unter ihm vor allem durch das Biermixgetränk „halb und halb" (zur Hälfte Wermuth), das er zur Vorbeugung gegen Cholera verkaufte. Seine Witwe ehelichte 1872 Franz Xaver Schmederer, wodurch die Brauerei an Paulanerbräu fiel. Sie fand damit als letzte der von den Großbrauereien im 19. Jahrhundert „geschluckten", althergebrachten Traditionsbrauereien ihr Ende.

B 62 Oberottlbräu

Ort: Sendlinger Straße 55 (ca. 46)

Gründungsjahr: 1589

Im selben Jahr, als das Hofbräuhaus eröffnet wurde, begründete 1589 Hans Schmidt die Brautradition auf diesem Grundstück an der Sendlinger Straße. Georg Ottl war als Bräu ab 1682 auf dem Haus nachweisbar. Obwohl er nur fünf Jahre lang tätig sein konnte, überdauerte sein Name: seine Witwe Elisabeth beerbte erst ihn und nach drei Jahren dann auch ihren zweiten Ehemann. Der dritte Gatte, Thomas Lamprecht, wechselte nach ihrem Tod zu einer anderen Braustätte in der Sendlinger Straße. Dabei nahm er den Namen seiner verstorbenen Frau mit auf die von nun an zur Unterscheidung Unterottlbräu genannte Brauerei. Der Oberottlbräu wurde in der Folge meist über viele Jahre von den Nachfolgern betrieben und stieg als solider Mittelbetrieb an die fünfte Stelle unter den Münchner Brauereien auf. 1845 wurde der Braubetrieb stillgelegt und der Oberottl nur noch als Mälzerei betrieben.

B 63 Hirschbräu*

Ort: Färbergraben 33 (Altheimer Eck 2)

Gründungsjahr: 1595

Die zweite Braustätte im Färbergraben wurde Ende des 16. Jahrhunderts (1595) gegründet, Ulrich Lamparter war der erste Bräu an dieser Stelle. Der Name des

Gebäudes geht aber auf Peter Hirschhauser zurück, der das Anwesen bereits lange zuvor ab 1424 besaß. Lamparters Sohn Dionys verstarb im Dreißigjährigen Krieg, wieder einmal an der Pest. In der zweiten Hälfte des 18. Jahrhunderts war die Familie Kefferlocher für die Geschicke des Hirschbräu verantwortlich. Die Brauerei wurde 1808 an die Ecke Zoll- / Bayerstraße auf das Gelände ihres Lagerkellers verlegt. Nach der Eröffnung der Hackerbrücke wurde der Bahnübergang, der bis dahin den Hirschbräukeller mit der Herbststraße nördlich der Gleise verband, gesperrt. 1871 endete der Braubetrieb, anschließend Übernahme der Braugerechtigkeit durch die Paulanerbrauerei (während die Brauereigebäude 1885 zur Erweiterung der Pschorrbrauerei genutzt wurden).

B 64 „Reitter“

Ort: Theatinerstraße 21 Haus 6 (Theatinerkloster)
Gründungsjahr: 1594?
Lukas Vischer, ein Kornmesser, bezog 1587 das Haus in der Theatinerstraße. Obwohl er nicht als Brauer bezeichnet wurde, erschien er ab 1594 in den Märzenbierlosen, muss also Bier gebraut und verkauft haben. Sein Sohn Thomas, der bereits einige Jahre bei ihm mitgearbeitet hatte, übernahm 1607 die Bräustatt. Seine Witwe ehelichte zwei Jahre später den Brauer Peter Reitter. Dieser verkaufte das Haus zwar 1635 nach der Pestepidemie, blieb dort aber für weitere 20 Jahre (insgesamt braute er damit an dieser Stelle über 50 Jahre lang) als Pächter tätig. Stephan Krieger, herzoglicher Bräumeister im Weißen Hofbräuhaus, erwarb die Brauerei 1655 und übergab sie bereits nach zwei Jahren an seinen Schwiegersohn Kaspar Hazy. Der verkaufte schließlich an die Kurfürstin Henriette Adelaide 1663, die das Grundstück für den Bau des Theatinerklosters benötigte. Da zu jener Zeit keine andere Braugerechtigkeit frei war, sattelte Hazy um und wurde Weißbierzäpfler.

B 65 Loder(er)bräu

Ort: Oberer Anger 11a (Klosterhofstraße 2)
Gründungsjahr: 1596
Erster belegbarer Bräu dieser Brauerei war Bernhard Stümpfl (1596), ein äußerst streitbarer Charakter: gleich im Jahr nach der Eröffnung wurden ihm die Scheiben eingeworfen, nachdem er zuvor zwei betrunkene Schneidergesellen verprügelt hatte. Mehrfach wurde er auch zu Hausarrest verurteilt und ging schließlich bankrott. Der Name leitete sich von Andreas Loder(er) ab, der ebenfalls einmal auf dem Haus arretiert wurde. Dieser braute von 1669 bis 1696 und war zugleich Bräumeister im gegen-

über gelegenen Angerkloster. Seine Tochter Maria beerbte ihn, ihr Mann Johann Hofenstaller wurde zum Vierer des Handwerks gewählt. Nach dessen Tod führte Maria die Brauerei bis 1743, dann erbte wiederum ihre Tochter. Deren Ehemann, Sebastian Westermayr, braute erstaunliche 56 Jahre lang auf dieser Braustätte, auch er war zwischenzeitlich Vierer. Die Rechte an der Brauerei erwarb 1863 der Löwenbräu Ludwig Brey, 1872 wurde das Brauen nach der Übernahme durch die neu gegründete Löwenbräu AG eingestellt.

B 66 Kreuzbräu

Ort: Brunnstraße 7 (3)
Gründungsjahr: 1598
Mit Balthasar Hueber ist auf dieser Brauerei 1598 der erste Bräu nachgewiesen. Namensgebend für diese Braustätte war die nahegelegene Kirche zum Heiligen Kreuz. Prägend war über mehr als ein Jahrhundert die Brauerfamilie Westermair, welche die Brauerei von 1621 an leitete und in deren Besitz sie bis 1733 verblieb. In der zweiten Hälfte des 18. Jahrhunderts führte dann Maria Klara Graf nach dem Tod ihres Mannes den Betrieb fast 40 Jahre lang. Der Kreuzbräu war traditionell die Herberge der Schäffler und damit stets Ausgangspunkt ihres berühmten Tanzes. Ab 1839 kam die Brauerei in die Krise, wurde an andere Brauereien verpachtet und schließlich 1854 stillgelegt.

B 67 „Rattenhuber"

Ort: Sendlinger Straße 65 (28)
Gründungsjahr: 1601
Der Pächter des Zengerbräus, Simon Päl, machte sich 1601 mit einer eigenen Brauerei in der Sendlinger Straße selbstständig, musste aber bereits nach wenigen Jahren zwangsweise verkaufen. Auch unter den Nachfolgern lief der Betrieb holprig, mehrfach ruhte das Brauen während des Dreißigjährigen Krieges. Balthasar Rattenhueber übernahm 1645, ihm folgte zunächst seine Witwe Maria und anschließend sein gleichnamiger Sohn. 1681 verkaufte dieser die Braustätte an Nichtbrauer.

G01
G02
G03
G04
G05
G06
G07
G08
G10
G12
G13
G15
G16
G17
G18
Z02
Z06
STEPMAP
© Stepmap, 123map • Daten: OpenStreetMap, Lizenz ODbL 1.0

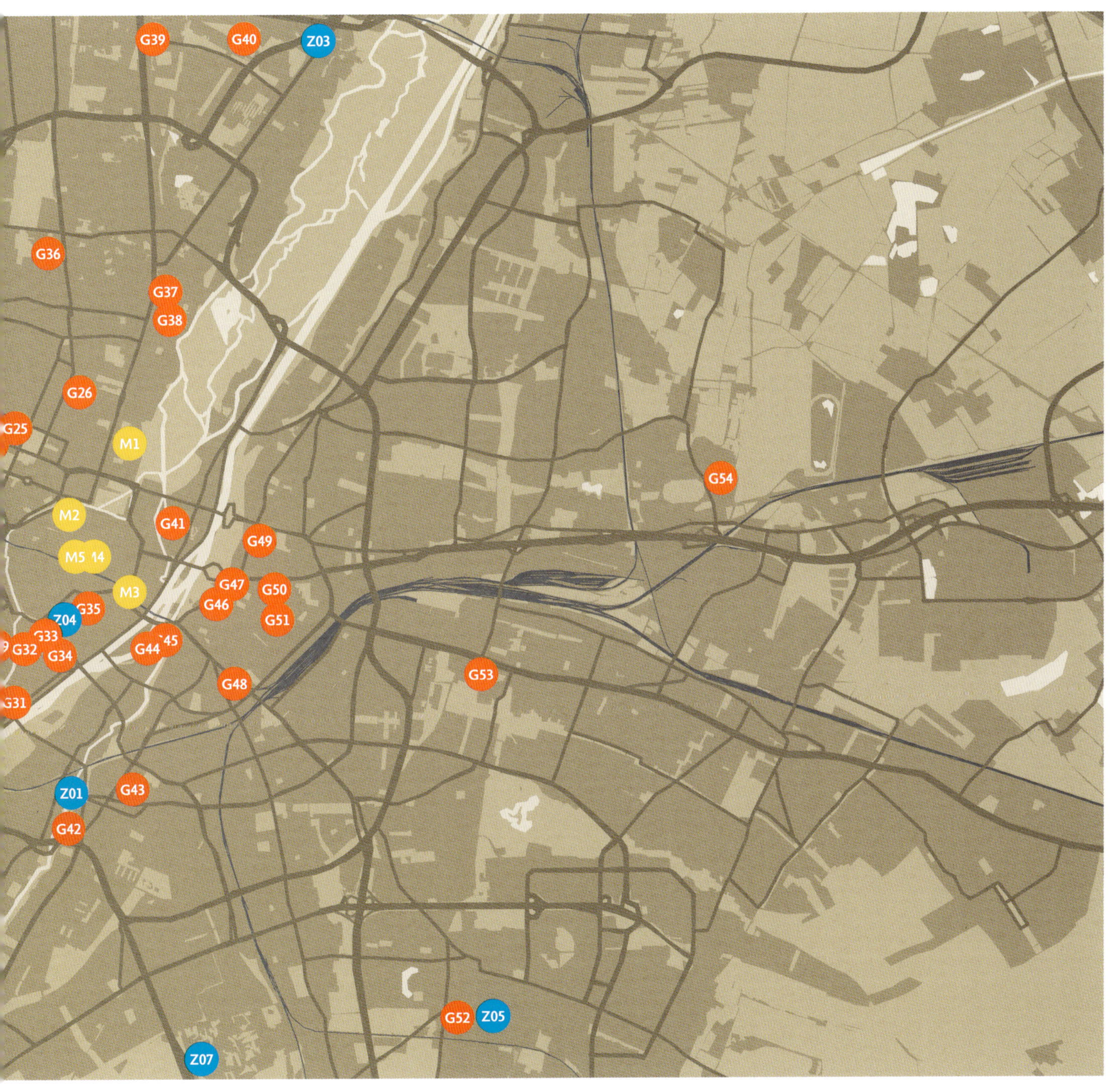
G39
G40
Z03
G36
G37
G38
G26
G25
M1
G54
M2
G41
G49
M5
G47
G50
M3
G35
G46
G51
Z04
G32
G34
G44
G48
G53
Z01
G43
G42
G52
Z05
Z07

NEU ERTEILTE KONZESSIONEN UNTER MONTGELAS

Unter dem Reform-Minister Montgelas wurde auch das Brauwesen in München radikal umgestaltet. Eine Ausweitung der bestehenden Braubetriebe wurde jedoch grundsätzlich nicht genehmigt, lediglich an fünf privilegierte Münchner wurden neue Konzessionen erteilt – erstmals dabei auch an Nichtbrauer, die gänzlich anderen Hauptberufen nachgingen.

M 01 Schönfeldbrauerei

Ort: Fürstenstraße (heutige Ludwigstraße, etwa Höhe des südlichen Aufgangs der Staatsbibliothek)
Gründungsjahr: 1810
Die Konzession wurde dem Gastwirt Paul Rottenkolber 1809 „im Schönfeld" erteilt mit der Auflage, dass diese nicht in die Stadt transferiert werden dürfe. Der Sudbetrieb dauerte von 1810 bis 1826 (1828 wurde die Brauerei an den Magistrat Münchens verkauft und für die Anlage der Ludwigstraße abgerissen). Die Braugerechtsame galt 1850 als reales Recht, das auf andere Grundstücke übertragen werden konnte.

M 02 Utzschneiderbrauerei

Ort: Brienner Straße 7 (Luitpoldblock)
Gründungsjahr: 1810
Joseph von Utzschneider war ein äußerst geschäftstüchtiger Unternehmer, der mehrere Fabriken besaß. Er war zusammen mit Joseph von Fraunhofer Begründer der berühmten optischen Werke. Im Jahre 1810 erhielt der General-Salinen-Administrator Utzschneider eine Brauberechtigung, 1811 wurde zum ersten Mal gesotten (den noch nicht benötigten Keller an der Arnulfstraße pachtete in diesem Jahr der Spatenbräu Gabriel Sedlmayr). Für die Brauerei erbaute er vor den Toren der Stadt den später so benannten Luitpoldblock, das erste Gebäude dieser Art. Dort waren mehrere unterschiedliche Betriebe in einem Haus untergebracht, zum Maximiliansplatz hin lag die Sudstätte. 1816 wurden er und Johann Gebhard (s.u.) als erste Nicht-Brauer in die Zunft der Brauer aufgenommen. 1818 war Utzschneider der höchstbesteuerte Bürger Münchens, von 1818 – 23 zudem zweiter Bürgermeister von München. 1825 verkaufte er die Brauerei an Angelo Sabbadini, dessen Schwiegersohn Ludwig Knorr sie bis 1851 betrieb. Der ehemalige Utzschneider- bzw. Knorr-

Joseph von Utzschneider
Gemälde, 19. Jahrhundert.

keller wurde von der Augustinerbrauerei erworben, heute liegt hier an der Arnulfstraße die Gaststätte „Augustinerkeller" mit dem großen kastanienbestandenen Biergarten.

M 03 Gebhardbräu

Ort: *Fabrikstraße (heute Thierschstraße) 1*

Gründungsjahr: *1811*

Der Oberstabsarzt und Essigfabrikant Johann Gebhard erhielt 1811 eine neue Konzession für die Gründung einer Brauerei in seiner Essigfabrik, fünf Jahre später wurde er zusammen mit Joseph von Utzschneider (s.o.) eingezünftet. Zur Produktionserweiterung pachtete Gebhard vorübergehend die Kalteneckerbrauerei. Seine Witwe Marianne betrieb die Braustätte ab 1836, elf Jahre später wurde sie von Alois Ritter von Lenggrießer gekauft, im Jahr 1852 von Löwenbräu gepachtet. Der neue Besitzer tauschte die bereits ruhende Brauerei 1860 an Georg Pschorr jun. vom Pschorrbräu, fortan Gaststättenbetrieb (Pschorr bekam zwei Jahre später Ärger mit den Behörden, weil sein Geschäftsführer beim Gebhardbräu das Bier zum Ganterpreis, also preiswerter als üblich, abgab).

M 04 Staudingerbräu

Ort: *Ledererstraße 21*

Gründungsjahr: *1811*

Johann Staudinger, ebenfalls ein Essigsieder, erhielt 1811 die Erlaubnis zum Braunbierbrauen, wobei die Brauerei bereits ab 1815 von seiner Witwe weitergeführt wurde. Nach deren erneuter Heirat 1821 mit dem bisherigen Bräumeister und Geschäftsführer Karl Schwab endete der Sudbetrieb drei Jahre später, als die Brauerei „auf die Gant" kam.

M 05 Sporerbräu

Ort: *Ledererstraße 17*

Gründungsjahr: *1817*

Die 1817 neu erteilte Konzession für Matthias Sporer wurde nur über fünf Jahre genutzt, kein einziger Bräuknecht war in der Brauerei beschäftigt. 1822 war der Betrieb so überschuldet, dass das Brauen eingestellt und der Sporerbräu 1828 an Nichtbrauer veräußert wurde.

NEUGRÜNDUNGEN VON BRAUEREIEN AB EINFÜHRUNG DER GEWERBEFREIHEIT

Als die volle Gewerbefreiheit am 6. Februar 1868 im Königreich Bayern in Kraft trat, fielen die starren Beschränkungen für den Betrieb einer Braustätte weg. Von nun an konnte jedermann eine Brauerei eröffnen, was angesichts des stetigen Bevölkerungswachstums und des legendären Münchner Durstes in den Augen vieler einer Goldgrube gleichkam. Entsprechend wurden mehr als fünfzig Brauereien innerhalb des (heutigen) Stadtgebietes neu eröffnet, denen aber in den seltensten Fällen ein längeres Dasein beschieden war. Durch die zunehmende Konkurrenz gingen die meisten wieder zu Grunde, sodass die Zahl der Brauereien gegen 1908 bereits auf die Hälfte abgenommen hatte. Der Erste Weltkrieg zwang dann auch mittelgroße Betriebe zur Aufgabe. Im Folgenden werden diese Neugründungen der besseren Übersicht halber grob nach Stadtvierteln geordnet vom Westen (Pasing) bis zum Osten (Daglfing) Münchens aufgeführt.

G 01 Weißbierbrauerei Schüle

Ort: Wehnerstraße (früher Hermannstraße) 20

Gründungsjahr: unbekannt

Wann Bernhard Schüle den Betrieb eröffnete, ist unbekannt. Nach der Eingemeindung Pasings bestand die Brauerei bis zum Ende des Zweiten Weltkriegs als Münchner Brauerei fort.

G 02 Weißbierbrauerei Pasing (Röder)

Ort: Planegger (früher Oberbürgermeister-Wunder-)Straße 1

Gründungsjahr: 1894

Direkt am Pasinger Marienplatz gelegen, produzierte die Brauerei nur ca. 900 hl jährlich, was den Bedarf der zwölf kleinen Ausschankstellen deckte. Mit der Eingemeindung Pasings wurde sie 1938 zu einer Münchner Sudstätte, deren Braubetrieb unter dem letzten Besitzer Donat Röder 1945 endete. Die südlich am Brauereigelände entlanglaufende Ebenböckstraße hieß früher Bräuhausstraße.

Ehemalige Brauerei Pasing, heute Bayerisches Schnitzel- & Hendlhaus
Foto, 2024.

G 03 Brauerei Pasing

Ort: Landsberger Straße 499
Gründungsjahr: 1881
Balthasar Guggemos gründete 1881 eine Brauerei in der Landsberger Straße, die von seinem Nachfolger Heinrich Bayer bereits 1911 der Löwenbrauerei zum Kauf angeboten wurde. Zu diesem Zeitpunkt lag der Ausstoß bei ca. 8.600 hl im Jahr. Der Deal kam jedoch nicht zustande, sodass erst 1914 der Kauf sowie die nachfolgende Betriebsschließung durch die Brauereigemeinschaft mbH erfolgte, die auf gleiche Weise schon zuvor den Giesinger Bergbräu „abgewickelt“ hatte. Da Pasing erst 1938 zu einem Münchner Stadtteil wurde, war diese Brauerei somit eigentlich keine Münchner Sudstätte. Heute befindet sich in den alten Brauereigebäuden das „Bayerische Schnitzel- und Hendlhaus“.

G 04 Weißbierbrauerei Widmann

Ort: Würmtalstraße 113
Gründungsjahr: 1907
Der namensgebende Peter Widmann begann 1907 mit dem Brauen in Großhadern. Durch die Eingemeindung dieses Stadtteils wurde der Betrieb 1938 zu einer Münchner Braustätte. Nach Ende des Zweiten Weltkriegs musste die Brauerei jedoch bereits im Jahr 1946 dauerhaft geschlossen werden.

G 05 Brauerei Nymphenburg (Hoch)

Ort: Nymphenburger Straße 11 (heute Karree Südliche Auffahrtsallee/Döllinger-/Prinzen-/Notburgastraße)
Gründungsjahr: ca. 1730
Diese Brauerei wurde auf dem Gelände des späteren „Volksgarten Nymphenburg“ wohl in der ersten Hälfte des 18. Jahrhunderts errichtet. Ferdinand Hübner erhielt 1851 die Konzession zum Brauen von weißem Gerstenbier. Unter dem letzten Besitzer Franz Hoch (ab 1872) änderte sich der Name. Hoch starb 13 Jahre später, mit ihm endete der Braubetrieb. Da Nymphenburg erst 1899 eingemeindet wurde, war diese Sudstätte offiziell nie eine Münchner Brauerei.

G 06 Gernerbräu

Ort: Klugstraße 21
Gründungsjahr: 1876

1876 gegründet von Freiherr Adolph von Kloeber auf dem ehemaligen Anwesen des Klosters Beuerberg, musste die Brauerei bereits 1881 zwangsversteigert werden. Zunächst gaben sich die Besitzer danach die Klinke in die Hand, bis Anton Neuhofer die Brauerei erwarb und dort die Gerner Bierhalle einrichtete. Er führte auch das Starkbier „Sanator" ein. Mit der Eingemeindung Gerns 1899 wurde die Sudstätte zu einer Münchner Brauerei. 1905 erfolgte die Umwandlung in die „GmbH Gernerbräu", die vor dem Ersten Weltkrieg ca. 30.000 hl Bier jährlich produzierte und eine Zweigniederlassung in London (Munich-Gerner-Brewery Ltd.) unterhielt. Nach Kriegsende geriet das Unternehmen in Konkurs, 1919 kaufte Löwenbräu die Brauerei, 1920 wurde sie geschlossen. Die brauereieigene Gaststätte blieb noch bis 1970 in Betrieb.

G 07 Blutenburgerbrauerei

Ort: Blutenburgstraße 156
Gründungsjahr: 1878

Gründer war Karl Freiherr von Crailsheim, danach elf wechselnde Besitzer in lediglich sieben Jahren. 1890 im Jahre der Eingemeindung Neuhausens hatte die (miserabel beleumundete) „Kaiserbrauerei" nur noch 18 hl gebraut, danach wurde die Brautätigkeit ganz eingestellt. 1894 erfolgte der Umbau in eine Gaststätte, die bis 1918 Bestand hatte. Heute steht an dieser Stelle die „Innere Mission".

G 08 Weißbierbrauerei Wetzstein

Ort: Nymphenburger Straße 117 (Seitengebäude)
Gründungsjahr: 1880

Bereits 1890 (kurz vor der Eingemeindung Neuhausens) wurde der Braubetrieb in der von Franz Xaver Wetzstein gegründeten Brauerei eingestellt, somit war diese keine Münchner Sudstätte. 1893 erfolgte der Kauf durch die Spatenbrauerei als Ausweichstätte für auftretende Kapazitätsengpässe. Bis heute wird hier der Gastbetrieb fortgesetzt (aktuell mit dem peruanischen Restaurant „Wari-ke").

Ehemalige Weißbierbrauerei Wetzstein, heute Wari-ke
Foto, 2024.

G 09 Bennobrauerei (Wasserburger'sche Brauerei)

Ort: Nymphenburger Straße 90
Gründungsjahr: 1879

Anton Pacher gründete 1879 die Brauerei, welche nach einem ihrer weiteren Besitzer als „Wasserburger'sche Brauerei" bezeichnet wurde. Ab 1888 firmierte sie wieder unter ihrem alten Namen und wurde 1889 von Löwenbräu gekauft. Der ehemalige Brauereiname wurde für das St.-Benno-Bier der Löwenbrauerei verwendet. Danach Betrieb nur noch als Mälzerei, die Gaststätte wurde verpachtet (bis 1966). Ab 1942 wurden auf dem Gelände Zwangsarbeiter untergebracht.

G 10 Weißbierbrauerei Berger (Lobenhoffer)

Ort: Nymphenburger Straße 77
Gründungsjahr: 1879

1879 wurde mit dem Brauen von Weißbier an der Nymphenburger Straße zwischen Maillinger- und Elvirastraße begonnen, damalige Hausnummer 6 in Neuhausen. Georg Lobenhoffer übernahm 1888 die noch Bergerbrauerei heißende Braustätte und benannte sie nach sich um. Mit der Eingemeindung Neuhausens wurde sie 1890 zu einer Münchner Brauerei, im Jahr zuvor ruhte der Braubetrieb. Die Brauerei wurde 1893 geschlossen, das Gebäude 1997 abgebrochen.

G 11 Münchner Brauakademie Dr. Doemens

Ort: Linprunstraße 74–75
Gründungsjahr: 1895

Die Akademie wurde von Dr. Albert Doemens, dem ehemaligen Dozenten der Brauerschule Karl Michel (s.u.), mit der er weiterhin eng zusammenarbeitete, 1895 als zweite Lehranstalt für Brauer ins Leben gerufen. Ein Verkauf der Probesude fand nicht statt. Nach dem Ende des Zweiten Weltkriegs wurde die Akademie zunächst nach Herrsching am Ammersee verlegt. 1965 erfolgte der Umzug nach Gräfelfing, 1980 wurde dort die Versuchsbrauerei eröffnet. Seit 1992 als Fachakademie anerkannt, erfolgte 2021 der Umzug des Sudbetriebes in eine neu errichtete Brauanlage.

Doemens Brauakademie Gräfelfing
Aktuelles Foto.

G 12 Benediktusbrauerei

Ort: Westendstraße 76

Gründungsjahr: 1881

Gründung durch Michael Gerum (& Cons.) 1881, jährliche durchschnittliche Produktion von 1.500 hl Bier. Die Besitzer wechselten in rascher Folge, der Braubetrieb wurde 1898 eingestellt, das Gebäude 1901 abgerissen. Heute wird dort die Gaststätte „Munzur" betrieben, bis zur Renovierung der Fassade war über dem Eingang auch noch der Schriftzug „Gaststätte Benediktusbrauerei" zu lesen.

Ehemalige Benediktusbrauerei, heute Munzur
Foto, 2024.

G 13 Bavariabrauerei (Lemminger'sche, Walchbrauerei)

Ort: Landsberger Straße 70–72

Gründungsjahr: 1883

Die kurzlebige Braustätte wurde 1883 von Michael Lemminger gegründet, der Ausstoß betrug etwa 1.900 hl jährlich. Unter dem Nachfolger Gustav Walch wurde der Braubetrieb bereits 1889 wieder eingestellt. Es folgte der Umbau in eine Dampfmolkerei, ab 1910 wurden die Gebäude als Depot der Gesellschaftsbrauerei Augsburg genutzt.

G 14 Münchner Kindl Weizenbierbrauerei (Sundheimer)

Ort: Bayerstraße 99

Gründungsjahr: 1894

Die von Franz Heisinger 1894 ins Leben gerufene Brauerei änderte im Jahr darauf unter dem neuen Besitzer den Namen in „Weizenbrauerei Sundheimer". Etwa 1.000 hl wurden jährlich eingesotten, der Braubetrieb endete allerdings bereits 1899. In den letzten beiden Jahren firmierte der Betrieb im Münchner Adressbuch unter „Münchner Weizenbierbrauerei" (vermutlich verlor sie in einem juristischen Streit mit der etablierten Münchner-Kindl-Brauerei den Zusatz „Kindl" im Namen).

G 15 Weizenbierbrauerei Thalkirchen

Ort: Zennerstraße 4

Gründungsjahr: 1905

Cajetan Schmederer, ein Anteilseigner der Paulanerbrauerei und damals auch einer der Leiter des Gärtnerplatztheaters, errichtete in Thalkirchen eine Brauerei in Form einer GmbH. Der Braubetrieb wurde 1913 auf Grund einer vertraglichen Vereinbarung mit der Weizenbierbrauerei Schneider & Sohn eingestellt, die Schankstellen wurden anschließend nur noch von dieser beliefert. Sie erwarb den Betrieb schließlich im Jahr 1916.

G 16 Brauerei Thalkirchen (Zum Metzgerbauern)

Ort: Fraunbergstraße 31
Gründungsjahr: 1879
Die 1879 gegründete Sudstätte wurde durch die Eingemeindung Thalkirchens 1890 zu einer Münchner Brauerei. Mitunter wurde die Brauerei auch „Zum Metzgerbauern" genannt. Die praktische Brauschule Karl Michel hatte hier zeitweise eine Filiale. 1902 kam das Ende des Braubetriebes, 1926 erfolgte der Teilabriss.

G 17 Sendlinger Brauerei (Maybräu)

Ort: Lindwurmstraße 124
Gründungsjahr: 1833
Die 1833 von Josef Unger errichtete Brauerei war nach ihm zeitweilig stillgelegt und nur noch als Gaststätte geführt worden. Erst 1876 wurde der Braubetrieb wieder aufgenommen und zwei Jahre später nach dem neuen Besitzer in „Maybräu" umbenannt. Die Brauerei ging 1881 in Konkurs, wurde von Simon Fortner gekauft und als „Brauerei Sendling" wieder neu betrieben. Nach mehreren Besitzerwechseln stellte man 1892 das Sieden von Bier ein und produzierte nur noch Malz, die dort befindliche Gaststätte „Zum Maibräu" wurde nun von der Löwenbrauerei beliefert. Im Krieg zerstört, hat sich nur der Lagerkeller erhalten, der bis vor kurzem noch für Veranstaltungen gemietet werden konnte.

G 18 Kochelbrauerei

Ort: Schmied-Kochel-Straße 8 – 9
Gründungsjahr: 1866
Die Brauerei wurde 1866 von Konrad Grimm zwischen der Schmied-Kochel- und der Alramstraße gegründet, also dort, wo einst die Sendlinger Mordweihnacht stattfand. Von jenem tragischen Ereignis rührt auch der Name (nach dem sagenhaften Schmied von Kochel, vermeintlicher Anführer der Aufständischen 1705) her. Anfänglich wechselten die Besitzer rasch, zwischendurch geriet die Brauerei sogar in Konkurs. Nach der Übernahme durch Ernst Erich wurde sie aber rasch ins Oberfeld der Münchner Brauereien mit einer maximalen Produktion von 75.000 hl geführt. Danach folgte erneut ein deutlicher Produktionsrückgang, sodass die Brauerei 1906

Kochelbrauerei
Fotografie, 1905.

von der Klosterbrauerei AG übernommen wurde. Diese firmierte anschließend unter dem Namen Kochelbräu AG weiter und verlagerte die gesamte Produktion (max. 120.000 hl) auf das Gelände an der Schmied-Kochel-Straße. 1918 erwarb die Hackerbrauerei die Aktienmehrheit, der Braubetrieb wurde am Ende des Jahres eingestellt. 1919 zerstört ein Brand große Teile der Brauereigebäude, im Jahr darauf fusionierten die beiden Aktiengesellschaften. Eine Speditionsfirma pachtete daraufhin das Gelände.

G 19 Praterbrauerei (Wittelsbacherbrauerei, Münchner Exportbrauerei Neumeier)

Ort: Thalkirchener Straße 133
Gründungsjahr: 1879

Die Brauerei wurde 1879 von Elkin Farmer ins Leben gerufen, der sie selbst zwei Jahre später in „Wittelsbacherbrauerei" umbenannte. Nachdem der Braubetrieb ein Jahr ruhte, wurde sie 1884 wiedereröffnet und später als „Münchner Exportbrauerei Neumeier" fortgeführt. Die Menge jährlich hergestellten Bieres lag bei durchschnittlich 3.700 hl. 1894 wurde die Brauerei geschlossen und als Gaststätte weiter betrieben.

G 20 Bruderhof Brauerei Lex (Germaniabrauerei)

Ort: Schäftlarnstraße (früher Dreimühlenstraße) 5

Gründungsjahr: 1880

Gegenüber dem heutigen Großmarkt gelegen wurde 1880 von Johann Lex eine Brauerei gegründet, nach dem Verkauf an Fritz Reischl firmierte der Betrieb von 1883 an unter dem Namen „Germaniabrauerei". Der Ausstoß stieg von 500 auf immerhin 1.000 hl pro Jahr. Die Brauerei wurde 1899 geschlossen, das Gelände 1933 von Löwenbräu erworben.

G 21 Brauerei Dr. Bauer

Ort: Marsstraße 2c

Gründungsjahr: 1889

Der Schriftsteller Dr. Heinrich Bauer kam in seinem einzigen Sudjahr auf die „beeindruckende" Menge von ganzen 42 hl – immerhin.

G 22 Gabelsbergerbrauerei

Ort: Gabelsbergerstraße 65

Gründungsjahr: 1881

Johann Schraedler und Ferdinand Schweinsgut eröffneten die Brauerei 1881. Mitte 1884 wurde der Betrieb in eine Aktiengesellschaft umgewandelt, danach stieg der Ausstoß auf über 20.000 hl jährlich. Die Brauerei kletterte auf den 13. Platz unter den Münchner Sudstätten und wurde 1894 an die Löwenbrauerei verkauft. Diese konnte das nahe gelegene Brauereiareal mit den dringend benötigten Lagerkellern sowie einer weiteren Mälzerei ideal nutzen. Die Gaststätte in der Gabelsbergerstraße wurde verpachtet, Anfang des 20. Jahrhunderts waren in den Stallungen die Ochsen der Löwenbrauerei untergebracht.

G 23 Weißbierbrauerei Dachs

Ort: Gabelsbergerstraße 61

Gründungsjahr: 1881

Gebraut wurde vom Besitzer Georg Dachs nur über zwei Sudjahre bis 1883 mit einem maximalen Ausstoß von 20 hl jährlich. Diese Menge von lediglich fünf Litern täglich kann sicherlich nur für den Erwerb des verkaufsfördernden Attributes „Bier aus eigener Herstellung" sinnvoll gewesen sein.

G 24 Münchner praktische Brauerschule Karl Michel (Flaschenbiergenossenschaft der Gastwirte Münchens und Umgebung)

Ort: Heßstraße 74–76
Gründungsjahr: 1869 / 1881

Der ausgewiesene Brauereifachmann Karl Michel gründete 1869 die Schule als Versuchsanstalt für neue Braumethoden und zur Ausbildung von Brauern in seiner Brauerei in Augsburg, 1881 erfolgte die Verlegung nach München. Bald wurden jährlich mehr als 100 Schüler unterrichtet, die Bierproduktion lag bei ca. 400 hl pro Jahr. Eigentümer des Gebäudes war die Gabelsbergerbrauerei, nach deren Übernahme durch Löwenbräu endete der Mietvertrag 1894. Die Schule zog ein Jahr später auf die Theresienhöhe 9 um, wo auch ein Ausschank des gebrauten Bieres stattfand. Filialen der Schule waren bei der Kolosseumsbrauerei (an deren Planung Michel maßgeblich beteiligt war) und der Weißbierbrauerei Thalkirchen. Ab 1909 nannte sich die Schule „Braun- und Reform-Weißbierbrauerei", Fortbestand bis 1919.

Das Gelände in der Heßstraße wurde zwischen 1903 und 1923 nochmals von der „Flaschenbiergenossenschaft der Gastwirte Münchens und Umgebung" genutzt. Nach dem Vorbild Wiens sollte diese das Bier der Münchner Brauereien in Flaschen abfüllen, was zu dieser Zeit noch unrentabel war, und den Vertrieb an die Wirte übernehmen. Dieser Plan zerschlug sich zwar, weil viel zu wenige Wirte der Genossenschaft beitraten: stattdessen aber begann man, eigenes Bier zu produzieren und abzufüllen (vor dem Ersten Weltkrieg etwa 8.000 hl im Jahr).

G 25 Weißbierbrauerei Bichler

Ort: Steinheilstraße 2 Gründungsjahr: 1879

Michael Michler braute gegenüber der Technischen Universität einmalig 140 hl Weißbier während des Sudjahres 1879/80, danach stellte er dieses Experiment unverzüglich wieder ein.

G 26 Max-Emanuel-Brauerei

Ort: Nordendstraße 4 Gründungsjahr: 1880

In der Maxvorstadt errichtete Georg Füger 1880 eine Sudstätte, die unter den nachfolgenden Besitzern auf eine jährliche Produktion von über 1.500 hl kam. Die Ehefrau des letzten Betreibers verkaufte die Brauerei 1898 an Löwenbräu, das Brauen wurde 1904 eingestellt. Seit 2022 wird die komplett renovierte Gaststätte mit Bier-

Ehemalige Max-Emanuel-Brauerei, heute Gaststätte
Foto, 2023.

garten zusammen mit zwei Kollegen von dem Wiesnwirt Konstantin Schottenhamel (aus der ältesten Wiesnwirte-Dynastie Münchens) betrieben.

Ehemaliger Thomasbräu, heute Paulaner Bräuhaus
Foto, 2024.

G 27 Thomasbräu (Zum kleinen Hofbräuhaus, Münchner Bräuhaus, Massenbachbrauerei)

Ort: Maistraße 44
Gründungsjahr: 1881

Im Rahmen der Erweiterung des Südfriedhofes Ende des 19. Jahrhunderts wurde das benachbarte Areal bis zur Kapuzinerstraße städtebaulich erschlossen und damit für Investoren interessant. Im Jahre 1881 wurde in diesem Zuge eine kleine Brauerei („Zum kleinen Hofbräu") durch Josef Hubinger gegründet, bald danach (1883) erfolgte deren Übernahme durch den Holzhändler Ludwig Massenbach und Umbenennung in „Münchner Bräuhaus" oder auch „Massenbach'sches Brauhaus". Am 27. März 1889 wurde diese an die Gebrüder Thomass verkauft (Söhne des bereits an der Gründung der Löwenbräu AG beteiligten Juweliers Carl Thomass). Um an eine vermeintliche Tradition alter Klosterbrauereien anknüpfen zu können, wurde der neue Brauereiname nach dem Heiligen Thomas nur mit einfachem S geschrieben. 1895 wurde hier das erste Münchner Helle gesotten. Auf Grund ihres großen Erfolges (vor dem Ersten Weltkrieg wurden bis zu 200.000 hl Bier jährlich gesotten) expandierte die Brauerei immer mehr, wodurch sie zuletzt nahezu das gesamte Dreieck zwischen Mai-, Kapuziner- und Tumblingerstraße ausfüllte. Nach der Gründung einer Interessensgemeinschaft mit der Paulanerbrauerei 1923 erfolgte im Jahre 1928 die vollständige Fusion der beiden Brauereien zur Paulaner-Salvator-Thomasbräu AG, der Braubetrieb an der Maistraße wurde eingestellt. Heute wird im ehemaligen Stammhaus am Kapuzinerplatz aber wieder ein eigenes Bier für den Hausbedarf gebraut.

G 28 Weißbierbrauerei Sedlmayer (Roeckl, Obermeyer)

Ort: Maistraße 30a
Gründungsjahr: 1880

1880 gründete Otto Sedlmayer eine Brauerei, die im gleichen Straßendreieck wie die Thomasbrauerei lag. Mit dem Wechsel des Besitzers erfolgte auch stets eine entsprechende Umbenennung (1882 „Weißbierbrauerei Roeckl", 1893 „Weißbierbrauerei Obermeyer") der Brauerei. Produziert wurden zu Bestzeiten über 1.300 hl, unter dem letzten Besitzer ging der Ausstoß aber stark zurück. 1897 wurde der Betrieb von der Thomasbrauerei aufgekauft.

G 29 Weißbierbrauerei Schramm

Ort: Thalkirchner Straße 50 – 52

Gründungsjahr: 1880

Gründer dieser Weißbierbrauerei direkt neben dem Südfriedhof war die Familie Schramm, die schon im 17. Jahrhundert eine Malzfabrik mit Export bis über den Brenner betrieb. Bis zur Jahrhundertwende konnte sie sich neben der Schneiderbrauerei als „zweite Weißbierkraft" mit einem maximalen Ausstoß von etwas über 10.000 hl etablieren, danach erfolgte der Niedergang. Sie wurde entweder vor 1934 von der Brauereigemeinschaft mbH oder aber (widersprüchliche Quellen) 1928 von dem direkten Konkurrenten Schneiderbräu erworben und stillgelegt.

G 30 Kapuzinerbrauerei (Volk)

Ort: Kapuzinerstraße 35

Gründungsjahr: 1877

Ebenfalls neben dem Südfriedhof gründete Heinrich Schmidt 1877 die Kapuzinerbrauerei (vermutlich sollte mit dem Namen ein alte klösterliche Brautradition suggeriert werden). 1899 wurde diese für ein Jahr in „Volksbrauerei" umbenannt und erreichte eine Produktion von ca. 5.000 hl jährlich. Später erfolgte die Umwandlung in eine GmbH. 1903 Kauf durch die Klosterbrauerei AG, die das Gelände als Mälzerei und Konzertsaal nutzte.

G 31 Brauerei Resenscheck & Lottermann

Ort: Kapuzinerstraße 41

Gründungsjahr: 1878

Ganz in der Nähe der ein Jahr zuvor eröffneten Kapuzinerbrauerei versuchten der Maler Josef Resenscheck und der Maurer Anton Lottermann mit der Gründung einer eigenen Brauerei im aufstrebenden Braugeschäft Fuß zu fassen. Der Ausstoß lag bei immerhin 2.000 hl, Stilllegung der Brauerei aber bereits nach dem ersten Sudjahr 1879.

G 32 Bierwürze GmbH

Ort: Holzstraße 17

Gründungsjahr: 1902

Diese Brauerei nahe des Südfriedhofs stellte in den zwanzig Jahren ihres Bestehens bis 1922 ausschließlich alkoholfreies Bier her, das sich sehr gut verkaufte und teilweise sogar von Ärzten verordnet wurde.

G 33 Kolosseumsbrauerei

Ort: Kolosseumstraße 4

Gründungsjahr: 1879

Von Franz Kil wurde zunächst 1873 ein äußerst erfolgreicher Vergnügungspark errichtet, weshalb sechs Jahre später die Aufstellung einer eigenen Brauerei zur Verpflegung erfolgversprechend schien. Im Gründungsjahr wurde auf einer Versammlung von 400 bayerischen Brauern dort der „Bayerische Brauerbund" gegründet. 1881 kam es zur sogenannten „Eskimo-Tragödie": bei einem Faschingsfest wurde ein Feuer ausgelöst, bei dem neun als Eskimos verkleidete Darsteller bei lebendigem Leib verbrannten. Ende 1884 als Aktiengesellschaft betrieben, wurde diese zwei Jahre nach dem Tode des Hauptaktionärs Franz Kil von seinem Sohn 1887 an Johann Wagerer, den ehemaligen Direktor der Münchner-Kindl-Brauerei verkauft. Dieser führte zur Konsolidierung des Gesamtbetriebs einen strikten Sparkurs durch, dem 1895 auch die Brauerei zum Opfer fiel. Dabei wurde zuletzt ein Bierausstoß von 13.000 hl jährlich erreicht. Von 1885 bis 1890 befand sich eine Filiale der praktischen Brauerschule Karl Michel in der Kolosseumsbrauerei.

G 34 Weißbierbrauerei Kirchner

Ort: Ickstattstraße 7

Gründungsjahr: 1887

Besitzer Albert Kirchner produzierte in seinem einzigen Sudjahr 1887/88 gerade einmal 200 hl Weißbier, dann war schon wieder Schluss mit dem Brauen.

G 35 Gärtnerbrauerei

Ort: Reichenbachstraße 9

Gründungsjahr: 1881

Zwischen Gärtnerplatz und Viktualienmarkt gründete 1881 Franz Zieher eine Sudstätte. Die Besitzer wechselten in den zehn Jahren ihres Bestehens rasch, 1891 wurde die Brauerei geschlossen. 1931 entstand an ihrer Stelle ein jüdischer Betraum.

G 36 Weißbierbrauerei Johann Aitermooser

Ort: Belgradstraße 55

Gründungsjahr: 1882

Die Schwabinger Brauerei wurde von ihrem Gründer und Namensgeber an Peter Peller weitergegeben, der Braubetrieb endete bereits 1888/89 (und damit vor der

Eingemeindung Schwabings, so dass die Sudstätte nie wirklich münchnerisch war).

G 37 Petuelbrauerei (Salvator, Schwabinger)

Ort: Leopoldstraße (früher Schwabinger bzw. Ingolstädter Landstraße) 82

Gründungsjahr: 1877

Die Sudstätte wurde von dem später als erster Leiter des städtischen Omnibusverkehrs bekannt gewordenen Ludwig Petuel errichtet. 1888 kaufte zunächst die Berliner Firma Saloschin die Brauerei, veräußerte sie aber bereits einen Monat später an die dazu neu gegründete „Salvatorbrauerei AG" weiter. Durch die Eingemeindung Schwabings wurde der Betrieb 1890 zu einer Münchner Brauerei. 1899 erfolgte die Umbenennung in „Schwabingerbrauerei", da sie den Namen Salvator gegen eine Abfindung an die Paulanerbrauerei (die sich fortan Paulaner-Salvatorbräu AG nannte) abtrat. Bei einer maximalen Produktionsmenge von knapp 100.000 hl wurde im Jahre 1917 die Aktienmehrheit durch die Franziskaner-Leistbräu AG erworben und der Braubetrieb im Jahr darauf stillgelegt (die AG blieb aber als Immobiliengesellschaft der Brauerei bestehen).

G 38 Siegesbrauerei

Ort: Siegesstraße 12–13

Gründungsjahr: 1888

Die zwei Jahre vor der Eingemeindung Schwabings gegründete Brauerei stellte gerade einmal etwa 400 hl jährlich her. Als Münchner Sudstätte wurde nur noch 1890/91 und 1894/95 Bier gesotten unter dem letzten Besitzer Georg Lobenhoffer (der zuvor bereits die nach ihm benannte Weißbierbrauerei in der Nymphenburger Straße aufgegeben hatte). Die Brauerei wurde 1898 abgerissen.

G 39 Milbertshofener Brauerei

Ort: unbekannt

Gründungsjahr: 1884

Nur für das eine Sudjahr 1884/85 ist in Milbertshofen ein Braubetrieb dokumentiert. Eingemeindet wurde dieser Stadtteil erst 1913, so dass diese Brauerei formal nicht zu den Münchner Braustätten gerechnet werden kann.

G 40 Iberer Brauerei

Ort: unbekannt

Gründungsjahr: 1884

Erst 1935 gegründet, ging die Exportbrauerei unter ihrem Besitzer Ludwig Iberer bereits vier Jahre später wieder in Konkurs und wurde stillgelegt.

G 41 St. Anna-Brauerei (Klosterbrauerei München AG)

Ort: Liebigstraße 20 – 22

Gründungsjahr: 1880

Alois Hartl benannte seine 1880 gegründete Brauerei nach dem nahegelegenen Kloster der Franziskanermönche im Lehel, die dort zur selben Zeit noch ihre eigene Klosterbrauerei unterhielten. Zunächst auf dem Niveau einer Kleinbrauerei stieg der Ausstoß nach Umwandlung des Betriebs 1887 in die „St. Anna Aktiengesellschaft“ auf 36.000 hl jährlich. Nach einem vorübergehenden Rückgang der Produktion nahm diese unter dem neuen Namen „Klosterbrauerei München AG“ ab 1895 auf 56.000 hl zu. 1906 wurde die Kochelbrauerei übernommen, deren Namen sie daraufhin übernahm. Die Sudstätte im Lehel wurde stillgelegt und 1924 abgerissen.

G 42 Giesinger Brauerei (Bergbräu)

Ort: Wirtstraße 16 – 17 / Ecke Bergstraße 5

Gründungsjahr: 1875

Der Begründer der Giesinger Brauerei war Ludwig Knorr, danach Wechsel der Besitzer in rascher Folge. 1893 erfolgte die Umbenennung in „Bergbräu GmbH“ (benannt nach der Bergstraße, an der die Brauerei hoch an der Hangkante über der Isar thronte), die um die Jahrhundertwende unter den Gebrüdern Henninger beinahe 60.000 hl Bier jährlich produzierte. Von 14 Münchner Brauereien wurde daher zur Konkurrenzabwehr 1907 die „Brauereigemeinschaft mbH“ gegründet, die den Betrieb erwarb und anschließend sofort stilllegte. Die ehemalige Kundschaft wurde auf die Gesellschafter verteilt und das Braugelände an die Münchner Export-Malzfabrik AG verkauft. Die von der Löwenbrauerei gekaufte Gaststätte war 1919 das Hauptversammlungslokal der Revolutionäre, welche nach dem Ersten Weltkrieg in München die kurzlebige Räterepublik ins Leben gerufen hatten.

G 43 Karmelitenbrauerei

Ort: Tegernseer Landstraße 37

Gründungsjahr: 1880

Anton Riehl gründete 1880 die Brauerei in Giesing, die auf einen jährlichen Ausstoß von über 5.000 hl kam und auch unter dem Namen „Tegernseer Hof" bekannt war. Mit einer Klosterbrauerei hatte der Betrieb nichts zu tun, vermutlich wurde der Name aus Marketinggründen gewählt. Der letzte Besitzer Max Weisenfeld legte den Betrieb 1895 still und richtete dort sechs Jahre später die – sehr erfolgreiche – „Münchner-Export-Malzfabrik AG" ein. Zur Produktionserweiterung wurde 1907 das Brauereigelände des stillgelegten Bergbräus übernommen.

G 44 Schmuckerbrauerei (Wagner-Brauerei)

Ort: Lilienstraße 24/25

Gründungsjahr: 1842

Der ehemalige Bräumeister des Heiliggeistspitals Andreas Schmucker kaufte 1840 von Georg Pschorr sen. (Pschorrbräu) die reale Gastwirtschaft in der Au und erhielt kurz danach die Konzession zum Brauen von Weißgerstenbier (später auch von Braunbier). Zum Einlagern des Bieres wurde der Lagerkeller des Birnbräus erworben. 1852 wurde die Brauerei verkauft und kurz danach das Brauen eingestellt. 1862 übernahm das Ehepaar Wagner sie als Mälzerei, aber erst unter ihrem Sohn Hans wurde sie 1901 als Brauerei unter eigenem Namen wiedereröffnet. Der Ausschank fand gegenüber in der eigens erbauten repräsentativen Gaststätte statt, die heute noch als „Wirtshaus in der Au" in Betrieb ist. Auf Grund des großen Erfolges (bis zu 50.000 hl jährlich) wurde das Brauereigelände nachfolgend um zahlreiche benachbarte Gebäude erweitert. Schließlich jedoch kam es zur Krise, 1937 ging die Brauerei in Konkurs. Die eigens hierfür geschaffene Münchner Brauerei Erwerbsgesellschaft (bestehend aus den Marktführern Löwen-, Pschorr-, Spaten- und Paulanerbrauerei) kaufte die Braustätte zwei Jahre später zur Konkurrenzabwehr gegen Berliner Brauer, nach dem Zweiten Weltkrieg ging der Besitz an Löwenbräu über.

Wirtshaus in der Au, ehemaliger Ausschank der Wagner-Brauerei
Foto, 2024.

G 45 Wageckbrauerei (Lilien, Feicht, Wagerer)

Ort: Lilienstraße 12

Gründungsjahr: 1828

Die verwitwete Besitzerin des Schlösschens Wageck ehelichte Josef Buchner, der 1828 eine neue Braukonzession erhielt (Wageckbrauerei). Dieser tauschte seine Brauerei fünf Jahre später mit Heinrich Zeis, welcher sie wiederum 1840 an den Pschorrbräu Georg Pschorr sen. verkaufte. Nach acht Jahren wurde der Braubetrieb zunächst stillgelegt und erst 1864 unter Georg Pschorr jun. wieder aufgenommen. Danach wurde sie unter dem jeweiligen Namen ihrer Besitzer (Adam Feicht und Johann Wagerer) betrieben und erreichte einen durchschnittlichen Ausstoß von 14.000 hl, wobei der Kaufpreis in exorbitante Höhen stieg (konnte Georg Pschorr die Braustätte 1840 noch für umgerechnet knapp 73.000 M erwerben, wurde sie 1886 für 600.000 M veräußert). Als der Braubetrieb unrentabel geworden war, stellte der letzte Besitzer 1889 das Sieden ein und betrieb die Brauerei nur noch als Gaststätte weiter. Diese wurde 1901 von der Wagnerbrauerei in der Au erstanden.

G 46 Johannisbrauerei

Ort: Innere Wiener Straße 13

Gründungsjahr: 1880

Alois Dietz nahm die Sudstätte 1880 in Betrieb, jährlich wurden knapp 2.500 hl Bier hergestellt. Schon sieben Jahre später wurde die Sudstätte von der Brauerei zum Dürnbräukeller aufgekauft, zwei Jahre später erfolgte die Übernahme durch die Löwenbrauerei als zusätzliche Mälzerei.

G 47 Adlerbrauerei (Wienerbrauerei)

Ort: Max-Planck-Straße (ehem. Äußere Maximiliansstraße) 3

Gründungsjahr: 1880

Hinter dem Maximilianeum richtete sich Gottfried Roschmann eine Brauerei ein, die er zum Teil auch verpachtete. Er erreichte einen Ausstoß von durchschnittlich 2.600 hl. Seit 1883 als „Wienerbrauerei" geführt, wurde der Braubetrieb 1889 eingestellt.

G 48 Ludwigsbrauerei

Ort: Pariser Straße 14

Gründungsjahr: 1875

Die Produktion der von Joseph Braun 1875 gegründeten Brauerei erreichte lediglich 1.700 hl. In den Folgejahren wurde der Betrieb verpachtet, von 1881 bis 1885 an die Eberlbrauerei. Diese braute hier aber bereits nicht mehr, sondern nutzte die Ludwigsbrauerei zum Ausgleich für Unterkapazitäten einzelner Betriebsteile. 1888 wurde der Braubetrieb gänzlich stillgelegt und nur noch als Malzfabrik fortgeführt.

G 49 Maximiliansbrauerei

Ort: Ismaninger Straße 42
Gründungsjahr: 1874
Die Brauerei wurde wohl von Anastasia Sailer gegründet, Nachfolger war Johann Nepomuk Kreiller. Sie erreichte eine durchschnittliche Bierproduktion von 14.000 hl jährlich. 1896 erfolgte die Übernahme durch die Sterneckerbrauerei, der Betrieb wurde anschließend stillgelegt (Abbruch der Brauerei 1900).

G 50 Brauerei zur Schwaige (Gambrinus)

Ort: Einsteinstraße (früher Äußere Wiener Straße) 42/44
Gründungsjahr: ca. 1845
Balthasar Füger übernahm 1865 die etwa 20 Jahre zuvor gegründete Brauerei Zur Schwaige – benannt nach dem dortigen Herbergsviertel – in der Äußeren Wiener Straße 42/44. Er vergrößerte den Betrieb kontinuierlich und verkaufte ihn schließlich 1881. Der Ausstoß der Brauerei lag bei durchschnittlich etwa 10.000 hl jährlich, 1884 erfolgte die Umwandlung in die „Aktiengesellschaft Zur Schwaige". 1886 wurde die Gerechtigkeit der bereits stillgelegten „Gambrinus-Brauerei" hinzugekauft und deren Name übernommen (Besitzer war nun die „Gambrinus AG", Produktionssteigerung auf etwa 21.000 hl pro Jahr). Zum weiteren Verlauf siehe B 51 Löwenhauserbräu.

G 51 Brauerei zum Dürnbräukeller

Ort: Preysingstraße 79–80
Gründungsjahr: ca. 1870
Gründer war Johann Baptist Leiss, der die nicht mehr benötigten Lagerkeller des Dürnbräus 1863 erwarb. Zunächst betrieb er dort nur eine Mälzerei, errichtete aber später auf dem Grund auch ein Sudhaus. In den 1870er Jahren wurde die Brauerei erweitert, Einrichtung einer Gartenküche mit Ausschank. Unter Sebastian Meindl erfolgte eine Modernisierung und die Umstellung auf Dampfbetrieb. 1889 wurde die Brauerei vom Unionsbräu aufgekauft und in die Aktiengesellschaft „Zum Dürnbräu" umgewandelt. Die Produktion der Unionsbrauerei wurde kurzzeitig auf das neu erworbene Grundstück verlegt. Zuvor wurden durchschnittlich über 15.000 hl Bier hergestellt.

G 52 Forschungsbrauerei Perlach

Ort: Unterhachinger Straße 76
Gründungsjahr: 1930

Der berühmte Braufachmann Gottfried Jakob, der den Großteil seiner Einnahmen durch eigene Erfindungen im Brauwesen bestritt, gründete 1930 die Forschungsanstalt zur Verbesserung der Brautechnik. Er braute dabei ca. 2.300 hl jährlich vorwiegend für andere Brauereien, die sich kein eigenes Labor leisten konnten. Dabei verzichtete er vollständig auf Fremdkapital und behielt dadurch stets seine Unabhängigkeit. Nachdem der Braubetrieb zwischen 1942 und 1948 ruhte, wurde der Forschungsbetrieb 1950 eingestellt. Die Brauerei blieb bis 2010 im Familienbesitz, danach wechselnde Inhaber. Zuletzt wurde Unertl-Bier ausgeschenkt, von 2018 an zunächst Leerstand. Seit 2021 besteht wieder ein Braubetrieb durch die Kreativbrauerei Hopfenhäcker (siehe S. 186.

Ehemalige St. Michaels Weißbierbrauerei, heute Schneider Bräuhaus Berg am Laim
Foto, 2015.

G 53 St. Michaels Weißbierbrauerei

Ort: Baumkirchnerstraße 5
Gründungsjahr: 1903

Gegründet 1903, verkaufte der Besitzer Karl Vogt die Sudstätte 1912 (ein Jahr vor der Eingemeindung von Berg am Laim nach München) an die Weißbierbrauerei Schneider & Sohn im Tal. Diese legte den Betrieb still und betrieb ihn fortan – bis heute – als Gaststätte („Schneider Bräuhaus Berg am Laim") mit Ausschank ihres eigenen Biers weiter.

G 54 Daglfinger Brauerei

Ort: Rennbahnstraße 30
Gründungsjahr: unbekannt

Die Gründung dieser Brauerei fand vermutlich um die Jahrhundertwende statt, das genaue Datum ist unbekannt. Durch die Eingemeindung Daglfings 1930 war sie fortan eine Münchner Brauerei, die unter August Stadlmaier noch bis 1938 betrieben wurde.

NEUGRÜNDUNGEN NACH DEM ZWEITEN WELTKRIEG

Seit etwa 2010 kam es in München zu einer unübersichtlichen Vielzahl von Brauerei-Neugründungen. Viele von diesen konnten sich nur kurz halten und sind längst wieder Geschichte, andere erreichen allenfalls den Status von Haus- oder Gaststättenbrauereien. Oftmals wird auch nicht auf Münchner Stadtgebiet gebraut, sondern entweder im Lohnbrauverfahren (wobei freie Kapazitäten in wechselnden Brauereien genutzt werden) oder überhaupt an anderen Orten außerhalb der Landeshauptstadt. Aus diesen Gründen können hier nur beispielshaft einige der „Millenniums-Brauereien“ aufgeführt werden. Alle anderen bitten wir diese Beschränkung zu entschuldigen.

Z01 Giesinger Brauerei

Ort: Martin-Luther-Str. 2

Gründungsjahr: 2006

Von allen Neugründungen muss die Giesinger Brauerei allein schon auf Grund ihrer Größe hervorgehoben werden. Steffen Marx kommt die Ehre zu, als erster neuer Brauer seit dem Ende des Zweiten Weltkrieges ein markenrechtlich geschütztes originales „Münchner Bier“ zu brauen. Er begann im Jahr 2006 in seiner Garage im Hinterhof der Birkenau 5 („am räudigen Ende Giesings“ – Zitat Süddeutsche Zeitung) mit dem Brauen im „Bierlaboratorium“. Fünf Jahre später wurde die Grenze von 1.000 hl überschritten, so dass zur Produktionserweiterung ein altes Umspannwerk der Stadtwerke München gegenüber der Heilig-Kreuz-Kirche zum Teil via Crowd-Funding erworben und zur Brauerei umgebaut werden konnte („Giesinger Bräustüberl“). Auch dort reichten die Kapazitäten bald nicht mehr aus, so dass im Juni 2020 das „Werk 2“ in Feldmoching-Hasenbergl eröffnet wurde. Da auf diesem Gelände ein Tiefbrunnen bis ins tertiäre Wasser unter der Stadt reicht und der Sudkessel innerhalb des Stadtgebietes liegt, sind die Bedingungen für das Brauen von „Münchner Bier“ erfüllt. Zudem besteht die Hoffnung, dass durch die erweiterte Produktionsmenge auch in naher Zukunft der Ausschank von Giesinger Bier auf der Wiesn möglich wird.

Giesinger Bräu
Foto, 2024.

Z02 Haderner Bräu

Ort: Großhaderner Straße 56a

Gründungsjahr: 2016

2016 eröffneten Thomas und Marta Girg in der Großhaderner Straße die erste Bio-Brauerei Münchens, die im Juli 2023 nach Umzug in den Stürzer- oder Spitzweghof 600 m weiter (wo der berühmte Brauer Joseph Pschorr einst geboren wurde) den Ausstoß auf 6.000 hl steigern konnte. Der Bio-Hopfen wird aus Franken bezogen, das Bier kann im „Kleinen Brauhaus“ verkostet werden.

Z03 Tilmans Biere

Ort: Thalkirchner Straße 53

Gründungsjahr: 2014

Der in Weihenstephan ausgebildete Ludwig Tilman meldete 2014 sein Unternehmen an. Der Verkauf erfolgt aktuell ausschließlich über ausgewiesene Händler. Ins Auge stechen bei Tilmans Bieren die besonders aufwändig gestalteten Etiketten.

Z04 Crew Republic

Ort: Andreas-Danzer-Weg 30 (Unterschleißheim)

Gründungsjahr: 2011

2010 nahmen sich die Arbeitskollegen Mario Hanel und Timm Schnigula eine berufliche Auszeit und trafen anschließend den Entschluss zum Brauen von Craft Beer nach ihren Vorstellungen. 2011 begann der Braubetrieb im Hinterhof ihrer WG, seit 2015 wird das Bier in der eigenen Brauerei in Unterschleißheim hergestellt (formal ist die Crew Republic damit keine eigentliche Münchner Brauerei).

Z05 Munich Brew Mafia

Ort: Holzhausen (nahe Buchloe)

Gründungsjahr: 2016

Dario Stieren, Alex Silbermann und Niklas Zerhoch – erstere gelernte Brauer, letzterer Historiker – fingen 2016 mit dem Brauen an. Der Verkauf erfolgt im Gärtnerplatzviertel in der Reichenbachstraße 12, gebraut wird allerdings auswärts (seit 2022 mit eigener Flaschenabfüllung): somit streng genommen ebenfalls keine Münchner Brauerei.

Z06 Hopfenhäcker

Ort: Unterhachinger Straße 78
Gründungsjahr: 2014

Von 2014 an brauten Werner Schuegraf, Andrea Stemmer und Johann Öttl ihr Bier zunächst in ihrer Garage, bis sie zwei Jahre später nach Haidhausen umziehen konnten. Mittlerweile ist auch dort die Brautätigkeit zum Stillstand gekommen, nachdem Hopfenhäcker 2021 das Sieden in der stillgelegten Forschungsbrauerei Perlach wieder aufgenommen hat.

Z07 Richelbräu

Ort: Richelstraße 26
Gründungsjahr: 2008

Der Richelbräu fällt insofern aus der Reihe, dass es sich hierbei nicht um eine kommerzielle Brauerei mit Ausschank oder Verkauf handelt. Es ist vielmehr der Inbegriff einer Hausbrauerei, die nun seit mehr als eineinhalb Jahrzehnten ihr Neuhausener „CasaNova"-Bier für die Hausgemeinschaft sowie für die zahlreichen Veranstaltungen vor Ort braut.

Richelbräu
Foto, 2023.

Z08 Münchner-Kindl-Brauerei

Ort: Tegernseer Landstraße 337
Gründungsjahr: vmtl. 2025

Direkt am Stadtrand von Obergiesing fand 2022 die Grundsteinlegung der „reaktivierten" Münchner-Kindl-Brauerei statt: die Namensrechte, die nach der Stilllegung der ersten so bezeichneten Brauerei bei der Löwenbrauerei lagen, konnte der Gründer Dietrich Sailer kostenfrei vom heutigen Besitzer des Löwenbräus, AB InBev, übernehmen. Gebraut mit Wasser aus dem eigenen Tiefbrunnen soll im Laufe des Jahres 2025 das erste Bier im Brauereiausschank an der Tegernseer Landstraße ausgeschenkt werden.

Anhang

Literatur

Bauer, Reinhard, Kleine Geschichte Münchens, München 2008 Bauer, Richard, Geschichte Münchens, Sonderausgabe München 2008

Bauer, Richard, Zu Gast im alten München. Erinnerungen an Hotels, Wirtschaften und Cafés. München 1982

Behrer, Christian, Das unterirdische München. Stadtkernarchäologie in der Bayerischen Landeshauptstadt, München 2001

Behringer, Wolfgang, Die Spaten-Brauerei 1397–1997. Die Geschichte eines Münchner Unternehmens vom Mittelalter bis zur Gegenwart, München 1997

Behringer, Wolfgang, Löwenbräu. Von den Anfängen des Münchner Brauwesens bis zur Gegenwart, München 1991

Burger, Hannes, 350 Jahre Paulaner-Salvator-Thomasbräu AG 1634 - 1984. Jubiläumsfestschrift. München 1984

Dering, Florian/ Eymold, Ursula, Bier * Oktoberfest Museum München, München 2007

Deuringer, Josef, Die Bierfrage in Bayern im Jahre 1861. Eine erschöpfende Abhandlung über dieselbe bei Gelegenheit des 50jährigen Jubiläums des Biersatz-Regulativs von 1811, München 1861

Gattinger, Karl, Bier und Landesherrschaft. Das Weißbiermonopol der Wittelsbacher unter Maximilian I. von Bayern, München 2007

Geschichtswerkstatt Neuhausen e.V., Brauereigeschichte(n) aus Neuhausen, Nymphenburg und Gern, München 2000

Grochowina, Nicole, Geschlecht und Eigentumskultur in der Frühen Neuzeit, in: COMPARATIV 15 (2005), Heft 4, S. 7 - 20

Heckhorn, Evelin/Wiehr, Hartmut (Hrsg.), München und sein Bier, München 1989

Hemmerle, Josef, Geschichte des Augustinerklosters in München, München-Pasing 1956

Institut Bavaricum München Zuber, Elfi (Hrsg.), Bürger schreiben für Bürger, Band 1–4, Nachdruck, München 2008

Jehle, Alfons, Rund um den Maischbottich. Altmünchner Geschichtsbilder von Bräuern, Bräuinnen und schönen Bräuerstöchtern, Regensburg 1949

Krah, Adelheid, Chancen einer Gleichstellung im Frühmittelalter? Sozialgeschichtliche Implikationen normativer Texte aus dem langobardischen Italien und aus dem bayerischen Rechtsbereich, in: forum historiae iuris 2002

Kreittmayr, Wiguleus Xaverius Aloisius Frhr. v., Anmerkungen über den Codicem Maximilianeum Bavaricum civilem ..., München 1761

Megele, Max, Baugeschichtlicher Atlas der Landeshauptstadt München. Westliche Vororte der Stadt. (Neue Schriftenreihe des Stadtarchivs München, Bd. 3) München 1951

Pasinger Fabrik (Hrsg.), Wirtshäuser in München um 1900, München 1997

Pschorrbräu, 1820–1970. 150 Jahre Pschorr Brauerei München. Festschrift zum 150jährigen Bestehen der Brauerei, München 1970

Riedner, Otto, Münchner Bier im Mittelalter, in: Zeitschrift für das gesamte Brauwesen, NF Jg. 40 (1917)

Sailer, Josef Benno, Münchener Bier-Chronik, München 1929 Schäder, Christian, Münchner Brauindustrie 1871–1945. Die wirtschaftsgeschichtliche Entwicklung eines Industriezweiges, Marburg 1999

Schlosser, Hans, Brauer und Braustätten in München. Zur Rechts- und Sozialgeschichte des spätmittelalterlichen Brauwesens, Ebelsbach 1981

Sedlmayr, Fritz, Die „prewen" Münchens. Seit 1363 bis zur Aufhebung der Lehensverleihung durch den Landesfürsten (1814), München 1969

Solleder, Fridolin, München im Mittelalter, München/Berlin 1938 Spengler, Karl, Münchner Lesebuch, München 1986

Stahleder, Erich, Gersten, Hopfen und Wasser. Das Münchner Reinheitsgebot von 1487 und das Reinheitsgebot von 1516 im Rahmen der bayerischen Braugeschichte, München 1987

Stahleder, Helmuth, Älteres Häuserbuch der Stadt München, Band 1–2, München 2006

Stahleder, Helmuth, Bierbrauer und ihre Braustätten. Ein Beitrag zur Gewerbetopographie Münchens im Mittelalter, in: OA 107 (1982)

Stahleder, Helmuth, Chronik der Stadt München Band 1–3, Ebenhausen-Hamburg 1995

Stankiewitz, Karl, Der Stachus. Wo München modern wurde, München 2006

Till, Wolfgang/ Weidner, Thomas, Typisch München, München 2008

Uhl, Bodo, Die Hofmarks- und Braurechte des Klosters Weihenstephan. Einige Anmerkungen zur Überlieferung und Fälschung von Urkunden Bischof Ottos I. von Freising, in: Sammelblatt des Historischen Vereins Freising 29 (1979)

Weithmann, Michael, Burgen in München. Mittelalterliche Burgen und Mauern, Tore und Türme in München und im Münchner Umland, München 2006

Wild, J., Aus meinem Leben und Schaffen in München und Berlin. Ein Beitrag zur technischen Entwicklung des deutschen Brauwesens, Berlin 1937

Winkler, Richard, Ein Bier wie Bayern. Geschichte der Münchner Löwenbrauerei 1818–2003, Neustadt an der Aisch 2016

Winkler, Richard, Zur Geschichte der Münchner Paulanerbrauerei bis 1914, in: OA 144 (2020)

Winkler, Richard, Der Salvator auf dem Nockherberg. Zur Geschichte der Münchner Paulanerbrauerei und ihres weltberühmten Starkbieres, München 2020

Brauereiregister

Sachregister

Namensregister

Bildnachweis

Stadtarchiv München 11, 33, 64, 67, 68, 79 rechts, 87, 99, 106, 107 rechts, 109, 111, 114, 127, 172

Edith Haberland Wagner Stiftung 13, 18, 57

Münchner Stadtmuseum 15, 45, 82, 83/84, 107 links, 113

Augustiner Bräu Wagner KG 18, 19, 73, 91, 96

Stadtbibliothek Nürnberg 31

AB InBev 35, 75, 78, 79 links, 80, 97, 116

Bayerische Staatsgemäldesammlung München 42

Wikimedia gemeinfrei (https://commons.wikimedia.org/w/index.php?curid=9502943) 44

Wikimedia gemeinfrei https://commons.wikimedia.org/w/index.php?curid=4892185) 49

Wikimedia gemeinfrei https://commons.wikimedia.org/wiki/File:Val_121_6.jpg 50

Hacker Pschorr Bräu GmbH 63, 115

Benno Sailer, 1929 66, 84

Megele, Baugeschichtlicher Atlas der Landeshauptstadt München 71

G. Schneider & Sohn GmbH, Private Weißbierbrauerei 104, 105

Bayerische Staatsgemäldesammlung München 112

Günter Mairhörmann 134

Spöckmeier Betriebs GmbH 142

Doemens e.V. 169

Max-Emanuel-Brauerei 174

Biergärten München https://www.xn--biergrtenmnchen-4kb72b.de/Weisses_Br%C3%A4uhaus_Berg_am_Laim 183

Giesinger Braumanufaktur & Spezialitäten-Brauerei 184

Günter Baumann 186

Assél/Huber 14, 16, 17, 25, 43, 47, 51, 52, 53, 54, 61, 62, 70, 85, 90, 103, 108, 120/121, 124, 125, 129, 130, 133, 136, 137, 138, 153, 154, 155, 156, 157, 162/163, 167, 168, 170, 175, 180

Unbekannt 65

gemeinfrei 151, 164

Danksagung

Für die freundliche Unterstützung beim Bildmaterial danken wir der Augustiner Bräu Wagner KG und der Edith-Haberland-Wagner-Stiftung, Sabine Basmann (ehem. Inbev Deutschland), Günter Baumann (Richelbräu), Christoph Bohning und Johannes Rieger (Paulaner Brauerei Gruppe GmbH & Co. KGaA), Thomas Doriath (Giesinger Bräu), Hacker Pschorr Bräu GmbH, Andreas Hofbauer (Doemens e.V.), Florian Kunz (Franziskaner Betriebs GmbH), Otmar Mutzenbach (Schneider Bräuhaus), Ramona Pongratz (Spöckmeier Betriebs GmbH), dem Fotografen Wolfang Pulfer, Konstantin Schottenhamel (Max-Emanuel-Brauerei) und Sandra Sollinger (Private Weißbierbrauerei G. Schneider & Sohn).